名家通识讲座书系

美国历史十五讲（第二版）

□ 何顺果 著

北京大学出版社
PEKING UNIVERSITY PRESS

图书在版编目(CIP)数据

美国历史十五讲/何顺果著.—2版.—北京:北京大学出版社,2015.6
(名家通识讲座书系)
ISBN 978-7-301-25938-2

Ⅰ.①美… Ⅱ.①何… Ⅲ.①美国—历史 Ⅳ.①K712

中国版本图书馆 CIP 数据核字(2015)第 128791 号

书　　名	美国历史十五讲(第二版) MEIGUO LISHI SHIWU JIANG
著作责任者	何顺果　著
责 任 编 辑	刘　方
标 准 书 号	ISBN 978-7-301-25938-2
出 版 发 行	北京大学出版社
地　　址	北京市海淀区成府路 205 号　100871
网　　址	http://www.pup.cn　新浪微博:@北京大学出版社
电 子 信 箱	pkuwsz@126.com
电　　话	邮购部 62752015　发行部 62750672　编辑部 62750577
印 刷 者	三河市北燕印装有限公司
经 销 者	新华书店
	965 毫米×1300 毫米　16 开本　20.75 印张　287 千字 2007 年 5 月第 1 版 2015 年 7 月第 2 版　2021 年 9 月第 8 次印刷
定　　价	55.00 元

未经许可,不得以任何方式复制或抄袭本书之部分或全部内容。
版权所有,侵权必究
举报电话: 010-62752024; 电子信箱: fd@pup.pku.edu.cn
图书如有印装质量问题,请与出版部联系,电话: 010-62756370

"名家通识讲座书系"
编审委员会

编审委员会主任

许智宏(中国科学院院士　生物学家　北京大学原校长)

委　员

许智宏

刘中树(吉林大学教授　文学理论家　吉林大学原校长　教育部中文学科教学指导委员会原主任)

张岂之(清华大学教授　历史学家　西北大学原校长)

董　健(南京大学教授　戏剧学家　南京大学原副校长、文学院院长)

李文海(中国人民大学教授　历史学家　中国人民大学原校长　教育部历史学科教学指导委员会原主任)

章培恒(复旦大学教授　文学史家　复旦大学古籍研究所原所长)

叶　朗(北京大学教授　美学家　北京大学艺术学院原院长　教育部哲学学科教学指导委员会原主任)

徐葆耕(清华大学教授　作家　清华大学中文系原主任)

赵敦华(北京大学教授　哲学家　北京大学哲学系原主任)

温儒敏(北京大学教授　文学史家　北京大学中文系原主任　中国现代文学学会原会长　北京大学出版社原总编辑)

执行主编

温儒敏

目　录

"名家通识讲座书系"总序
　　本书系编审委员会/1
序/1

第一讲　美利坚文明的历史起源/1
　　欧洲殖民制度的演变/1
　　各殖民国家在北美的争夺/3
　　1606年英王颁发给弗吉尼亚公司的特许状/6
　　英属北美各殖民地的建立/9
　　北美殖民地的类型及其特点/14

第二讲　由公司到社会的演变/16
　　殖民地土地制度的演变/16
　　土地制度改变对殖民地社会的影响/18
　　殖民地经济的发展及其区域差异/21
　　殖民地的社会结构及其特点/24
　　培根起义及其原因/26

第三讲　七年战争与民族觉醒/30
　　七年战争与英国殖民政策的改变/30
　　美利坚民族的初步形成与觉醒/32

走上独立的过程与斗争/37

北美反英独立战争的经过/43

北美独立战争的特点/46

第四讲　联邦制的建立及其特点/49

由联合殖民地到邦联/49

制宪会议与国体之争/52

各州在批准宪法过程中的斗争/54

美国联邦制的结构和特点/58

它是新大陆上的"山巅之城"吗/60

第五讲　建国方针之确立：杰斐逊与汉密尔顿之争/65

争论产生的根源/65

联邦财政和政策的确立/68

实行保护关税还是自由贸易/71

从汉密尔顿财长到杰斐逊总统：

　　美国建国方针之确立/74

杰汉之争与两党制的起源/79

第六讲　三大区域与两种制度/83

第二次英美战争和美国现代化的起步/83

新英格兰发展成美国的"核心地区"/86

南部"棉花王国"的兴起/90

大陆扩张体系与大西部的拓殖/94

伊利运河与国内"三角贸易"的形成/97

第七讲　三大区域之间的矛盾和斗争/103

在关税问题上的斗争/103

关于内地改进与经济补助问题/108

关于金融和货币体制问题/111

关于对定居者提供免费宅地问题/115

关于奴隶制的存废之争/118

第八讲　南北战争及战后的调整/120
　　由和平共处走向激烈冲突/120
　　南北平衡的丧失及其根本原因/124
　　西部在南北战争中的作用/129
　　内战对各区域的影响/132
　　林肯：随时准备倾听人民的呼声/137

第九讲　由农业国向工业国的转变/141
　　内战对美国经济的影响/141
　　由农业国向工业国的转变/144
　　资本主义在美国农业中的扩展/148
　　经济组织形式的变化/152
　　科学管理在美国的诞生/156

第十讲　世纪之交美国的社会改革/160
　　推动社会改革运动兴起的原因/160
　　由格兰奇到人民党/163
　　劳工状况与劳工运动/166
　　进步主义和改革时代/170
　　西奥多·罗斯福及其进步党/173

第十一讲　美国海外殖民体系的建立/178
　　马汉及其"海权论"/178
　　扩张由大陆转向海外：美西战争/181
　　门户开放与大棒政策/185
　　大战中争夺世界领导权的尝试/189
　　威尔逊的"新自由"及其改革/192

第十二讲　文化民族主义之形成/196
　　从英国的达尔文到美国的摩尔根/196

实用主义之形成:皮尔斯、詹姆士和杜威/199

语言和文学的"独立":

　　从爱默生、惠特曼、马克·吐温到门肯/203

特纳"边疆假说"的提出及其主题/207

美国法学的演变:由自然法学到社会法学/211

第十三讲　1930年代危机与F.罗斯福"新政"/215

由空前繁荣到空前危机/215

F.罗斯福上台:

　　"唯一所恐惧的就是恐惧本身"/221

恢复和救济工作全面展开/227

把重点转到社会经济改革上/230

"新政"在美国历史上的地位:

　　国家成为经济的发动机/234

第十四讲　美国登上世界霸主的宝座/238

从孤立到参战/238

终于登上世界霸主的宝座/241

由热战到"冷战":国际关系的改变/245

民权运动、新左派和"反文化"/248

五六十年代的社会改革/252

第十五讲　高科技革命与社会的变迁/258

高科技革命的起源/258

发展高科技产业成为联邦基本国策/262

"第三产业"的形成及其特点/266

美国经济结构的变化/270

社会结构的变化/273

附　录/276
　　一　五月花号公约(1620年)/276
　　二　独立宣言(1776年)/277
　　三　美利坚合众国宪法/280
　　四　美国总统、副总统一览表/298

英文参考书目/302
原版后记/310
改版后记/311
第二版后记/313

"名家通识讲座书系"总序

本书系编审委员会

"名家通识讲座书系"是由北京大学发起,全国十多所重点大学和一些科研单位协作编写的一套大型多学科普及读物。全套书系计划出版100种,涵盖文、史、哲、艺术、社会科学、自然科学等各个主要学科领域,第一、二批近50种将在2004年内出齐。北京大学校长许智宏院士出任这套书系的编审委员会主任,北大中文系主任温儒敏教授任执行主编,来自全国一大批各学科领域的权威专家主持各书的撰写。到目前为止,这是同类普及性读物和教材中学科覆盖面最广、规模最大、编撰阵容最强的丛书之一。

本书系的定位是"通识",是高品位的学科普及读物,能够满足社会上各类读者获取知识与提高素养的要求,同时也是配合高校推进素质教育而设计的讲座类书系,可以作为大学本科生通识课(通选课)的教材和课外读物。

素质教育正在成为当今大学教育和社会公民教育的趋势。为培养学生健全的人格,拓展与完善学生的知识结构,造就更多有创新潜能的复合型人才,目前全国许多大学都在调整课程,推行学分制改革,改变本科教学以往比较单纯的专业培养模式。多数大学的本科教学计划中,都已经规定和设计了通识课(通选课)的内容和学分比例,要求学生在完成本专业课程之外,选修一定比例的外专业课程,包括供全校选修的通识课(通选课)。但是,从调查的情况看,许多学校虽然在努力建设通识课,也还存在一些困难和问题:主要是缺少统一的规划,到底应当有哪些基本的通识课,可能通盘考虑不够;课程不正规,往往因人设课;课量不足,学生缺少选择的空间;更普遍的问题是,很少有真正适合通识课教学的教材,有时只好用专业课教材替代,影响了教学效果。一般来说,综合性大学这方面情况稍好,其他普通的大学,特别是理、工、医、农类学校因为相对缺少这方面的教学资源,加上很少有可供选择的教材,开设通识课的困难就更大。

这些年来,各地也陆续出版过一些面向素质教育的丛书或教材,但无论数量还是质量,都还远远不能满足需要。到底应当如何建设好通识课,使之能真正纳入正常的教学系统,并达到较好的教学效果?这是许多学校师生普遍关心的问题。从2000年开始,由北大中文系主任温儒敏教授发起,联合了本校和一些兄弟院校的老师,经过广泛的调查,并征求许多院校通识课主讲教师的意见,提出要策划一套大型的多学科的青年普及读物,同时又是大学素质教育通识课系列教材。这项建议得到北京大学校长许智宏院士的支持,并由他牵头,组成了一个在学术界和教育界都有相当影响力的编审委员会,实际上也就是有效地联合了许多重点大学,协力同心来做成这套大型的书系。北京大学出版社历来以出版高质量的大学教科书闻名,由北大出版社承担这样一套多学科的大型书系的出版任务,也顺理成章。

编写出版这套书的目标是明确的,那就是:充分整合和利用全国各相关学科的教学资源,通过本书系的编写、出版和推广,将素质教育的理念贯彻到通识课知识体系和教学方式中,使这一类课程的学科搭配结构更合理,更正规,更具有系统性和开放性,从而也更方便全国各大学设计和安排这一类课程。

2001年年底,本书系的第一批课题确定。选题的确定,主要是考虑大学生素质教育和知识结构的需要,也参考了一些重点大学的相关课程安排。课题的酝酿和作者的聘请反复征求过各学科专家以及教育部各学科教学指导委员会的意见,并直接得到许多大学和科研机构的支持。第一批选题的作者当中,有一部分就是由各大学推荐的,他们已经在所属学校成功地开设过相关的通识课程。令人感动的是,虽然受聘的作者大都是各学科领域的顶尖学者,不少还是学科带头人,科研与教学工作本来就很忙,但多数作者还是非常乐于接受聘请,宁可先放下其他工作,也要挤时间保证这套书的完成。学者们如此关心和积极参与素质教育之大业,应当对他们表示崇高的敬意。

本书系的内容设计充分照顾到社会上一般青年读者的阅读选择,适合自学;同时又能满足大学通识课教学的需要。每一种书都有一定的知识系统,有相对独立的学科范围和专业性,但又不同于专业教科书,不是专业课的压缩或简化。重要的是能适合本专业之外的一般大学生和读者,深入浅出地传授相关学科的知识,扩展学术的胸襟和眼光,进而增进学生的人格素养。本书系每一种选题都在努力做到入乎其内,出乎其外,把学问真正做活了,并能加以普及,因此对这套书的作者要求很高。我们所邀请的大都是那些真正有学术建树,有良好的教学经验,又能将学问深入浅出地传达出来的重量级学者,是请"大家"来讲"通识",所以命名为"名家通识讲座书系"。其意图就是精选名校名牌课程,实现大学教学资源共享,让更多的学子能够通过这套书,亲炙名家名师课堂。

本书系由不同的作者撰写,这些作者有不同的治学风格,但又都有共同的追求,既注意知识的相对稳定性,重点突出,通俗易懂,又能适当接触学科前沿,引发跨学科的思考和学习的兴趣。

本书系大都采用学术讲座的风格,有意保留讲课的口气和生动的文风,有"讲"的现场感,比较亲切、有趣。

本书系的拟想读者主要是青年,适合社会上一般读者作为提高文化素养的普及性读物;如果用作大学通识课教材,教员上课时可以参照其框架和基本内容,再加补充发挥;或者预先指定学生阅读某些章节,上课时组织学生讨论;也可以把本书系作为参考教材。

本书系每一本都是"十五讲",主要是要求在较少的篇幅内讲清楚某一学科领域的通识,而选为教材,十五讲又正好讲一个学期,符合一般通识课的课时要求。同时这也有意形成一种系列出版物的鲜明特色,一个图书品牌。

  我们希望这套书的出版既能满足社会上读者的需要,又能有效地促进全国各大学的素质教育和通识课的建设,从而联合更多学界同仁,一起来努力营造一项宏大的文化教育工程。

序

　　本书由我多年在北京大学讲授美国通史的基础上整理而成,其任务是要用二三十万字的篇幅深入浅出地勾勒出一幅比较完整的美国历史画卷,对与美国历史有关的一些重大事件和疑难问题进行必要的考释和解读,使读者在有限的篇幅里获得尽可能多的有关美国的基本的也是最重要的知识,并有所启发。

　　这一使命不能不使作者犯难。美国虽说是一个年轻的国家,但其政治、经济、社会和文化的发展均极充分,对它们的研究又相当深入细致,要用二三十万字来概括全部美国史,是不大容易做到的。所以,本书的撰写,只能以个人的理解,就美国400年历史的主要问题和基本线索,择要而述之,不能过于展开。在写作方法上,则采用史论结合的办法,既要注意史料选择的得当,又要有必要而准确的提炼和概括,做到简而不空,言之有据。

　　但又不是全无想法,否则便失去了写作此书的意义。首先,我想到的是从社会历史学的角度,来探讨美利坚文明的历史起源,而不仅仅把英国的殖民史看成美国的早期史。因为英属北美殖民地的创建过程,实际上就是一个新的移民社会形成的过程,这是以往的美国史研究中尚不明确的一个概念。当然此处只勾勒一个轮廓。其次,这些年来,我在研究美国区域问题和区域历史时获得不少新知识,也想把它们纳入本书之内以改造美国史的内容和结构,所以第六、七、八讲都是围绕区域对峙及其演变展开的,这是以往通史中不太注意的。我的想法是,三大区域之间的差别和联系、对立与统一,不仅应是美国历史区别于其他国家历史的重要特点,也是推动美国历史发展特别是19世纪美国社会发展的基本动力。第三,以往的美国史编纂中,注意了内战后美国社会经济的巨大变化,特别是垄断组织的产生和社会经济的现代化,极少注意其意识形态的变化及其在历史上的意义,故在本书中特地安排了《文化民族主义之形成》一讲,以纠正以往美国通史的不足。我想通过它来说明,特纳和门肯在历史和语言上的创意,乃是继1776年的政治独立和第二次英美战争后的经济独立运动之后的一场新的精神独立运动,并且只有在这场精神独立运动之后,美国才真正完全摆脱了它对欧洲的依赖。第四,我考虑了高科技革命的意义,第一次在一部美国通史中谈到了"向后工业迈进"的问题,并在本书中设了一讲对它的过程和结果进行了论述,从而赋予它亘古未有的历史地位和意义。这是对丹尼尔·贝尔的"后工业社会"理论所作的一个呼应,意在肯定第二次世界大战后美国社会经济结构演变中某种带有一定质变的东西。我以为,这几点多少反映了美国历史以及本书的一些特点,尤其是最后一点已超出了美国历史的范围,对世界历史也有某种前瞻性。因此,也算是本书的一家之言。我这样做的主要目的,是要对传统的美国史(包括某些美国人自己所写的美国史)的结构和内容进行重构,以推动美国史研究的纵深发展。

有一个问题,这里应该交代几句,这就是印第安人问题。众所周知,印第安人是美洲最早的主人,几万年前他们就从亚洲移居到美洲,并创造过光辉的古代文明,在欧洲人到达美洲之时,北美这块大陆上的印第安人数量至少在100万以上,他们曾以自己的独特贡献促进了美利坚文明的形成,包括农作物的种植。大片大片的土地被掠夺,直接导致印第安人种濒临灭亡。但考虑到,美利坚合众国本是在英属北美殖民地的基础上发展起来的,在《合众国宪法》中印第安人被排斥在美国公民之外,在很长一段时间内印第安人也未能纳入美国的主流社会和文化之内,因此印第安人的历史在本书中未被视为美国的古代史。在笔者看来,它也不应被看成是美国的古代史。

美国是一个年轻的国家,只有几百年的历史。但在这片土地上,诞生了世界上第一部成文宪法,产生了世界上第一个民选的总统,被梁任公称为"共和国之祖国"。北美独立战争,是从英国革命到法国革命的必经阶段,又在殖民地中第一个举起义旗,因此其影响不仅及于西方广大地区,也及于东方各国,其意义并不亚于英法之革命。更令人惊讶的是,在几百年的时间内,它由一个位于大西洋沿岸的狭长地带的国度,崛起为一个影响深远的世界大国,在世界现代史上其地位和作用,远远超过其他任何大国。因此,认真地了解和研究这个国家的历史,具有极其深远的意义。

作者谨识

2001 年初春于北京大学

第一讲

美利坚文明的历史起源

欧洲殖民制度的演变

为了了解美利坚文明的历史起源,首先必须了解14—17世纪欧洲殖民制度的演变,因为作为美利坚文明历史起源的英属北美殖民地,乃是这种殖民制度演变的产物。这种殖民制度的演变是双重的:一是殖民目标的变化,由商业殖民转向农业殖民;二是组织形式的变化,由合股公司取代商人个人。

近代的殖民制度,产生于14—15世纪的西欧,是封建的农本经济不断演变的结果。早在7—10世纪,随着新土地的开发,三圃轮作制的实行,农业经营制度的多样化,畜牧业和经济作物在农业中的提高,以及农产品剩余的增加和贸易的活跃,市场已经在西欧逐渐兴起。之后,这种发展趋势,由于行商的出现、城市的普遍兴起和多次十字军远征的刺激,在十四五世纪更加强盛。它首先在封建社会内部催生了一个以商人和作坊主为主的中产阶级,其次是以城市为中心建立起一个日益广泛的交换网络,第三是在传统的经济生活中引起了"封建义务缓慢的货币化"。其结果,对货币的追求,特别是对贵金属的追求,在更广的意义上是对财富的追求,变得比以往任何时候都更为迫切,而近代的殖民主义就是在这样的背景下应运而生的。

以往的殖民主义以攻城略地为目标,而近代殖民主义则以商业贸易开道,其理论和政策是所谓"重商主义"。"重商主义"(Mercantilism)这个词,虽然是在1776年才由亚当·斯密提出来的,但其思想和做法在此前就有了。重商主义以英国的托马斯·曼(1571—1641)和法国的让-巴蒂斯特·科尔伯(1619—1683)为主要代表,前者较重视理论,而后者较重于实践。重商主义者认为,一个国家的财富是以金银的多寡为标志,而财富的积累主要来源于流通,因而很重视流通特别是对外贸易的作用,奉行"少买多卖"的原则。重商主义又认为,一国工业原料不足,仰赖外国资源是违背重商原则的,只有从殖民地攫取原料,才可使外来的商品变成本国的,因而建立殖民地是必需的,它应当成为宗主国的补充。重商主义还认为,国力的增强是发展经济和积累财富的重要条件,为了在对外贸易竞争中获得成功,应加强中央集权、反对封建割据,并对贸易和殖民活动进行保护。不难看出,重商主义理论本身,已包含了推动由商业殖民向农业殖民转变的因素,因为殖民地的真正拓殖必须以农业为基础,否则殖民地的巩固将是不可能的。

早期的殖民国家,如葡萄牙、西班牙,当它们开始其对外扩张和殖民活动时,正是重商主义在西欧初兴之际,无不把贵金属的掠取当作首要目标。而当时这些殖民国家所到之处,如西班牙十五六世纪之交入侵的拉丁美洲,又正好先后于16世纪30年代在新墨西哥、新格拉纳达、智利等地分别发现了极富开采价值的银矿和金矿。因此,西班牙人在拉丁美洲的殖民活动,由于把主要精力放在贵金属的掠夺和开采上,相应的就不太注意在经济上建立稳定的定居地。与此同时,他们比较重视对殖民地的军事占领和控制,而很少考虑白人在那里的生存和繁衍,以致殖民者不得不与土著人结婚生子,造成白人与印第安人大量混血的现象。在土地政策上,也更多地带有宗主国的封建色彩,大土地所有制在拉丁美洲盛行,很不利于吸引更多的移民前去定居。

较晚一些的殖民国家,特别是岛国英格兰,在新世界各殖民国家中是迟到者。而在英国人最先到达的地区,即北美洲的大西洋沿岸,又刚好没有拉美那样的金矿和银矿。所以,英国统治者,在最初的一些给准备去美洲探险和殖民活动的组织者的特许状中,就开始注意到英国人在美洲殖民地的定居和生存问题,并对这些殖民活动的管理较为放手,结果殖民地的经营权和管理权基本上掌握在有关的个人和组织手中,尤其是土地政策更为灵活。正如著名思想家、当时的国会议员、掌玺大臣弗朗西斯·培根所主张的,英国的殖民地"不仅要不受关税底束缚,还要使殖民地底人有把他们底物产运到可以获得最丰的地方去底自由","不要太快地一批又一批送移民到殖民地去,以致有人满之患。反之,应该留意殖民地人口之减少而按比例补充之;但是务要使殖民地底人可以安居乐业,而不可使他们因为人数过多而陷于贫乏"。这为 17 世纪由商业殖民向农业殖民的转变,准备了条件。

与这种转变相一致,殖民的组织形式也发生了变化。在 17 世纪之前,英王给殖民者发放的特许状,一般来说就是给商人个人的而且只赋予贸易特权。16 世纪末和 17 世纪初,特许状一般是发给合股公司的,不仅给予它们贸易特权,而且还给予它们以政治权力。葡萄牙和西班牙的殖民活动,在组织形式上基本上属于前一种,在将近 200 年内实行一种政府舰队制度,政府为商人提供军队保护和经济管制,并限制各舰队之间的竞争,而把贸易垄断于王室,因而也不需要建立商业组织,"商业公司"在这两个国家是少见的。对英国来说就不一样了,为了建立稳定而永久的殖民地,需要招募大批的移民,并为之提供必要的资金和生活保障,仅靠商人个人的力量和国家的保护是不够的,这就必须建立必要的商业组织即合股公司,并制定相应的殖民政策和制度。这就引起了组织形式的改变。

各殖民国家在北美的争夺

自 9 世纪起,特别是从 16 世纪开始,西欧各国先后加入争夺北美大陆的行列,虽然最终的成果大小不同,路线、方向、方法也很不一样,但它们对北美的重视程度都是一样的。

最早来到北美的是诺曼人。据一份手抄本记载,982年有一位名叫埃里克的诺曼人,曾从冰岛出发抵达格陵兰,后来还在当地建立一个定居地,其遗迹至今仍可找到。大约在11世纪时,一些普通的北欧商人和农人,曾乘坐圆形单桅船只,在纽芬兰北部某地登陆,并在那里建立了一个殖民地,但在两三年后将其放弃。后来,这个殖民地的遗迹,被考古学家赫尔盖·英格斯塔发现,它位于兰斯-奥美多斯。而纽芬兰这个名称保留至今。诺曼人从格陵兰继续南下,经纽芬兰远至卡罗来纳海岸。

1492年8月3日,克里斯多弗·哥伦布率领一支小船队从西班牙的马洛斯出发,经加那利群岛抵达圣萨尔瓦多,于1496年在圣多明各建立了第一个移民区之后,西班牙人相继在波多黎各、古巴及其他岛屿建立起他们的殖民地。此后,西班牙人的探险和发现活动向南北扩展。向南:奥杰达(Ojenda),哥伦布的一位船长,1510年到达巴拿马的达连,并在此建立了一个殖民地;不久另一位叫巴尔博的西班牙人从达连出发,于1513年发现了太平洋并将之命名为南海。再往后,有两位西班牙人从古巴出发,发现尤卡坦半岛和墨西哥湾的西岸,并在此听说存在一个富强的帝国。1519年,科蒂斯带着军队去寻找这个传说中的帝国,终于发现了这个名叫阿兹特克帝国的国家,但花了整整两年才将其征服,建立起西班牙人的统治。往北:一位叫胡安·P.德利昂的哥伦布的随从,于1512年到达了北纬30°的大陆并把它取名为"佛罗里达"。1541年春,秘鲁的征服者斐迪南·德索托发现密西西比河,在位于北纬35°的地方穿过密西西比,然后继续西行。1565年,西班牙人梅伦德斯建城于圣奥古斯丁,并于1582年发现了圣菲(SantaFe),此镇后来成为美国与新西班牙之间的重要贸易站。不久,科罗拉多从墨西哥西海岸北上,首先进入加利福尼亚湾,先后经基拉河进入格兰德河源头,并以"科罗拉多"命名。西班牙人长期控制着这些地区,成为以后英国人西进的障碍。

第一个进入西班牙发现地的英国人,是在布里斯托尔服务的威尼斯人约翰·卡波特。他于1497年受亨利七世之命,向西航行抵达新大陆的拉布拉多。1576年,马丁·弗罗比歇越过大西洋,沿拉布拉多海岸航行,到过北美的哈德逊湾北部。之后,1579年,弗朗西斯·德雷克经大西洋穿过麦哲伦海峡,沿太平洋东岸抵达俄勒冈,先是进入圣弗朗西斯科,再向西穿过太平洋返回欧洲。这是继麦哲伦之后的第二次环球航行。此后,英国的殖民目标和政策,由于如下原因逐渐显示出与西班牙人颇为不同的特点,即不再像西班牙人那样只重视商业利益,并以建立要塞为标志的军事据点来保障其利益:(1)英国人认为,为了同西班牙人竞争,仅仅有以要塞为中心的军事据点是不够的,还应建立更为稳定和巩固的真正的殖民地。(2)与此同时,英国人开始侵入其近邻爱尔兰,并以掠夺土地为契机展开了移民活动,这就为海外殖民地的建立提供了经验。这种转变开始于汉弗莱·吉尔伯特爵士。1578年,吉尔伯特获得特许,可在6年内在北美占有无人居住的土地,但第一次行动因西班牙人袭击而失败。1582年,他开始设想把美洲作为通往亚洲的"中转站",并把大量土地处理给乔治·佩卡姆爵士等,其本人则在纽芬兰的圣约翰占有一个小区,后在一次航行中沉船身亡。吉尔伯特的计划,后由其同母异父兄弟沃尔特·雷利爵士所继承,此人在获得了汉弗莱·吉尔伯特遗下的执照后,领有了佛罗里达以北的整个地区,并在1584年将其命名为"弗吉尼亚"(Virginia),于1585年在切萨比克湾的罗阿诺克岛(Roanoke I.)建立了两个殖民地,但其中一个殖民地两年后被迫放弃,而另一个殖民地的117人则完全失踪,它被称为"失掉的殖民地",雷利因此损失4万英镑。这是一次成功和失败并存的殖民活动。

　　法国人对北美的争夺,始于16世纪初。1524年,法国人J.卡塔(Cartier)就曾逆圣劳伦斯河而上抵达魁北克,并占领了其地。但直到1607年,即在卡塔占领魁北克70年后,S.塞缪尔·张伯伦在遍历加拿大各地之后,才在魁北克建城。以此为契机,法国人加快了向内地探险和殖民步伐,至1608年密西西比河上游及五大湖尽落入法国人之手。1627年法国人又组建百人公司以经营其殖民地,1632年在圣劳伦斯河上游建蒙特利尔,1634年在休伦湖畔建起传教会会址,1673年在安大略湖畔建要塞。1682年,法国人拉萨尔(LaSalle)进入密西西比河流域,并把这片广袤的土地命名为"路易斯安那",以纪念法王路易十四。这样,法国殖民者就由东北而西南,沿圣劳伦斯河经五大湖至密西西比河,在英属北美殖民地背后拥有了大片殖民地。令英国人庆幸的是,法国人与西班牙人一样,也以商业殖民为主而满足于军事占领,并不留意殖民地的巩固,更缺乏有效之举措。

紧跟英法之后的是荷兰人。1609年,就在1607年英人建詹姆斯敦,法国人建魁北克之后两年,一个名叫亨利·哈德逊的英国航海家,受荷兰东印度公司的派遣去寻找西北通道,1609年抵达今日之纽约并沿哈德逊河而上至阿尔巴尼。1626年,荷兰人又从印第安人手中买下曼哈顿岛,并将其命名为"新阿姆斯特丹",同时设置炮台,创办商报,组织商业公司,以经营其殖民地。至于新阿姆斯特丹,位于北纬40°—45°之间,英人声称其地早已为英国所有,乃提出抗议,但也无效。

1606年英王颁发给弗吉尼亚公司的特许状

17世纪初,在英国出现了两个自称为发起人的团体,即弗吉尼亚公司和普利茅斯公司,都是商业冒险公司。

弗吉尼亚集团的成员是以理查德·哈克吕特和托马斯·史密斯为首的伦敦人,其中史密斯是一位很有权势的商人,他接管了雷利在罗阿诺克岛上的权益,这个集团对切萨比克地区兴趣很大。第二个团体是以普利茅斯为中心的西部商人,由于受1605年乔治·韦穆斯船长关于前往缅因的航行的报告,以及开发新英格兰西部与纽芬兰渔业之联系的鼓舞,对新英格兰北部的拓殖发生了兴趣。这两个商业集团虽然彼此猜忌,竞争激烈,但最终还是联合起来以便向国王申请专利,并获得成功。1606年4月10日,他们得到了国王詹姆士一世(1603—1625在位)颁发的特许状。(图1—1)

1606

First Charter of Virginia

All of the attempts by English adventurers to establish colonies in America during the sixteenth century failed, usually because of a lack of capital. However, interest in such ventures continued unabated, and the Crown, concerned to further the cause of Protestantism as well as to increase Britain's trade, determined to lend more active support. Reports of several exploratory expeditions in the early 1600s led two groups of merchants to petition the Crown in 1605 for a patent to Virginia—to the territory extending from South Carolina to Maine and "from sea to sea." The Charter of Virginia was issued jointly to the two companies, the London and the Plymouth, on April 10, 1606. The Plymouth Company's venture on the Maine coast was not successful, but the London Company, more adequately planned and financed, was able in 1607 to establish the first permanent English colony in America at Jamestown, Virginia.

JAMES, BY THE GRACE OF GOD, King of England, Scotland, France, and Ireland, Defender of the Faith, etc.: Whereas Our loving and well-disposed subjects, Sir Thomas Gates, and Sir George Somers, Knights, Richard Hackluit, Clerk, Prebendary of Westminister, and Edward-Maria Wingfield, Thomas Hanham, and Ralegh Gilbert, Esquires William Parker, and George Popham, Gentlemen, and diverse others of Our loving subjects, have been humble suitors unto Us, that We would vouchsafe unto them Our license, to make habitation, plantation, and to deduce a colony of sundry of Our people into that part of America commonly called Virginia, and other parts and territories in America, either appertaining unto Us, or which are not now actually possessed by any Christian prince or people, situate, lying, and being all along the seacoasts, between 34° of northerly latitude from the equinoctial line, and 45° of the same latitude, and in the mainland between the same 34° and 45°, and the islands thereunto adjacent or with in 100 miles of the coast thereof;

And to that end, and for the more speedy accomplishment of their said intended plantation and habitation there, are desirous to divide themselves into two several colonies and companies; the one consisting of certain knights, gentlemen, merchants, and other

1—1
1606年詹姆士一世发给伦敦弗吉尼亚公司和普利茅斯公司的特许状

1606年特许状,虽然通常称为"弗吉尼亚特许状",实际上是颁给弗吉尼亚公司和普利茅斯公司的。国王允诺,这两个公司可以在"既非专属于朕,亦未被任何基督教的王侯、平民所占据的,在美洲通常被称为'弗吉尼亚',以及美洲的其他地方建立定居地,开拓垦殖地,从而建立一个由朕的各类臣民组成的殖民地"。至于两个公司殖民的范围,特许状对弗吉尼亚公司和普利茅斯公司作了仔细的区分,前者只能在北纬34°—41°之间殖民,而后者只能在北纬38°—45°之间殖民,在二者交错重叠的地带(38°—41°),双方不得在对方领地100英里范围内设定居点。按特许状的规定,在美洲发现的殖民地或其他领地属英王所有,但殖民地政府对本殖民地的一切事务拥有全部"治理权",各殖民地政府由13人组成的参事会负责,其成员可以随时被调换。而在各殖民地定居的所有移民及后裔,将如他们在英王统治下的英格兰及其任何领地出生的人一样,"享有全部的自由权、豁免权和免税权",并可按英格兰肯特郡东格林威治采邑的传统,拥有对殖民地土地的"自由永佃权"(Free and common Soccage),即实际的土地所有权、占有权和使用权,移民从英国和其他英属领地进口货物,10年内不必交进口税、津贴和其他关税。但在殖民地开采的金银,要将获利的1/5或1/15上交给英王。对违反规定的其他殖民地商人或外国人,要处以每100磅货物2.5英镑或5英镑的罚款,这些款项在21年内用于各殖民地的商业往来,21年后上交英王。① "自由永佃权"可视为英属北美殖民地土地制度之源。

此特许状不仅确定了英国殖民政策的基本方针,指明了英属北美殖民地的基本性质和发展方向,其内容以后虽根据情况的变化时有修正、补充和改变,但基本政策并未发生变化,是即将兴起的美利坚文明的历史起点。

在获得英王的特许后,率先向美洲殖民的是弗吉尼亚公司。它组织的第一批移民,一共有144名男子和男孩,在克里斯多弗·纽波特率领下,于

---

① Henry S. Commager, *Documents of American History*, New York, 1962, pp.8-10.

1606年12月从英国出发,第二年5月抵达弗吉尼亚,在詹姆斯河河口安营扎寨,并取名为"詹姆斯顿"。开始,人们只顾寻找黄金和钻石,而忽视了粮食作物的种植,最初留下的105人死去一半。由于约翰·史密斯被土著印第安人所俘,但被酋长波瓦坦的女儿波卡霍特斯所救,和印第安人的关系得以缓解,并向土著印第安人学习了玉米等农作物的种植。从1608年1月至1609年8月,先后3批共790名新移民补充到弗吉尼亚,每次同时还带去了给养品。詹姆斯顿成为英国在北美的第一块永久殖民地。

普利茅斯公司的殖民活动开始较晚,1607年中才有两艘船载着120人离开英格兰。他们在缅因的萨加达霍克河上岸,并在那里建起一座简陋的村落。可是,由于移民"幼稚的派别内讧",此后虽然运来了一些供应品,但却再没有新的移民补充进来,使殖民地居民渐渐丧失信心,他们决定返回家园。其中半数人于1608年离开,当汉弗莱·吉尔伯特爵士的小儿子雷利·吉尔伯特回国要求继承权时,其余的移民也于1609年离去。普利茅斯公司在北美的殖民活动宣告失败。

英属北美各殖民地的建立

弗吉尼亚公司在弗吉尼亚的成功,为英国人的殖民活动开辟了道路。1607—1732年,在北美大陆共建立过16个英国人的殖民地,其中3个被兼并①,所以最后是13个。

南部殖民地是以弗吉尼亚为基础而发展起来的。在弗吉尼亚以北,1632年6月30日巴尔的摩勋爵得到英王特许,在波托马克河一带建立了以英国王后玛丽命名的马里兰殖民地。此殖民地本是授予第一代巴尔的摩勋爵乔治·卡尔弗特的,由于他在特许状颁布之前几个月去世,其权力便由儿

---

① 这三个殖民地是:普利茅斯,建立于1620年,1691年被马萨诸塞合并;缅因,建立于1641年,1691年被马萨诸塞合并;纽黑文,建立于1638年,1662年与康涅狄克合并。

子塞西利尼斯继承。按特许状,塞西利尼斯为马里兰领主,以达勒姆郡大主教"在此前任何时候"曾采取的同样方式拥有土地和权力,相当于14世纪享有王权的封建领主的绝对权力,意味着其司法和行政权不是来自国王而是来自于领主,可按封建方式以自己的名义转让土地。据此,巴尔的摩勋爵分封了60个庄园,其余土地被他的家庭成员瓜分。许多普通定居者也成了"永远保有土地者"。到1640年,马里兰人口已达2000人,20年后增加到8000—12000人。在弗吉尼亚以南,早已有人从弗吉尼亚侵入,远至佛罗里达。在此情况下,1663年查理二世颁发特许状,将其拓殖权授予8大业主,统称"卡罗来纳"。1670年,由威廉·赛尔(William Sagle)率领的移民,在阿什莱河畔建立的查尔斯顿,成为南部殖民地最大的经济中心。1711年,由于人口和经济的逐渐增长,特别是种植园经济的发展,卡罗来纳被分为南北两个殖民地。南部最后一个殖民地,是1732年由信托人局建立的佐治亚,位于南卡罗来纳之南。该局负责人詹姆斯·奥格尔索普得到的特许有限,21年后这个业主殖民地交还英王,由其直辖。

  英属北美的另一大块殖民地,是位于东北部的新英格兰(图1—2)。1620年9月,102名清教徒乘五月花号船向北美进发,两个月后抵科德角,建立普利茅斯殖民地。这批人属清教的分离派,原住诺丁汉郡斯克鲁比村,1608—1609年在国王高压下逃到荷兰莱顿,由于无法在当地立足转而求助于弗吉尼亚公司,1619年6月9日获得前往该殖民地殖民的许可,由于抵达地点远离原目的地,这些香客乃在船上订立《五月花号公约》(图1—3),决定"自愿结为一公民政治团体",为了"本殖民地之总体利益",拟定并实行"公正和平等之法律、法规、条令、宪章",并"保证遵守与服从之"。此公约虽系宗教誓约,但成为第一个体现了主权在民的文件,在上面签字的有41名成年人,领导人是约翰·卡弗。这个殖民地发展较慢,直到1630年马萨诸塞湾公司把总部搬到殖民地并与之合并后,才获得迅速的发展。此公司原名"新英格兰理事会",由1620年建立的普利茅斯公司的部分商人组成,1628年改组成马萨诸塞湾公司,并从该理事会获得大片土地的殖民权,从

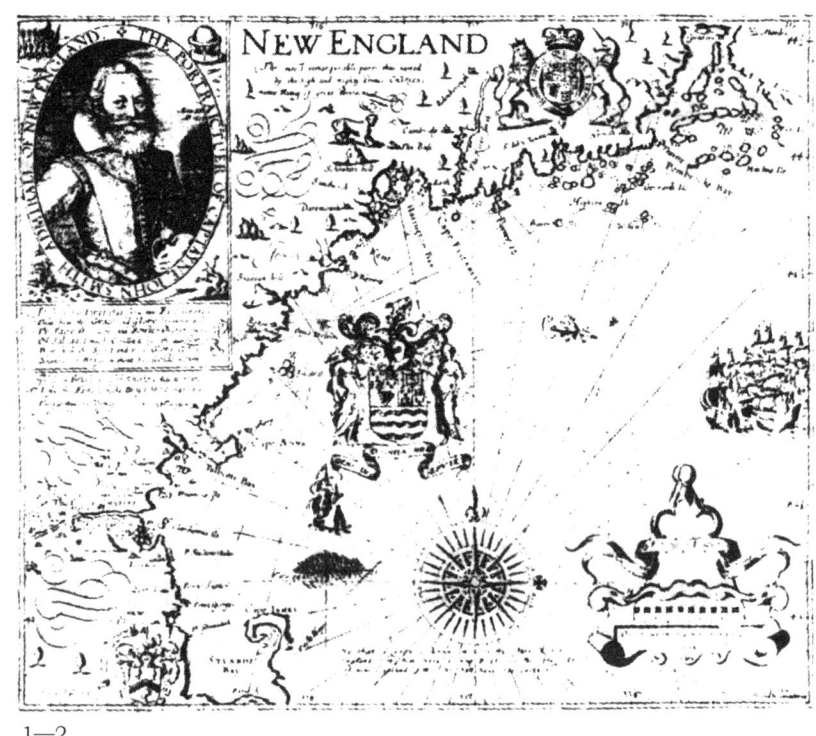

1—2
1614年的新英格兰

梅里麦克河以北3英里处至查尔斯河以南3英里处,从大西洋到太平洋。在得到英王特许后,在总督约翰·恩迪科特(Endicott)率领下,便开始了向新英格兰移民,1628年带去了五六十人,1629年增至300人。1630年,约翰·温斯罗普被任命为新总督,决定把公司总部由英国搬到殖民地,他不仅在那里建立起市镇体系,还规定为市镇建一座教堂,公司由一种商业组织演变成共和政体。在前往新英格兰的移民船《阿尔贝拉号》上,当初温氏就在布道词中提出要把殖民地建立"山巅之城"的理想,并发誓要把它打造成基督教世界"仁爱的典范",他在新英格兰生活和工作了19年,曾连任12届马萨诸塞总督,并在1643年创建新英格兰同盟而于1645年担任该同盟第一任主席,其理想和实践使之成为新英格兰乃至整个美利坚文明的真正开拓

The Mayflower Compact

The voyagers on the Mayflower were carried by wind and wave to a point—within the curve of the present Cape Cod—that was north of the Virginia Company's jurisdiction. Finding themselves thus outside the authority of their original patent, and hoping to arrest mutinous talk among some of the passengers, a compact was drawn up and signed by forty-one men aboard the ship, on November 11, 1620. By the terms of this, the so-called Mayflower Compact, the Pilgrims agreed to govern themselves until they could arrange for a charter of their own; they were never able to arrange for such a charter, and the Compact remained in force until their colony at Plymouth was absorbed in that of Massachusetts Bay in 1691. In fact, however, the Virginia. Charter had been amended earlier in 1620 so as to allow for greater local autonomy, and had the Pilgrims landed at their original destination, they could still have formed their own government, as long as it was consonant with the laws of England. The original Compact has been lost, and historians are forced to rely for its wording on Mourt's Relation (1622), which is the earliest source of the text reprinted here.

Source: *The Journal of the Pilgrims at Plymouth in New England*, in 1620, etc., etc., George B. Cheever, ed., 2nd edition, New York, 1849, pp. 30—31.

THIS DAY, before we came to harbor, observing some not well affected to unity and concord, but gave some appearance of faction, it was thought good there should be an association and agreement that we should combine together in one body, and to submit to such government and governors as we should by common consent agree to make and choose, and set our hands to this that follows word for word.

> In the name of God, Amen. We whose names are underwritten, the loyal subjects of our dread sovereign lord, King James, by the grace of God, of Great Britain, France, and Ireland, King, Defender of the Faith, etc.
>
> Having undertaken for the glory of God, and advancement of the Christian faith and honor of our king and country, a voyage to plant the first colony in the northern parts of Virginia, do by these present, solemnly and mutually, in the presence of God and one of another, covenant and combine ourselves together into a civil body politic, for our better ordering and preservation and furtherance of the ends aforesaid; and by virtue hereof to enact, constitute, and frame such just and equal laws, ordinances, acts, constitutions, offices from time to time as shall be thought most meet and convenient for the general good of the colony; unto which we promise all due submission and obedience. In witness whereof we have hereunder subscribed our names, Cape Cod, 11th of November, in the year of the reign of our sovereign lord, King James, of England, France, and Ireland 18, and of Scotland 54. Anno Domini 1620.

1—3

《五月花号公约》 (1620)

者。但由于清教徒约翰·科顿实行"政教合一"政策，不能容忍异端存在，1635年托马斯·胡克牧师率领一批移民，迁往康涅狄格河流域定居，第二年建起一个新的自治殖民地，并于1662年获得英王特许。被迫害的侵礼派牧师罗杰·威廉斯，于1635年与追随者一起来到普罗维顿斯创建罗得岛殖民地，并于1644年返英争取到英王特许。与此同时，一位名叫约翰·达文波特的英国人，带着一批伦敦人于1636年4月从英国抵达北美，1638年建立了以"纽黑文"命名的殖民地和贸易港，该殖民地1662年与康涅狄格合并。此外，在此期间还先后建立新罕布什尔和缅因殖民地，前者起源于1639年由惠尔赖特建立的埃克塞特，后者起源于1626年建立的约克城。由于这些殖民地大多由清教徒建立，并与马萨诸塞湾殖民地的扩张有关系，以至在1643年组成了"新英格兰联盟"，这是组织"联合殖民地"的第一次尝试。其成立宣言宣称："为了保存和散播福音的真理，也是为了彼此的安全和利益。"

南北两大块殖民地各自成片，但两者之间相互不相连。最早来到它们之间的是荷兰人，1609年荷兰人亨利·哈德逊到此探险，1624年在阿尔巴尼建第一块永久殖民地（称"新荷兰"），1625年荷兰人从土著人手中买下了曼哈顿，取名"新阿姆斯特丹"。不久，即1638年，瑞典人进入特拉华河流域，并在此建立起他们的殖民地（名曰"新瑞典"），1655年为荷兰西印度公司吞并。由于新荷兰在北纬40°—45°之间，在英国早先所宣布之殖民范围之内，1652年5月英荷之间终于爆发战争，英虏获荷兰商船1400艘、战舰120艘，荷兰被迫屈服。1664年，英王查理二世将康涅狄格与特拉华授予其弟约克公爵，遂将新阿姆斯特丹改名"新约克"，直译"纽约"。此后，约克公爵将哈德逊河西岸的土地分给约翰·巴克莱和菲利普·卡特雷特，并任命菲利普·卡特雷特为总督，由于此人曾在英伦海峡泽西岛做过总督，因而该地便取名为"新泽西"。至1681年，查理二世为偿还威廉·佩恩1.6万镑债款，又将"新瑞典"赋予其子小威廉·佩恩，取名"宾夕法尼亚"（意为"佩恩之林地"）。第二年，佩恩在费城定居，该城成为宾夕法尼亚的首府。

北美殖民地的类型及其特点

如前所述,英国人在北美建立的殖民地,是隶属于英王的海外领地。对这些殖民地的占领和殖民,在原则上都必须得到英王的特许,而且都是以个案方式处理的。

这一历史背景,赋予殖民地两大重要特点:其一,殖民地的政治权力是直接来自英王的特许,其权力关系在英帝国内呈垂直走向;其二,由于各殖民地的建立是以个案方式处理的,各殖民地之间呈孤立状态而互不相属。所以,有人比喻各殖民地之间的关系是:鸡犬之声相闻,老死不相往来。

根据管理方式之不同,英属北美13个殖民地,在创建时可分为3大类型:(1)公司殖民地,其业务由设在弗吉尼亚或殖民地的董事会管理,在经济上自负盈亏。弗吉尼亚、马萨诸塞等最初都属特许公司所有。(2)业主殖民地,它在性质上是英王的封土,业主代表英王统治该殖民地,有权在殖民地内实行再分封。宾夕法尼亚、马里兰、特拉华、南卡罗来纳、北卡罗来纳及佐治亚,最初都属这一类性质。(3)自治殖民地,它们一般为自由移民自己所建,最初既不属于英王所有也不为业主所有,其管理方式由殖民地移民自行决定。普利茅斯、康涅狄格、罗得岛最初都属此类殖民地。

这3类殖民地中,业主殖民地的总督由业主指定,自治殖民地的总督由移民选举。公司殖民地则有些特殊,最初虽由公司的董事会直接管理,但董事会当时是由英王任命的,实际上是准英王直辖殖民地。但真正的英王直辖殖民地,是在1624年才第一次建立的,当时弗吉尼亚公司因经营弗吉尼亚殖民地失败,不得不改由英王直辖,而直辖殖民地的总督是由英王指定的。后来,殖民地经济地位日益强大,在英帝国的政治和经济事务中作用日益明显,而英帝国内部的权力争夺也更加激烈,英王为了巩固不断削弱的专制王权,同时也由于对殖民地的强大所产生的离心力量的担心,先后把一系列业主或自治殖民地改由英王直辖。例如,新罕布什尔(1679)、马萨诸塞

(1684)、纽约(1685)、新泽西(1702)、南卡罗来纳和北卡罗来纳(1729)、佐治亚(1752)，在这样的背景下都变成了英王直辖殖民地。马里兰在1690—1715年，宾夕法尼亚在1692—1694年，也一度分别成为英王直辖殖民地。到独立革命前夕，最后只剩下3个业主殖民地(马里兰、宾夕法尼亚、特拉华)，两个自治殖民地(康涅狄格、罗得岛)。

虽然英王被宣布为所有殖民地的主人，但英国对殖民地的管理，在很长一个时期内实际上并无章法。直到1643年，即英国革命爆发后，才根据英国议会的决定，成立了一个以沃里克伯爵为主席的贸易委员会来负责殖民地及其贸易的管理。1651年的航海条例，被称为"第一个从广义角度阐明英格兰商业政策的议会法律文件"，也可以看做是英国殖民政策形成的标志。1670年，根据阿什利勋爵和约翰·洛克的建议，又成立了一个特别的"殖民地委员会"，它虽然被指示应"关注"殖民地的兴旺发达，但其权限只是向国王提出看法和建议。所以到1674年它就被撤销了，取而代之的是"贸易和殖民地委员会"，它有一名秘书和若干公务员负责处理日常事务。但严重的财政困难，政府信用的实际崩溃，以及法国私掠船的骚扰，导致了1695年议会的调查，其结果是在1696年成立一个贸易部，来代替原来的贸易和殖民地委员会，其首批成员包括2名枢密院顾问和5名殖民地事务专家。把殖民地的管理归贸易部这一事实表明，当时英国殖民政策的核心是促进和保护英帝国本身的贸易和利益，而不是殖民地居民的利益和发展。

至于殖民地内部的管理，各殖民地的情况很不一致，弗吉尼亚的管理体制有代表性。在弗吉尼亚，除英王任命的一个总督外，下面还有一个参事会，代表议会在1619年以前还不存在。总督名义上是英王任命的，但实际上在1700年以前，主要由枢密院指派，它是殖民时代早期的实际管理中心。

第二讲

由公司到社会的演变

殖民地土地制度的演变

在英属北美殖民地内,由公司到社会转变的关键是公司所执行的土地制度的改变,这种改变发生的时间是在 1614 年。

弗吉尼亚和普利茅斯殖民地是英属北美殖民地的两个代表。由于土地的实际所有权是在公司手中,整个殖民和拓殖活动是纯粹商业性质的,而移民又是作为公司的"合同工"在公司官员监督下共同劳动,除维持移民生活必需的那部分产品外,其余产品悉归公司并由公司处置,7 年合同期满后殖民地财产(包括土地在内)将在持股者中按股分配。

公司的殖民活动,带有明显的双重性:一方面,公司与英国的关系带有封建依附的痕迹,因殖民地是英王给公司的"封地",公司只拥有土地的"自由永佃权";另一方面,移民与公司的关系又带有近代契约色彩,因他们与公司订有具有约束力的合同,并为公司的利益而劳动,两者是矛盾的。它既不符合北美地广人稀的环境,也难以适应殖民地被移民迅速拓殖的形势,移民的劳动积极性很有限,公司根本无法靠它赢利。例如,弗吉尼亚公司为此曾花费数万英镑,但几乎一无所获。到 1624 年,因普利茅斯殖民地对公司无贡献,原资助者拒绝继续资助公司的殖民活动。在这种情况下,公司不得不在 1614 年改变现行的土地政策,采取措施将土地所有权逐渐转给移民个人。

按弗吉尼亚公司的决定,原建立种植园的英国投资者或团体,可获得大块土地并发给特许证。1616 年前自费来的移民,其所持公司股每股可获免税地 100 英亩。由公司资助来的移民,在为公司工作 7 年后可领取 100 英亩土地,但每年应交代役租 2 先令。1616 年后自费来的移民,每人可获年租 1 先令的土地 50 英亩,由公司资助来的移民 7 年后可获土地 50 英亩,但 7 年中其产品之一半应交公司。凡资助移民者,每资助一人可获地 50 英亩。契约奴服役期满后都有权获"自由费"(freedom dues)。公司官员由公司保留地供养,这类土地由上述分成农耕种。在这些措施中,最重要的是土地特许和"人头权"制度。由于这一系列措施的实行,到 1624 年该殖民地已基本私有化,并引入了代役租及长子继承制等封建制度。

1624 年在普利茅斯殖民地,因投资者拒绝给予资助,W. 布雷福德总督经讨论宣布,部分放弃最初的"土地共耕制",给每个成年男子 1 英亩地供私人永久耕种。1627 年,移民们又与投资者达成协议,购买了对方与殖民地有关的财产及其权益。随后移民们自己组成了新公司,所有成年男子都拥有公司股权。按照规定,单身男子每人一股,家长可拥有与家庭人数相等的股份,众人共同承担公司债务。1627 年,在殖民地的移民大会决定:(1) 1624 年首次土地划分继续有效,移民及其后裔当永远拥有所获土地;(2) 立即以抽签方式进行第二次土地分配,每位移民可获地 20 英亩。这样,在普利茅斯殖民 18 地,也以不同于弗吉尼亚的方式,开始了土地私有化的进程。土地虽然私有化了,但没有引入代役租,也没有引入长子继承制,长子只得双份。"无偿分配"是其特点。

正如柯蒂斯·内特尔斯所指出的,发生于弗吉尼亚和普利茅斯,完成于 1614—1629 年的公司土地私有化过程,"是美国历史上的一个重要界标,因为它决定了美国经济发展的过程",是"转向新经济的第一步"。① 1629 年以后建立的各殖民地,如马萨诸塞、马里兰和宾夕法尼亚等,都直接引入了私人土地所有制。例如,在马萨诸塞殖民地,采用"市镇授地制度"(township system),20 以上移民可以团体名义申请建立新的"市镇",一旦获得批准,地契即转给该镇,申请人即成为"业主",土地按家庭人口多少在"业主"中分配。又如,在 1634 年颁布给马里兰的特许状中,业主就被赋予了在殖民地进行再分封的特权,到 1676 年这样的分封已进行了 60 起。除此之外,早在 1638 年,该殖民地就决定给自费来的移民授予土地,每个成年男女(包括奴仆)各 100 英亩,16 岁以下的儿童减半。再如,业主威廉·宾在 1681 年开始出售他在殖民地的土地,其售价一般为每 5000 英亩 100 英镑,但每年要交 100 英亩 1 先令的代役租,从 1684 年起实行。新英格兰的"市镇授地制度",虽然还带有某种共耕色彩,但从 1725 年起这一制度也已放弃,转而采用土地出售的办法。总之,土地私有化已不可逆转。

当然,南部殖民地和新英格兰的土地制度,在一些细枝末节上,仍有某些差别。主要表现在,南部带有较多的封建色彩,保留了代役租、长子继承制和限定嗣续法等封建制残余。代役租虽然不多,一般在 100 英亩 1—4 先令左右,但这毕竟是封建特权的体现和标志。在弗吉尼亚,由于给最初的移民发放土地特许证,这批移民成为所谓"土地专享者",他们的地位在殖民地尤为特殊。在新英格兰,虽然按 1641 年马萨诸塞的《权利法案》规定,长子在财产分配时"应获双份",但毕竟没有采用代役租和长子继承制。

土地制度改变对殖民地社会的影响

土地的私有化,以及随之而来的农业殖民运动的迅速发展,对英属北美

---

① Curtis P. Nettels, *The Roots of American civilization*, New York, 1981, pp. 223-229.

殖民地社会产生了巨大影响,这种影响可以从以下3个方面来考察。

(1) 印白关系的急剧恶化。一般来说,当白人刚刚来北美大陆的时候,土著印第安人对远道而来的白人移民是友好的。例如,在殖民地人与土著印第安人的冲突中,酋长波瓦坦的女儿波卡霍特斯曾亲自救援过被俘的约翰·史密斯。又如,印第安人帮助白人移民学会了种植玉米、烟草等作物,在关键时刻使之度过了在新大陆的生存难关。但随着土地制度的改变,印白关系不可避免地会发生变化,因为由于殖民地土地私有化,不仅已有的白人移民获得生存的机会,而且殖民地成功的信息很快地传回欧洲,新大陆被普遍视为人类的"避难所",把成千上万人吸引到北美。据估计,英属北美殖民地的人口,1630年时仅有5000人,30年后已增长至89000人,再过30年就达到209000人,到1720年已达466000人。定居地区由大西洋沿岸的潮水带,沿各流域向内地推进到阿巴拉契亚山脉的东坡。土地的占有是实施农业殖民制度的关键,随着白人定居者占有土地的增多,印白关系逐渐恶化,因为印第安人是这些土地的主人。从1622年起印白冲突不断,1664年酋长Opechanckeno被害,印第安人被迫割让詹姆斯河和约克河之间的土地。在马萨诸塞,对土著印第安人的进攻在1633年就已开始,并把印第安人限制在划定的"保留地"内。1675年腓力浦王战争后,大批土著印第安人沦落入英人手中。原大西洋沿岸的印第安人,到北美独立战争爆发之时,实际上已大部分被消灭。

(2) 管理问题的日益突出。公司土地的私有化,使原来作为公司雇员的移民,逐渐上升为拥有不动产的具有独立地位的私有者。这种转变,虽然在弗吉尼亚和普利茅斯其途径有所不同,前者是通过特许和租借方式,而后者则是通过"无偿分配"方式,但其结果可以说是相似的,都提高了移民的独立和权利意识。特别是在弗吉尼亚,在实行土地特许证制度的同时,1617年公司又作出新规定:"任何支付250人移民费用的个人或团体,均可在公司管理辖区范围内且无人定居的地区另获一片1250英亩的土地。"一些原公司的成员获得了在定居地边缘地带拓殖的权利,从而建立起一批"特殊种植园",其中不少人是种植烟草的。当这些种植园主富裕起来后,便要求获得与其经济实力相应的政治权力,参与对殖民地管理。于是,得到弗吉尼亚公司的同意,在新任总督乔治·耶德利领导下,于1619年6月30日召开了首届代议制会议,由11个城市各选2名代表构成。在普利茅斯登陆的移民始祖们,虽然没有得到任何人的批示或批准,但由于当时他们实际上处于无人管辖的状态,也就获得了行使作为独立个体的权利,所以便在上岸后按《五月花号公约》的决定,由移民大会选举了约翰·卡弗为自己的总督。它和弗吉尼亚的代议制一样,在北美殖民地的民主化方面都具有开创性。在此后,建立的各殖民地,无论是实行一院制,还是实行两院制,都建立了自己的代议机构。这是加强殖民地管理的需要。

(3)对劳动力的巨大需求。由于农业殖民制度的实施和公司土地的私有化,以及对土著印第安人的不断掠夺,尤其是南部烟草种植园经济的发展,对劳动力的巨大需求出现了。为了解决殖民地拓殖所需要的劳动力问题,英国殖民者曾企图强迫土著印第安人为奴,令其为白人主人服役,但由于印第安人反抗意识极强,加之他们大都还处于原始部落阶段,过的是半农半牧的生活方式,并不适应白人的农耕生活,终致失败。取而代之的,除了自由劳动制度而外,是两种普遍采用的劳动制度:一是契约奴制度。契约奴(indentured servants)主要来自英国和欧洲,一般与主人订有正式或非正式的合同,主人答应承担这些人前往美洲的生活费等相关费用,而契约奴则承担为主人劳动3—7年的义务,这些人在服役期间所受待遇很差,有时甚至还可能被主人转卖,但合同期满后将"享受自由人的全部权利和自由",并得到50英亩左右的土地,所以实际上是"合同工"。据估计,在独立之前,契约奴在殖民地人口中在60%—77%之间,在弗吉尼亚、马里兰、宾夕法尼亚这类殖民地大约要占3/4。二是黑人奴隶制。首批进入北美殖民地的20名黑人,是由荷兰人从几内亚输入的。此后,1628年在康涅狄克,1634年在马里兰,1636年后在特拉华,也相继采用黑人劳动。这些黑人当他们被主人从市场上购买时,就是连同自己的劳动力一起一次而永远卖给主人的,但他们在 1640 年前受到了相当于"契约奴"的待遇,随着烟草种植业经济的发展,大批黑人从家内被驱赶到田间,逐渐演变为"终身奴仆",并进而定位为"奴隶"(slave)。到 1660 年黑奴制便通过"奴隶法典"在法律上被确定下来,第一个制定"奴隶法典"的是弗吉尼亚。据估计,英属北美各殖民地的黑人人口,1660—1750 年间由 2920 人增至 25 万人,到 1776 年已占殖民地总人口的 23.6%,其中 3/4 受雇于南部殖民地。

由公司土地私有化和农业殖民制度的实施所引出的这些变化,成为英属北美殖民地乃至以后整个美利坚文明,包括经济、政治、社会和文化进一步发展的基本动因和基础,并决定了其结构的多元化特征,其意义巨大而又深远。

殖民地经济的发展及其区域差异

由于土地私有化,以及"人头权"制度的实行,吸引了越来越多的移民。此外,由于获得了基本生活资料,移民的劳动积极性提高,人口的自然增长加快。据估计,1670 年以后的 50 年内,人口几乎增加了 4 倍。在前工业社会,人口的多少是经济发展的重要因素,人口增长为殖民地经济的发展准备了条件。

农业是殖民地生存和发展的基础,在很长一个时期也是殖民地经济的首要部门。当然,移民必须从拓荒者开始做起,用自己的双手披荆斩棘、开荒种地,以维持基本的生活需要。他们的主要种植物是玉米、黑麦、荞麦、燕麦和小麦等,其中玉米是美洲的原生作物,其他则是移民从旧大陆带去的。当然,他们也发展了养殖业,如驴、马、猪、鸡及其他家畜家禽等。但由于英属北美殖民地是一个狭长地带,南北之间的气候差异又很大,因此从殖民之初起各地经济活动就有自己的特点:(1)在南部殖民地,由于经常受潮水的浸润,沿海潮水带的土地特别适合种植烟草、水稻、靛青。加之,这些作物产品的市场在英国和欧洲大陆,以至很快成为南部殖民地的大宗商品种植物。

特别是烟草,自 1612 年罗尔夫引种成功后,1616 年已开始向欧洲出口,1630 年出口量已达 50 万磅。这些大宗作物的种植,由于需要大量的劳动力而不得不大量输入黑人奴隶,于是伴随着这些大宗商品种植物的发展,奴隶种植园制便在多处建立起来。(2) 新英格兰多石少土,冬季漫长而又寒冷干燥,不仅不很适合农作物生长,还不适宜进行规模种植,因此没有形成南部那样的奴隶种植园,奴隶一般属家庭奴仆。这里生产一些黑麦、荞麦、小麦、玉米,只有康涅狄格主产小麦。不过,新英格兰地区畜牧业比较发达,农户普遍饲养马、牛等家畜,且从 1650 年左右已开始出口,主要市场在西印度群岛。(3) 中部殖民地自然条件优越,土地辽阔而肥沃,且可耕面积比南部和北部都大,非常适合种植小麦、裸麦、大麦、亚麻等作物,因而有"面包殖民地"之称。荷兰、瑞典和英国移民给中部殖民地带来多元化,以威廉·宾为代表的贵格会教派,对胡格诺派、浸礼会、长老会等教徒产生了很大吸引力,使这个殖民地的人口增长迅速,成为北美发展最快的殖民地。殖民地农业虽然具有拓荒性质,但由于这些殖民活动主要是由一些商业公司组织的,欧洲对这里生产的烟草,加勒比对这里生产的粮食的需求都很大,大西洋东岸港口和城市的迅速兴起也需要大批农业产品,因而从一开始就带有很大的商品化的倾向。

　　北美殖民地创建时期,英国盛行重商主义政策,它鼓励对英国有利的工业而抑制不利的工业。在北美殖民地最早发展起来的,是木材业和造船业这两个部门,因为这是英国建立"海上强国"所不可或缺的。北美盛产橡木、白松、黄松等优质木材。据记载,1608 年从詹姆斯顿,1621 年从普利茅斯运往英国的首批货物,主要是木材和船舶用具。为了节省造船费用,英政府提倡利用北美的木材就地造船,所以殖民地的造船业发展很快,只不过开始造的是小船。1631 年温斯罗普出资建造的船已能乘载 180 人,两年后在梅德福建造的船舶的排水量已达 60 吨,17 世纪 40 年代已能建造排水量达 300 吨的大船,可见造船技术的日臻完善。18 世纪,造船业已成为新英格兰最主要的工业部门,其中心就是位于马萨诸塞湾的波士顿,1720 年它就拥有14个造船厂,1675—1715年仅此地就造船300艘,其中1/5销往国外。殖民地的第三大工业是纺织业,由于大多数农户都从事纺纱织布,这项产业在殖民地有广阔基础,原料有羊毛、蚕丝、棉花、亚麻。棉花在1607年詹姆斯顿开创之际就已引种成功,17世纪20年代逐渐推广到英格兰、马里兰、卡罗来纳、特拉华等地。自弗吉尼亚从荷属新尼德兰引入绵羊后,马萨诸塞、普利茅斯在1633年和1634年也分别引进绵羊。这里的纺织业受到殖民当局的保护:例如在1671年,马里兰规定,每生产一磅大麻补助一磅烟草,一磅亚麻补助两磅烟草。其他殖民地,如弗吉尼亚、宾夕法尼亚、纽约等,也采取了类似措施。因此,早在17世纪30年代马萨诸塞的罗列镇,就诞生了第一家毛纺厂。1643年在该殖民地又建立了首家棉纺织工场,虽然只雇用了两三个工人和一两名学徒,但一些较大的手工业工场,在18世纪初也已建立起来。殖民地第四大工业是冶铁业,它起步于1619年建立于"詹姆斯河支流"处的冶铁厂,铁矿发现于1610年前后。马萨诸塞发现铁矿是在1630年,且在1643年或1644年在索洛斯河岸建起了新英格兰最早的冶铁厂。据温斯罗普说,1648年时它每周可产生铁7吨。捕鱼业是北美殖民地的最后一大产业,其主产区在马萨诸塞湾一带的大西洋上,这里盛产鳕鱼、沙丁鱼等优质鱼种。到1700年左右,仅新英格兰每年就可输出干鱼1000万磅,主要市场在西印度群岛,也销往欧洲。

商业是殖民地经济的重要组成部分。向北美殖民的事业原本就是一种商业殖民制度,虽然后来由商业殖民转向农业殖民地,但并不意味着放弃原来的商业目标。由于北美盛产海狸等珍贵皮毛动物,皮货贸易成为北美殖民地贸易的最早形式,曾给英商带来十分丰厚的商业利润,有时甚至高达几百倍。但殖民地商业贸易的稳定发展,则是在殖民地经济逐渐趋于商品化从而能够提供更多的产品之后。正因为如此,各地区提供的商品是不同的,如南部的主要出口品是烟草、大米和蓝靛,而新英格兰最重要的产品是小麦、牛和鱼类。由于英国并不需要新英格兰的这类产品,结果给新英格兰造成大量贸易逆差,恰好南部人本身并不或很少卷入运输业,使新英格兰商人可以卷入大西洋"三角贸易"(即奴隶贸易),把西印度的糖蜜运回新英格兰酿酒,然后把甜酒运往非洲换取奴隶,再把奴隶运往南部出售给种植园主,以此来弥补逆差。据统计,殖民时期英国贸易量的3/4都是由殖民地船舶装运的,其中绝大多数是新英格兰商船。这使新英格兰成为北美殖民地发展的中心,由此形成了一系列重要工商业重镇,如波士顿、新港等。

殖民地的社会结构及其特点

北美殖民地社会是一个典型的"移民社会",我们可以从4个方面给这一概念以界定:(1)与土著人无关;(2)由外来移民所组成;(3)受移民的历史和社会背景的影响;(4)与移民原有社会有别。这个移民社会的特征将由两个方面来决定:一是看它在多大程度上接受移民原有社会的影响;二是看它在多大程度上接受殖民地环境的制约。

据估计,1720年时,英属北美殖民地总人口为120893人,其中白人116937人,黑人3956人。在白人人口中,按1790年的人口统计,英格兰人占60.1%,其余为苏格兰人、爱尔兰人、德意志人、荷兰人、法国人、瑞典人、西班牙人以及其他人,他们分别占8.1%、3.6%、8.6%、3.1%、2.3%、0.7%、0.8%和6.8%。这表明,北美殖民地社会是以盎格鲁-撒克逊人为主的多元社会和文化。

由于英格兰人在殖民地人口中占60.1%,因此这个移民社会的社会经济性质,在很大程度上是由这些人来决定的。16世纪末到17世纪初,英国正处于由传统农业社会向近代工业社会转变的过程中,封建农奴制在整体上已经瓦解,农民在人身上已基本取得自由,不同类型的自耕农已在农民中占主要成分,但大多数自耕农属公簿持有农,即还带有某些封建制残余。这种情况不能不对北美殖民地社会带来影响,使之不可避免地带有某些封建社会的残余。

这个移民社会主要由3个群体组成:(1)农场主和种植园主。自1614

年起土地制逐渐转入个人之手,移民逐渐地也就由公司雇员变为拥有地权的农场主,即独立的农场主阶层。种植园主是农场主的一部分,一般从事商品作物的种植,并雇佣劳工、契约奴或黑奴为其劳动,因而经营规模较大。(2)商人和技工。从一开始,殖民地就有一批职业商人,但随着殖民地社会经济的发展,在城乡出现了一批又一批作坊或小店铺,它们的主人就逐渐形成为一个商人和技工阶层。两者有时候是分开的,但在很多情况下很难将两者分开,因为商人能办作坊,作坊主也可以经商,是殖民地资本家的先驱。(3)契约奴和黑奴。之所以把两者放在一块,是因为他们的实际地位往往相似。但两者在法律地位上是不同的:前者和主人签有口头和正式合同,在为主人劳动3—7年后,可获得自由并享有一份土地;后者最初待遇虽类似契约奴,但他们一旦被法律上被定为"奴隶",就意味着终生为主人效劳,被视作主人的"动产"。因此这3个群体有6种身份,其差别有时很大。

1979年由北卡罗来纳大学出版社出版,由撒特·W.塔特和戴维·安默曼所编的《17世纪的切萨比克》一书,载有1654—1686年从英国布里斯托尔和伦敦前往北美切萨比克湾的契约奴的原有职业状况和比例的统计表。该表告诉我们,此间前往切萨比克湾的来自上述布里斯托尔的契约奴共537名,但原先的职业涉及了农业、食品饮料和供应、制衣/纺织和相关的贸易、皮革贸易、建筑/木工、金工、绅士和专业的、半熟练和非熟练的、混杂的不同领域。这就是说,不论移民是什么身份、地位和职业,到了殖民地后都要根据当地的环境、条件和需要进行重新选择、站队和改组,而分别被组织和定位于新的生产方式中去。但根据温斯罗普·乔丹之研究,"在美洲社会和经济制度的相互作用中只有3种主要劳动制度,这就是雇佣劳动制、动产奴隶制和临时契约奴制"。换言之,移民及其后裔,主要就是通过这3种劳动制度,被重新安排、定位和整合进新大陆的社会经济结构中去的,而殖民地中上述3个群体和6种身份的出现,正是这种重新安排、定位和整合的结果。

与旧世界不一样,北美殖民地移民社会,由于在自由白种人之下有两个群体:一个是契约奴,一个是黑奴,不是一种上小下大的金字塔结构,而是一种两头小、中间大的菱形结构,因为自由的农场主、小商人和作坊主占人口绝大多数,他们构成了这个移民社会的主体。处于顶层的是殖民地的统治者,由总督参事会、代议院官员及大种植园主和大商人组成。处于最下层的是黑奴,还包括人数不少的契约奴。由于契约奴最终会获得自由,他们的解放不断地补充到中间层里去,更加强了"中产阶级"的力量。从这个意义上说,还在北美独立之前,在北美已有一个庞大的"中产阶级"存在,这是北美移民社会的重要特点。这和金字塔形的当时西欧的社会结构形成了鲜明的对照。为醒目起见,可将这种差异图示如下:

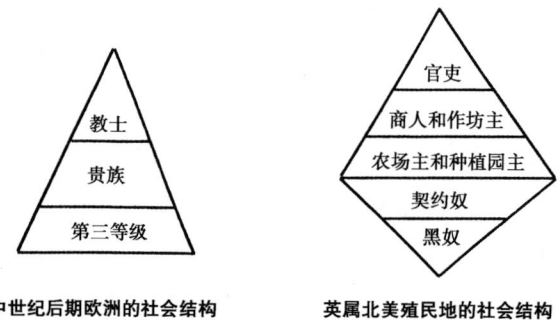

中世纪后期欧洲的社会结构　　英属北美殖民地的社会结构

培根起义及其原因

殖民时期的最大事变,是爆发于1676年弗吉尼亚的培根起义。这次起义的领导人,名叫纳萨尼尔·培根,是一位英国乡绅的后裔。这次起义,典型地反映了北美殖民地的社会关系和矛盾,以及这些矛盾的性质。

这次起义的原因,主要是由于航海条例的实行,殖民地主要种植物在国际市场上滞销,为买回国王恩惠的自由而加在殖民者头上的税收增长,殖民地的自治权被资产阶级的腐朽所嘲弄,大批小农破产。因此,起义带有很强的自发性和群众性,并反映着殖民地大多数人的思想和情绪。

当时任弗吉尼亚总督的威廉·伯克利(William Berkeley)是在38年前由英王查理一世任命的。他曾是英国"秘密会议"的成员,英国内战爆发时他上任不过几个月。1644年夏,当查理一世在康沃尔击败国会军时,伯克利和国王在一起。后因殖民地发生印第安人大屠杀,才于1645年6月返回殖民地。当查理一世被处死后,他宣称查理二世为国王。1652年,当国会的舰队航行到詹姆斯顿时,他集结了军队并准备顽抗到底。查理二世在英复辟后,一度辞职的伯克利再度成为总督,并解散殖民地代议制政府。他是一位顽固的保王派。

在复辟期间,弗吉尼亚长期国会中有议员30名,其中6名上校、2名中校、1名少校、14名上尉,他们被授予2000—30000英亩不等的土地。1675年,众议院议长获得了15000磅烟草,每个议员获得了15000磅烟草,开会期间的总花费达539390磅烟草。征税员的薪水也获得了增加,总计花费达1601046磅,平均每户要出资150英镑。所有这些,都加重了殖民地移民的赋税,引起了民众的不满。

1660年前夕,弗吉尼亚人与荷兰人之间有大规模贸易,弗吉尼亚用烟草交换荷兰的手工艺品,给殖民地带来了巨大财富。但英国航海条例出台,要求从殖民地出口的烟草,必须运到英格兰及其他的领地,而殖民地所需要的工业品,必须从英国进口。荷兰给殖民地的烟草支付每磅3便士,而现在它在英国每磅只能卖半便士。一个收获1000磅烟草的种植者,在航海条例颁布前可获12磅收入,在航海条例通过后能收入45先令就算不错了。1667年的英荷战争波及北美,荷兰战舰开到北美海域,殖民地运送烟草的船只,9/10被荷兰人俘走。

殖民地的许多土地,本来已被总督授给亲信和官吏。在查理二世复辟后,又发专门的土地授予令,位于波托马克河和拉帕汉诺克河之间的大量土地被授予了阿克顿伯爵和卡尔佩珀子爵,此专利权不仅包括以前授予的土地,而且包括了其余全部殖民地。在这种状况下,殖民地派出了自己的代理人,在英国与当局进行了艰苦的谈判,虽然最终迫使两人放弃了他们的专利,但在执行中却受到了种种阻碍。所以,当国王宣布撤销其授权时,培根领导的起义也终于爆发了。

起义的导火线,是对印第安人的战争。1675年夏,一些住在波托马克河北岸的萨斯奎哈纳族人,渡过波托马克河杀死了一些居民,抢了一些物品后返回了马里兰。培根虽是殖民地参议员,属上流社会的一员,但他曾被印第安人赶出了种植园,印第安人还杀死了他的管理人,因此很自然地成为当地民众武装的领袖,被要求带领他们去攻击印第安人。而总督伯克利最初认为,萨斯奎哈纳族人的暴行是由别人挑起的,拒绝派兵镇压这些印第安人,导致培根擅自向印第安人进攻。虽然培根取得了胜利,但培根及其追随者背叛了和印第安人的同盟,伯克利宣称:"培根和他的支持者是非法、反叛和造反",并悬赏捉拿培根甚至要他的人头。这样,这次对印第安人的战争,后来就演变成反抗殖民当局的起义。这次起义的追随者,主要是受到印第安人威胁,但又得不到殖民当局保护的边疆自由人。

在起义过程中,培根曾设法使殖民地议会通过了一部《培根法》,此法给所有自由人以选举权,给选民在地方法院讨论征税时以代表资格。它结束了自己维持的教区会,规定了治安官、征税员和其他官员的报酬,规定治安官任职不得超过一年,任何人不得同时占据忏悔官、法院成员、测量员或土地回收人中的两个职位,参议院成员得辞去宪法院的席位。此法成为弗吉尼亚自治政府发展中的界标,但被总督和国王所否决。

培根发表宣言,宣布伯克利及其同伙为"卖国贼",并威胁要没收他们的财产,除非这些人在4天之内投降。其后,他又召集大约70名当地重要种植园主开会,并要求他们向他保证3条:参加他反对印第安人的行动,阻止任何企图反对他的人,反对任何派往弗吉尼亚的英军。结果,虽然许多人表示反对最后一条要求,但仍有不少于69人签字。在培根的率领下,起义者逐渐向弗吉尼亚首府靠拢,总督伯克利不得不从詹姆斯顿撤退。1676年9月17日培根的人占领了詹姆斯顿,并放火烧毁了这座首府。之后,培根穿过约克河,把总部设在科隆尼尔·奥古斯丁·沃纳,并迅速控制了河东岸以外的整个弗吉尼亚。这时,培根下令渡过切萨比克湾,企图抓获总督伯克利,但未成功。1676年10月26日,培根病死于赤痢,起义军随之瓦解。

这次北美殖民地历史上最大的起义,深刻地暴露了殖民地社会内部的矛盾,并第一次给英国的殖民统治以打击,英王不得不命令伯克利返回英国。伯克利于1677年7月13日死去。

第三讲

七年战争与民族觉醒

七年战争与英国殖民政策的改变

在北美殖民地与母国英格兰的关系中,七年战争是一个重要的转折点。因为它在很大程度上改变了英国的殖民政策,促成了美利坚人的觉醒。

七年战争(1756—1763)本是英法之间战争,它始于奥地利王位继承战争期间英法对殖民地的争夺,以及普奥持续进行的争夺霸权的战争,最终导致一场世界范围的冲突:在欧洲战场,是英国、普鲁士、汉诺威与法国、奥匈、俄国、撒丁王国、瑞典之间的战争;在北美和印度战场,是英国与法国之间的战争。1763年2月10日,法国将北美和印度交给英国,以英国对法国的胜利而告终。但这种胜利,对北美殖民地来说,却并非全是吉祥之兆,反而引出一系列矛盾。这些问题可概括为土地问题、驻军问题和征税问题。

(1)土地问题。这里说的是西部土地。将近一个半世纪的不断移民和拓殖,使阿巴拉契亚山脉以东的大西洋沿岸已基本上被移民占满和垦殖。1748年由一些弗吉尼亚商人、土地投机家、官员成立的俄亥俄公司,是以西部土地为目标的大规模土地投机活动开始的标志,表达了殖民地人民对西部土地的关注。为了和法国争夺在北美的控制权,在七年战争前英王曾许诺,把西部土地作为对殖民地参战官兵的奖励,以便加快西部移民的速度以抵御法国人。但随着七年战争的结束和法国威胁的解除,英国内阁改变了西部土地政策并作出决定;在安抚了印第安人和制定出明确的土地政策以前,阿利根尼山以西地区禁止移民。这一决定被载入了1763年10月7日的英王诏谕,谕示"严禁朕之所有忠良臣民在该地区购买土地或定居",违者要受到严厉处罚,从而建立了所谓"诏谕线"。这就彻底打消了殖民地人民对西部土地的希望。从此,西部土地问题,就成为北美殖民地与英帝国政府之间矛盾的一大焦点,是引起殖民地人不满的重要因素。

(2)驻军问题。除了上面介绍的土地问题以外,还有一个驻军问题。七年战争之后,随着殖民地疆域的扩大,边界的防务问题就被提出来了。英国防务大臣问贸易局:"要有怎样的军事编制才能满足需要?哪几处新的堡垒应当修建?"贸易局提出了从圣劳伦斯河到佛罗里达、从尼亚加拉到密执利麦基诺建立一系列卫戍要塞的建议,据估计守卫这些要塞需1万士兵。这就产生了驻军问题。这个问题当初本是对外问题,但由于殖民地和英帝国的矛盾日益加剧,后来又增加了对内问题。英国议会的《驻军法案》(即《惩治叛乱法案》),要求王家军队驻扎处的地方当局提供宿舍或兵营,并对士兵负责提供各种日用品和每人每天5品脱的啤酒,或1/4品脱的糖蜜酒。对此,殖民地议会,或马萨诸塞议会、纽约议会开始进行有限抵制,但在保守派掌权后又答应了驻军的要求,结果引起殖民地人民的不满。1770年1月纽约发生严重骚乱,英军砍倒了激进派树立的自由竿,随即在戈登山爆发了战斗,结果一公民被英军杀死。纽约成为革命的"首次流血"的圣地。1770年3月5日发生的"波士顿惨案",与此类似。

(3)征税问题。这是由两方面的情况引发的:一方面,七年战争耗费了英国大量财力,战争结束时国债已达到1.3亿英镑,为战前的两倍;另一方面,为了维持在殖民地的民政和军事开支,英国花在这方面的费用由1748年的7万英镑增加到1764年时的35万英镑。在这种状况下,英国财政大臣乔治·格伦维尔提出,从殖民地取得某些收入是有必要而又正当的,这一建议在英国议会获得通过,于是产生了对殖民地的征税问题。1764年通过的《糖税法》和1765年通过的《印花税法》，成为对殖民地征税的两次最新尝试，糖税法对过去每加仑征6便士的外国糖蜜税减为3便士，但对输入美洲的外国食糖、欧洲奢侈品(如酒、丝和麻)却课以附加税。撤销各殖民地原享有的某些免税待遇，如富裕的美利坚人喜爱的免税输入马德拉酒的待遇，2豪格海(Hogshead)①就须纳税7英镑。而印花税则是首次课加于殖民地内部的直接税，是关税以外首次出现的一个税种。它规定，报纸、证书、票据、期票、债券、文告、历书及一切印刷品、小册子、法律文件，均须贴上票面为半便士至20先令的印花税票，牵涉面极广。当局声称，征收这两种税都是供当地之防卫、保护与安全之用，但却不征求殖民地人民的意见。问题在于，殖民地人民认为，各殖民地的权力，是直接来自英王的特许而不是来自英国的议会，各殖民地在英国议会中又无代表权，因而英国议会根本无权对殖民地征税，只有殖民地议会才有权对此作出决定。在他们看来，向殖民地征税，是没有道理的。

由七年战争胜利所引发出的这3个大问题，尤其是英国议会决定对殖民地征税的问题，涉及殖民地人民的根本问题，即他们的自由和权利问题，不能不引起殖民地人民的极大关注。因为他们中的绝大多数人，是为了反抗专制统治和宗教迫害而从英国逃出来的移民及其后裔，其思想及生活方式都与英国本土发生了很大变化，不会容忍强加于他们的新的压迫和剥削。因此，七年战争很自然地成为殖民地和英帝国关系的转折点。

美利坚民族的初步形成与觉醒

从某种意义上说，北美殖民地从一开始，就在政治、经济、文化和生活方式上与母国有很大不同，其中以新英格兰最为突出。在新英格兰，实行

---

① 1豪格海(Hogshead)=52.5加仑。

民选长官、土地分配和平民教育,这和英国专制制度、经济制度、教育制度可以说是背道而驰的。1647年5月,马萨诸塞议会通过的关于建立国民学校的议案规定:"各镇人口增长至50户时应责令一公民担任教育之责。凡儿童欲求读书写字者一律不得拒绝。"所以,詹姆斯·拉塞尔·科维尔说:"第一所小学开幕的时候,对付教会专制或国家独裁的第一道壕沟,也就筑成了。"

但殖民地人民的真正自觉,是在进入18世纪以后才开始的,特别是在1763年英法七年战争之后。哪些因素促成了美利坚民族的觉醒呢?首先是社会经济的发展。18世纪人口增长很快,1702年才有27万人,1770年已超过220万人,大约每过25年翻一番,这为殖民地的发展准备了劳动力。当时的农业、工业、商业都获得了重大进展。波士顿的手工业、马里兰的铁矿、费城的造纸、罗得岛的布匹,都已很有名。交通运输业的发展尤其突出,18世纪初马萨诸塞、纽约、新罕布什尔,都建立了完善的邮政,由波士顿发出的信件6天即可抵达费城,从波士顿到查尔斯顿都开辟了公路,这样,各殖民地就可以互通有无、交流信息、联络感情。这对共同的地域和共同的文化的形成,即对美利坚民族的形成起了决定性作用。

一个名叫乔治·怀特菲尔德的人认为,在"彻底悔罪"之后往往就是"皈依宗教",因此1740年起他巡回于南卡罗来纳与新英格兰之间,在布道中逼真而又详细地描述在地狱里等待着的罪人经受的苦难,使听众惊恐而悔罪,终于成为他的信徒,由此开始了所谓"大觉醒"运动,即信仰复兴运动。这个运动很复杂,既有反清教寡头统治的倾向,也有某种反文化的倾向。但它带有明显的群众性,传播了"自然神论"的思想,建立了一些带有较民主倾向的宗教团体,如美以美教会和浸洗礼教会,还创办了一些新的教会学校,如新泽西学院(1746),实际上是一个重要的启蒙运动。正因为如此,当欧洲以伊萨克·牛顿和约翰·洛克为代表的启蒙思想传到美洲后,信仰复兴运动中的"新光"派和"旧光"派牧师,均能使自己的神学理论与之相适应。但北美第一个真正的启蒙思想家却非本杰明·富兰克林(1706—

1790)莫属。富兰克林出生于波士顿而发迹于费城，从14岁起就开始写作和投稿。对多种科学专题作过观察和实验，是最先从事电学实验的先驱之一。从1732年起，他编发《穷理查历书》，将科学和民主思想以谚语形式随历书向广大群众传布，对美洲人起了巨大启蒙作用。他的格言是："时间比金钱更重要"，"自助者，天助之"。

1754年6月，为了应付由法国人及其印第安盟友所造成的迫在眉睫的危险，由7个殖民地派出代表在阿尔巴尼召开了一次联席会议，以组成某种殖民地之间的联盟。会议通过讨论，最终通过了由本杰明·富兰克林提出的著名的"阿尔巴尼计划"，该计划规定设置一个由各殖民地议会委派的代表组成的"大参事会"，并由一位由国王任命的总主席来领导，该大参事会有组建军队、对付印第安人、控制公共土地和征收一般税务的权力，计划还包括一个总财务库。该计划虽然后来遭到不愿放弃权力的各殖民地议会的拒绝，但作为后来召开的"大陆会议"的先驱，它是各殖民地走向联合的又一次尝试，因而是美利坚民族形成中的重要步骤。

七年战争后，由帝国政策的改变引发的问题，是促使美利坚人走向联合与觉醒的转折点，1765年在纽约召开的反印花税法大会是这一转折的标志。大会是根据马萨诸塞的倡议而召开的，有9个殖民地派出了自己的代表。大会接受了当年5月弗吉尼亚议会的观点："无代表即不纳税"，通过了《权利与不平等宣言》，要求英王及其议会废除印花税条例，宣称只有殖民地自己选出的议会，才有资格对他们征税，"没有代表的征税是专横"。"无代表即不纳税"，本是在英国"光荣革命"中确立了的一个原则，但在殖民地和英国本土都引发了争议，争论的焦点在究竟怎样才算有"代表"：一些人认为，英国议会是帝国议会，它也可以代表它的殖民地，因而殖民地已拥有"实质性的代表"；而另一些人认为，如果"实质性代表"的说法能够成立，那么全体英国人就可以任何一个选区的成员来代表，可何以苏格兰在与英国合并后还要向议会派代表？无论如何，殖民地人民的结论是，殖民地在英国议会无代表乃是不争的事实，英国议会不能代表北美居民，也就无权决定对殖民地征税,能够决定对他们征税的,只能是殖民地自己的议会。这次大会表明,征税问题已把殖民地与英帝国的矛盾,由经济层面提升到政治层面,成为双方之间的权利之争,矛盾和斗争的性质改变了,民族意识急剧提高。正是在这次大会上,克里斯托弗·加兹顿正式提出了"Americans"(美利坚人)的概念。他在一次演说中宣称:"在这个大陆上,不应当有人称为新英格兰人、纽约人等,我们所有的人都是美利坚人。"之后,一个被称为"自由之子"的秘密组织在波士顿诞生,其领导人是塞缪尔·亚当斯和帕特里克·亨利等人,这种组织发展很快,不久各殖民地几乎都有了类似的组织。(图3—4)在农村,与此相呼应的,则有1766年和1770年分别发生在纽约州和卡罗来纳的抗捐和抗租运动,以及1771年由伊桑·艾伦领导的佛

3—4
为英国征收印花税的代理人被吊在桅杆上

蒙特"绿山健儿"(Green Mountain Boys)捍卫其土地所有权的斗争。

1770年3月5日,驻扎在波士顿的两团英军,以保护执行关税条例的英国官员为由,向进行抗议的一群男人和男孩开枪,死5人,伤若干人,是为"波士顿惨案"。(图3—5)1773年,英政府颁布"茶税法",企图给东印度公

3—5
1770年波士顿惨案

3—6
塞缪尔·亚当斯

司以殖民地茶叶进口垄断权,向殖民地倾销剩余茶叶。为了阻止茶叶上岸,波士顿人组成了"茶社"(Boston Tea Party),于12月16日化装成印第安人登船,将价值9万美元的342箱茶叶抛入海湾。为了加强各殖民地之间意见和情报的交换,早在1772年就在塞缪尔·亚当斯(图3—6)的倡议下,由波士顿市民大会通过决议,建立了第一个通讯委员会。1773年,马萨诸塞其他城镇,以及弗吉尼亚、罗得岛、康涅狄格、新罕布什尔和南卡罗来纳均先后建立了通讯委员会。在帕特里克·亨利和托马斯·杰斐逊的领导下,这个组织迅速成为美利坚民族形成和发展的纽带。这一系列事件,尤其是波士顿倾茶事件,使英议会在1774年通过5个"不可容忍的法令",规定受殖民地人指控的英国官员只能在英国受审,英军可强行进驻殖民地民宅,取消马萨诸塞的自治地位,封闭北美最大的港口波士顿港,将俄亥俄以北的土地划归魁北克。

为了讨论由上述法令引起的一系列问题,1774年9月5日殖民地派出的55名代表在费城召开美国历史上第一届"大陆会议"。会议通过的权利宣言宣布,殖民地人民有"生存、自由和财产"的权利。代表们虽然对英国议会的5个法令不满,但还是提交了一份给英王的请愿书,不过在经济上决定停止进出口并抵制英货,为此决定在各地建立"联合会",负责检查经济制裁的执行情况。这本来是一种有限的反抗,却被英王乔治三世称作"叛乱",他在1775年8月23日的诏谕中宣称:"新英格兰的那些政府现在处于叛乱状态,必须用战斗来决定他们是属于这个国家还是独立","殖民地不是投降就是胜利"。可以认为,在实际上,英王对事变性质的看法,比殖民地人民还清楚。

走上独立的过程与斗争

第一届"大陆会议"后,走向独立的形势日趋明朗。但上层知识分子仍谋求在英帝国的范围内实行"自治",这在以下3篇先后发表的论文中表现得十分明显:(1)詹姆斯·威尔逊的《英国议会权限探讨》;(2)托马斯·杰斐逊的《英属美洲权利综论》;(3)约翰·亚当斯的《新英格兰人》。此3篇文章均发表于1774年8月至1775年2月之间。但下层民众似乎要激进得多,他们开始采取更为激烈的行动来反抗英国对北美的殖民统治。例如,1774年9月6—9日,来自波士顿和萨福克县其他城镇的代表在德达姆召开会议,通过了著名的《萨福克决议案》,宣布马萨诸塞为"自由州",并建立了安全委员会来组织武装力量,拒绝服从英国的法令,不再向英国交纳税款,终止同英国的贸易往来,并建议10月在康科德召开代表大会。新英格兰由此成为革命策源地。

1775年4月18日,马萨诸塞殖民地总督托马斯·盖奇将军,在得知革命委员会在康科德征集枪支后,立即派出一支步兵前往查处。19日在经过来克星顿时,与民兵突击队发生冲突,8名殖民地人被打死。虽然至今无人知晓打第一枪的是谁,但没有人怀疑莱克星顿的枪声已揭开了北美独立战争的序幕。(图3—7)当时那支英军抵达康科德时受到民兵的伏击,被打死打伤247人,后被迫撤回波士顿。这支英军后来被大陆军围困了11个月,好不容易才在1776年3月17日,由威廉·豪带领撤退到现属加拿大的哈利伐克斯。

3—7
莱克星顿的枪声(1775年4月19日)

1775年5月10日,第二届"大陆会议"在费城召开。这次会议由于是在莱克星顿的战斗发生之后召开的,无论在思想上还是在行动上都比第一次前进了一大步。帕特里克·亨利在会上声称:"战争实际上已经开始了,我们的同胞已经走上战场了。"会议宣布了战争并决定组建"大陆军"。乔治·华盛顿(图3—8)被任命为总司令,负责接管波士顿周围自建的民兵,

3—8 大陆军总司令乔治·华盛顿

以组成大陆军。6月23日,华盛顿即离开费城,前往波士顿接管军队,并在半路上得知6月17日发生邦克山战斗的消息。华盛顿是弗吉尼亚种植园主,有8000英亩土地和270名黑奴,曾做过土地测量员,参加过1754年和七年战争中对法国的战争,是弗吉尼亚民兵总司令,1763年英王宣告令和此后的一系列法令使其不满,遂走上了革命道路。但当时第二届"大陆会议"并没有准备独立,在由杰斐逊起草的《关于拿起武器的原因和必要的公告》中,明确表示"并不怀有野心,想要同大不列颠分离和建立独立的国家"。1775年7月8日通过的致乔治三世的《最后的请愿书》,急切希望恢复大不列颠与殖民地之间旧有的和谐。据说,在大陆军的军官餐厅,每晚都要为英王的健康干杯。

为什么当时"大陆会议"不愿宣布独立呢?原因在于:(1)殖民地对英国君主立宪政体的本质还认识不清,因而存在一个要不要起来反抗的问题;(2)人们对殖民地与英帝国的关系还认不清,因而存在一个应不应该效忠英王的问题;(3)人们对殖民地本身的地位和力量估计不足,因而存在一个敢不敢于独立的问题。当时殖民地对这些问题虽有广泛议论,但由于领导革命的种植园主和资产者及其代表,在政治上和英帝国有着千丝万缕的联系,并不能轻易迈出从英帝国分离出来这一步。为了回答这些问题,1776年1月,托马斯·潘恩发表了小册子《常识》。潘恩在英国时曾做过女胸衣制作人和税吏等,由于生活所迫去请求当时在英国的富兰克林帮助,经其介绍于1774年到北美做了《宾夕法尼亚杂志》的编辑,开始他的宣传活动。

3—9
托马斯·潘恩

他反对奴隶制,主张进行反英革命,建立共和国,成为激进民主派代表,《常识》是其最重要的代表作。(图3—9、图3—10)

这本小册子指出:(1)在英国的君主立宪政体中,国王体现着暴政的残余,上议院是贵族政治的残余,而下议院又不起牵制国王的作用,因此这个君主立宪政体"纯粹是君主政体";(2)英国可以称为北美殖民地的"母国"吗?不能!第一,北美人来自欧洲许多国家和地区,并不仅

COMMON SENSE;

ADDRESSED TO THE

INHABITANTS

OF

AMERICA,

On the following interesting

SUBJECTS.

I. Of the Origin and Design of Government in general, with concise Remarks on the English Constitution.

II. Of Monarchy and Hereditary Succession.

III. Thoughts on the present State of American Affairs.

IV. Of the present Ability of America, with some miscellaneous Reflections.

Man knows no Master save creating HEAVEN,
Or those whom choice and common good ordain.
　　　　　　　　　　　　　　THOMSON.

PHILADELPHIA;
Printed, and Sold, by R. BELL, in Third-Street.
MDCCLXXVI.

3—10
小册子《常识》

仅来自英格兰,在宾夕法尼亚的英国人的后裔不到1/3,因而是欧洲而不是英国才是北美人的母国;第二,英国是一个小岛,而北美却是一个大陆,一个大陆怎能永远忍受一个小岛的统治? 在自然界从未有过卫星大于主星的先例;第三,在北美要办一件事和一项申请经常要奔波三四千英里,为了得到批复还要等四五个月,批复后还要用五六个月来解释,因此大不列颠很难对殖民地实行有效治理;(3)至于殖民地能否取胜,《常识》认为力量在于团结一致,而不在于人数的多寡,况且北美现在已有一支装备齐备而训练有素的陆军,虽然现在还没有海军但可以通过发行国家债券进行筹资,任何一个国家都不应没有债务。《常识》指出,从当时形势看,论战已经结束,作为最后手段的武力决定着这场争执,因为诉诸武力是由英王选择的。最后,潘恩喊出了许多人想说但未说出的口号:"独立!"并指出:"独立即联合殖民地的政权形式。"这就回答了当时北美朝野提出和讨论的种种问题,成为改变北美历史的重要文献。此小册子被争相购阅,3个月内竟发行了12万册,总销售量达50万册。

《常识》的广泛传播,在第二届"大陆会议"上产生巨大影响。1776年6月7日,理查德·亨利·李向大陆会议提出建议,宣布13个殖民地应当是自由和独立的,"大陆会议"应该与外国缔结同盟,应制订实行联合的总体计划。会议决定成立一个由约翰·亚当斯、本杰明·富兰克林、托马斯·杰斐逊、罗伯特·利文斯顿和罗杰·谢尔曼组成的委员会来负责起草独立宣言。宣言由杰斐逊执笔,经富兰克林和委员会讨论和修改后,于7月2日提交第二届"大陆会议"讨论,7月4日被正式通过,并由各殖民地代表签字。这是一份划时代的文献,它宣布:美利坚人已形成为"一个民族"(one peo-ple),宣布生存、自由和追求幸福是天赋人权,建立政府就是为了保证这些权利;政府的权利来自被统治者的同意,如果政府损害了建立政府的初衷,可改变或废除之,并用一个新的政府取而代之。为了策略的需要,宣言把矛头指向英王,列举了他解散殖民地议会、向殖民地人民强行征税等27条罪行,指出他违反了他与殖民地订立的"契约",不配做"一个自由民族"(a free people)的统治者。最后,宣言宣布:"这些联合殖民地从此成为、而且理应成为自由独立之邦,解除它和英王的一切政治联系,及一切对英王的隶属关系。"(图3—11)宣言最重要的宣示是:"人人生而平等。"

北美反英独立战争的经过

在世界近代史上,这次北美反英战争,是第一次殖民地独立战争,又是一次资产阶级革命。其任务,首先是要结束英帝国对殖民地的统治,其次是扫除政治上的君主制的残余,第三是要扫除经济上的封建制的残余,使殖民地上升为一个独立国家,为资本主义发展开辟新的道路。战争从1775年4月19日莱克星顿的枪声打响开始,到1781年9月英军在威廉斯堡附近的约克镇投降结束,历时达6年半。

战争初期,美利坚人占有主动权,各地组成了民兵,实行机动灵活的游击战,所以暂时掌握着优势。相反,英国殖民当局对形势却估计不足,虽在1775年8月23日发布"戡乱布告",但戡乱部队至1776年6月才开始陆续抵达。所以,大陆军在战争初期初战告捷,在莱克星顿以20人对付1000人,在康科德英军伤亡247人,其伤亡人数为殖民地民兵的3倍,殖民地民兵得以继续追击英军,并将其包围在波士顿。1775年6月17日,在邦克山发生的第一场战役中,3000名英军向1200名大陆军守军发起3次冲锋,虽最后夺取了大陆军的阵地,但死亡人数为1054比449。在被围困11个月后,英军不得不撤出殖民地,美利坚人于是在1776年7月4日宣布独立。

1776年8月27日,英军总司令威廉·豪(1727—1814)率2万名英军在长岛登陆,俘获驻守在那儿的斯特林将军及其1000名大陆军。华盛顿意识到处境的危险,于8月29日假装有部队前来增援,在夜幕掩护下率部渡过哈德逊河的东河,然后进入宾夕法尼亚,从而保住了大陆军。此后,北美战场美军进入战略防御阶段。1777年,英军伯戈因于在哈得逊河上游遇到

3—11
《独立宣言》草稿

困难,于9月上旬渡过哈德逊河向萨拉托加进发,19日同盖茨将军指挥的由民兵和正规军组成的大陆军遭遇,在纽约州斯蒂尔沃特的"自由民农场"两度被打败,不得不于10月15日投降,答应从此返回英国,不再与美国人作战。萨拉托加战役成为独立战争的转折点,战争进入战略相持状态,总的来说对大陆军是有利的。但由于在布兰迪韦恩和杰曼敦两战役中受挫,华盛顿不得不率11000名官兵在费城以北的福治谷(Valley Forge)建营,在服装、粮食供应都不足的情况下,度过了一个寒冷的冬天。用托马斯·潘恩的话来说,这是"考验人们灵魂"的时刻。

萨拉托加大捷,使英国的宿敌法国看出了一种报复英国的机会,自1763年以来它一直在寻找这种机会,于是在1778年2月6日和美国建立了同盟关系,年轻的拉法耶特侯爵来美国当了华盛顿麾下的少将,各种法国军火运抵北美,西班牙作为法国的同盟国参战。但这与其说是迅速导致北美的胜利,毋宁说加剧了双方在战场上的争夺,南方战场空前激烈。

1780年5月,在亨利·克林顿发动的陆海军联合进攻下,查尔斯顿和他的5500人投降。后来由华盛顿重建的一支新军,在霍雷肖·盖茨指挥下归于失败。在南方,保皇派托利党人的活动日益猖狂,①但在1781年1月17日和3月15日,在由纳萨尼尔·柯林接替盖茨指挥南方军以后,在卡罗来纳的考彭斯和吉尔福德两地,都重创了由康沃利斯率领的英军,一度使之不得不由内地撤退到海岸,不利的军事形势才稍有好转。1781年8月1日,康沃利斯在经过休整后北上,占领弗吉尼亚的约克镇,并把它作为他的军事基地。北美战场仍处于相持状态。

但情况的发展于美利坚人很有利,首先是法国、西班牙和荷兰先后与英开战,以俄国为首的"武装中立同盟"形成,英国的海上优势由此丧失,1780年英国国内发生的哥登暴动一度使弗吉尼亚失去控制,爱尔兰问题也使英

---

① 1780年年初成立全美托利党组织"效忠派联合会",该年年底又成立其武装指挥机构"效忠派行动指挥部"。

帝国发生新的裂缝。另一方面,1775年12月"大陆会议"批准的战舰建造计划取得进展,"复仇号""突击队号"等炮舰先后进入编队,纳萨尼尔·柯林指挥的部队南下,肃清了南卡罗来纳内地的英军据点。这样,在1781年10月初,当大陆军向英军最后一个重要据点约克镇发起进攻时,就得到了由德格拉塞将军率领的法国舰队来自海上的配合,从而形成对康沃利斯的合围之势,迫使他不得不在10月17日率7247名英军官兵投降。此后,虽然陆海战场都还有一些零星战斗,但独立战争基本结束了。1783年交战双方签署了《巴黎和约》,战争正式结束。(图3—12)

英王乔治三世关于承认美国独立的声明

北美独立战争的特点

从1775年4月19日来克星顿打响反英战争的第一枪,到1781年10月17日英军在弗吉尼亚的约克镇投降,北美独立战争先后历时达6年半之久。那么,这场战争有何特点呢?

首先,从性质上看,这场战争是一场民族独立战争。因为不摆脱英帝国的殖民统治,北美的一切事务都必须以英帝国的利益为转移,而它所实行的重商主义政策愈来愈明显地暴露出自私的目的,殖民地很难有自由的发展。但它又是一场资产阶级革命,因为英帝国在殖民地实行家长制、依附制、庇护制和等级制统治,到独立战争爆发前,除了两个殖民地还保留着自治地位之外,其余大多数都被英王取消了自治之权,变成了英王的直辖殖民地。在经济方面,代役租之类的封建残余有增无减,18世纪中后期还出现了"封建义务复活"的过程,不清除其封建制残余就难以发展资本主义。

其次,从革命的动力看,这场革命的主要动力,既不是来自土著居民,也不是来自地位最低的黑人,而是来自北美居民中占大多数的手工业者、自耕农、商人和种植园主,其核心是各殖民地原下议院的代表。各殖民地的下议院,是殖民地的民选机构,有的如新英格兰还是通过直选产生,因而一直保持着和殖民地人民的联系,在独立战争爆发时很自然地便成了革命的领导和指挥机关。由于这些会议既有权力也有经验,从一开始在领导上就显得较为成熟,美国革命并非毫无领导和组织的自发运动。这是美国革命的特点之一,也是它的有利条件之一。

再次,从作战方法看,由于在殖民地为了抵制印第安人的威胁,几乎从一开始就组建有民兵队伍,大陆军也是以"民兵"为基础创建起来的,所以革命中主要是以游击战对正规战。他们不仅机智勇敢,而且机动灵活,与习惯于正规战的英国王家军队形成鲜明对照。为了适应这种方式和传统,大陆军各团队是按州为单位编定的,每一个团队来自一个特定的州,由各州保证其兵员满员,还不仅有效解决了军队的装备和供应问题,也有利于军队与各州和民众的联系。

最后,美国革命还有一个特点,就是外交与革命的有效配合。"大陆会议"早在1775年11月29日,就建立了由本杰明·富兰克林等人负责的"秘

3—13
拉法耶特侯爵

密通讯委员会",负责对外事务,并派出了它的第一位外交代表即驻英代表阿瑟·李。由于富兰克林的卓有成就的工作,不仅建立了法美联盟,并促使西班牙、荷兰先后参战,而且组成了以俄国为首的"武装中立联盟"。法国在1777年4月有拉法耶特侯爵率领的志愿队赴美援助(图3—13),80年代又增加了海军和陆军,提供的援助达到800万美元。在大西洋、地中海、加勒比海、印度洋、英吉利海峡和北海,都有上述三国军队与英海军作战。这对美国革命的胜利,是至关重要的。

第四讲

联邦制的建立及其特点

由联合殖民地到邦联

1774年9月5日召开的第一届"大陆会议",不仅是北美独立革命的指挥部,也是合众国赖以孕育的直接母体。因为它是由各殖民地民选议会选派的代表组成的,它的召开意味着以往互不相属的殖民地,第一次找到了一个相互联系的历史舞台。随着《权利宣言》的发表,以华盛顿为总司令的大陆军的创建,"大陆会议"日益成为实现民族团结的象征,成为美利坚民族赖以形成的标志。虽然这一举动并不意味着改变原殖民地的地位和性质,但它的召开意味着原先互不相属的殖民地已变成"联合殖民地"(United Colonies)。对于形成中的"合众国"来说,"大陆会议"具有双重意义:(1)作为民意代表机构,它是未来国家立法机构的雏形;(2)作为"联合殖民地"的载体,又为未来的"合众国"提供了组织的形式。所以,当美利坚人宣布"大陆会议"召开时,他们在创建合众国的道路上实际上已迈出了第一步,尽管是十分艰难的一步。

虽然联合殖民地初建之时并不意味着各殖民地地位和性质的改变,但它一旦建立起来就不可能不在其运作中发挥影响和作用,以至改变历史的进程。决定性的步骤发生于1776年5月10日,第二届"大陆会议"通过了由理查德·亨利·李提出的决议,建议各殖民地着手组织保护"它们的选民的幸福和安全"的新政府。本来在此之前,马萨诸塞、新罕布什尔和南卡罗来纳,已经先走了一步。该决议通过后,其他殖民地先后都制定了新的"宪法",并依法建立了"主权、自由和独立"的新政府,于是原殖民地便变成为"state"(邦),其地位发生了质的转变。正因为如此,出席"大陆会议"的各邦代表,才得以在《独立宣言》中庄严宣布:"这些联合殖民地从此成为,而且理应成为自由独立之邦,解除它和英王的一切政治联系,及对英王的一切隶属关系。"只是由于客观条件的限制,各殖民地当时还不能单独赢得真正独立,这些自称享有"主权"的邦,至多只具有"半国家"的性质。

"大陆会议"是自行召开的,本身并无立法基础。为了加强对革命的领导,建立某种合法的中央政权机关,取代由"大陆会议"行使的临时权力,显然是必要的。于是在1777年11月15日,"大陆会议"通过了由约翰·迪金森起草的《邦联和永久联合条例》。该条例第一次将这个国家正式命名为"美利坚合众国"(The United States of America),建立了中央的行政机构即由各州代表组成"诸州委员会",并把"大陆会议"改为"邦联国会",赋予国家宣战、外交等权力,成为合众国"头一部不成熟的宪法",是合众国形成中最重要的步骤,表明一个新的国家已经诞生。该条例虽然把"主权"保留给了各州,使这个国家宛若邦与邦之间的友好联盟,但"永久联合"的规定已为国家的组成和稳定提供了法律上的依据。该条例在1779年已为绝大多数州批准,唯有马里兰州观望拖延了两年之久,直到1781年3月1日方始生效。

邦联条例所设国家机构,尚有许多不甚完善之处。邦联国会,作为国家的立法机构,其组成方式和权力与"大陆会议"相同,各州可选派代表2—7名,但在国会每个州只有一票表决权。更重要的是,有关宣战、缔约、举债、召集军队和任命总司令等重大事项的决定,均须得13州中至少9个州的同意。它虽设立了一个国务会议,但没有设立正式的国家元首,"诸州委员会"中虽有一个国务主席,但一般由委员中的长者担任,因而仅具象征性意义。国家行政机构由国会任命,最初只有外交、财政、陆军、海军和邮政等 5 个部、局,其中海军部迟至 1789 年才建立。首任外交、财政和陆军部长,分别由罗伯特·利文斯顿、罗伯特·莫里斯、本杰明·林肯担任,他们都是独立战争时期的有功之臣。总之,无论从政府组成还是从权力分配来看,邦联还只是一个有限政府。

邦联最大的一项永久性成就,就是制定了一项新的领地政策,它是有关西部土地的。这项政策的成功制定,在某种程度上得益于各州的分歧。因为,佐治亚、南北卡罗来纳和弗吉尼亚,都根据原英王特许状中含糊笼统的词句,自认为它们的疆界一直延伸至密西西比河,其中弗吉尼亚、康涅狄格、马萨诸塞和纽约对"西北部"的争夺尤为激烈,只有马里兰、宾夕法尼亚、特拉华、新罕布什尔、罗得岛在西部没有土地权,但对那些幸运州在西部的扩张感到担忧而要求把西部土地移交邦联政府处理。① 为此,联邦国会在 1780 年 10 月决定,凡可能割让或转让予合众国的土地,"其日后的处理应符合于合众国的公共利益",从而奠定了西部土地国有化的基础。此后,纽约、弗吉尼亚、马萨诸塞、康涅狄格等州,先后放弃其西部土地权,使之成为国家的"公共土地储备"。

以此为前提,国会还成立了一个以杰斐逊为主席的专门委员会来研究西部土地的处理问题,这个委员会先后于 1784 年、1785 年、1787 年提出 3 个土地法令,决定向移民开放西部公地,土地处理采取公开标卖方式,在当地人口未足额之前实行"领地制",但满额时可以平等身份加入联邦并享有平等的权利、承担相应的义务。它实际上是一种新的殖民制度,因为它并不把西部的"领地"看做美国的永远附属部分,而让它最终成为合众国平等之一员。因此,它确定了西部领地逐渐美国化的方向。

---

① 1779 年 5 月 21 日,马里兰给国会代表的训令就包含这样的含义。

制宪会议与国体之争

邦联为国家的发展做了许多工作,其中最重大的举措是制定了1787年《西北条例》。但因当时各州拥有"主权",各自为政的情况十分突出,州与州之间边界问题、河道使用、商业往来纠纷不断,有的州甚至开始对别的州征收关税;由于大陆券贬值,①国会要求以硬币支付所有债务,革命留下的债务负担便落到人民身上,并在马萨诸塞发生了1786年由丹尼尔·谢司领导的起义,②反映了农民和债务人对硬币计划的敌对情绪。形势的发展呼唤有一个更强有力的中央政府来制止社会的混乱,协调州际之间的关系,巩固独立革命的成果,防止可能出现的不测事件。但由于各州保留了"主权",致使"国会缺乏影响政府的3个基本手段:征收个人税、调节州际关系和对外贸易,强迫服从其决策与要求。"③

1785年3月25日,弗吉尼亚和马里兰在维尔农山庄开会,解决了两州之间的不少问题,如有关进口、统一币制、统一规章等问题。之后,又在詹姆斯·麦迪逊倡议下,于1780年9月11日在安那波利斯举行会议,共有5个州的代表出席,虽然会议没有取得什么成果,但在亚历山大·汉密尔顿起草的报告中已指出邦联正处于危机时期,建议举行13个州代表的会议,以讨论"全国政府体制"问题,并由5个州代表会议通过。根据这个报告,1787年2

---

① 1775年6月发行大陆券时,其与西班牙银元的比值为1:1,到4年半之后的1780年1月其比值已变为32.5:1。〔美〕唐·帕尔伯格《通货膨胀的历史与分析》,中国发展出版社,1998年,第41页。

② 丹尼尔·谢司(1747—1825),生于马萨诸塞,独立革命时期的领导人,曾参加邦克山战役和其他重要战役。1777年被授予上尉军衔。参加起义的有1500人,多是农民和独立战争时期的士兵,1788年谢司被判处死刑,赦免后移居纽约。

③ J. R. Pole, *Foundations of American Independence*, 1763—1815, Indianapolis, 1972, p. 178.

月 21 日,国会作出相应决议,召开修宪会议以"建立一坚强之全国政府"。

1787 年 5 月 14 日修宪会议在费城召开。正式代表应为 74 名,但实到代表只有 55 名,最先到达的有 5 个州的代表,5 月 25 日代表数才达到法定人数,正式会期实际上推迟了 11 天,罗得岛始终拒绝参加会议。在 55 位代表中,有 14 人从事土地投机,24 人从事高利贷活动,11 人从事制造商业和造船业,40 人为债券持有者,15 人为奴隶主。会议开始当天,华盛顿就被选举为会议主席,威廉·杰克逊被指定为会议秘书,并制定了会议的规则。费城会议原本是要修改邦联条例,但实际上当时大多数代表认为,仅对邦联条例进行修改,并不能达到"建立一坚强之全国政府"之目的,正如麦迪逊是年初在致华盛顿的信中所说:"我们有两种选择:13 个州的完全分裂或全面联合。前者将使 13 个州成为不受法律约束的独立国家(除自己的法律外);而在后者,13 个州将成为一个完整的共和国的郡县,受到一部共同法律的约束。"他又认为,"州的独立与自尊自大,是这个国家的祸根","除非把各州统统消灭,并将它们全部联合到一个巨大的社会里,就不能铲除这一祸根","修补邦联制不可能符合这一目的"。5 月 29 日,由埃德蒙·伦道夫提出的"弗吉尼亚方案"规定:建立两院制的立法机构,而席位均根据财产或人口来分配,并赋予中央政府以否决权,显然是要用联邦制来取代邦联制。此方案明显有利于大州。它表明,会议的性质已悄悄发生了变化。为了捍卫小州的利益,6 月 15 日威廉·佩特森代表新泽西州提出的方案,主张建立一个一院制的立法机构,各州在其中有同等的代表名额。在讨论过程中,双方争论十分激烈,逐渐形成了以亚历山大·汉密尔顿为首的联邦派,而乔治·梅森、帕特里克·亨利、约翰·梅塞尔等人则成了反联邦派。但最后还是以"康涅狄格妥协案"为基础达成协议,于 9 月 17 日通过了被称为联邦宪法的《合众国宪法》。"康涅狄格妥协案"实际上是由每州派一名代表组成的 11 人委员会起草的,它之所以被称为"康涅狄格妥协案",是因为它的正式提出人罗杰·谢尔曼是康涅狄格的代表。这个方案之所以成为妥协的基础,是因为联邦主义者同意在上院实行州权平等原则,但条件是财政法案必须首先由众议院提出,选举时奴隶按 3/5 的比例计算。路德·马丁、罗伯特·叶慈、约翰·兰辛等人感到大势已去于中途离会,并成为各州的反联邦派首领。此外,乔治·梅森、埃尔布里奇·格里等人,由于他们的一些重要提议在讨论中被否决,而拒绝在宪法上签字。尽管如此,新宪法并不等于完全是联邦派的胜利,因为它也吸纳了反联邦派的一些建议,如州权平等原则。(图 4—14)

宪法的通过,得益于两个重要人物,即华盛顿和富兰克林的支持。首先是华盛顿,在国民心中有很高的威望。他本不情愿出席此次会议,只是在得知会议很难圆满完成时,才同意出席,这给人们以信心。富兰克林当时已 81 岁,是制宪会议中最年长的代表,他本来是主张建立一院制政府的,但为了维护国家的统一而保留了个人意见。他在最后的发言中劝说对宪法持反对意见的人,自行保留自己的反对意见,因为人们不能只相信自己的判断,而忽视别人判断的正确性。他说:"我愈年老就愈易于怀疑我自己判断。"但最后仍只有 39 人在新宪法上签了字。

9 月 17 日通过的宪法的最后定稿,系由古维纳尔·莫里斯起草的。不过,由于这部宪法所确立的根本制度即联邦制,是出自詹姆斯·麦迪逊起草的"弗吉尼亚方案"。詹姆斯·麦迪逊在整个制宪会议期间为协助华盛顿开好会议中起了重要作用,他后来还成为联邦宪法的主要解释者。在历史上,麦迪逊被尊称为"美国宪法之父"。(图 4—15)

宪法通过时,出席会议的 39 名代表签了字,但宪法明文规定 13 州中须有 9 个州批准方可以生效,实际上承认各州在当时是享有主权之实体。

各州在批准宪法过程中的斗争

1787 年 9 月 28 日,根据联邦宪法的规定,邦联国会决定将宪法交由各州去批准,并否决了指责邦联国会越权的动议。就像在制宪会议上一样,在各州批准宪法的过程中也充满了斗争,这在弗吉尼亚、马萨诸塞和纽约尤为

4—14

《合众国宪法》第1页（1787）

激烈,无论在选举出席批准宪法会议的代表过程中,还是在批准宪法的会议进行中,都是如此。

  10月4日,乔治·梅森就在费城出版的《邮报》上发表文章,将其不同

4—15
美国宪法之父:詹姆斯·麦迪逊

意见公之于众。10月10日,埃德蒙·伦道夫在弗吉尼亚众议院陈述其拒签之原因,并坚决要求召开第二次制宪会议。10月18日,埃尔布里奇·格里在马萨诸塞陈述其缘由。他们的目的,在于先发制人,争取公众的支持,延缓通过宪法的时间。尽管如此,在当年之内,仍有特拉华、宾夕法尼亚和新泽西3个州,较为顺利地通过了新宪法。特拉华、新泽西都是一致通过,宾夕法尼亚也以2:1票数通过。到1788年6月,先后批准宪法的州实际上已达到法定的9个州,但这一切并不意味着斗争已经结束,因为还有关键性的两个州未能批准,一个是弗吉尼亚,一个是纽约。弗吉尼亚是北美殖民地的发源地,在整个国家经济和政治生活中举足轻重,无论是联邦派还是反联邦派均势力强大。纽约处于南北交界之处,如果它被排斥在联邦之外,将严重影响合众国的完整。而当时的州长乔治·克林顿恰恰是该州反联邦派领导人,他的追随者大多是当地大地主,害怕失去征收关税的权力。

反联邦派所遵循的指导思想,乃托马斯·潘恩之名言:"管得最少的政府是最好的政府。"他们在各州进行的反联邦活动和言论,不外乎集中于这样3个问题:费城会议有越权行为,宪法中缺少《权利法案》,拟议中的宪法会毁掉各州。为了反击反联邦派言论,汉密尔顿在1787年10月21日以"联邦党人"名义发表第一篇论文,之后詹姆斯·麦迪逊和约翰·杰伊与汉密尔顿一起,或以"联邦党人"或以"普布利乌斯"为署名发表论文,到1788年8月16日发表论文共85篇,并于1788年以文集形式结集出版。这些论文系统阐述了将要建立的联邦制既不是单一联邦制而是联邦共和制,美利坚合众国也不是单一共和国而是复合共和国,对人们所说的"民主"提供了双重的保障的思想,有力地推动了宪法的批准过程。

正因为如此,联邦党人的文章还没出完,在1788年6月弗吉尼亚和纽约就通过了新宪法,但两州通过时双方的票数都很接近,弗吉尼亚的联邦党人只多出10票,纽约只多出5票。两个州的斗争都很激烈。在弗吉尼亚,不仅有退出制宪会议的反联邦党人,反对派还得到理查德·亨利·李等人的支持。不愿放弃征税权的大地主们宣称:"我决不放弃那个可爱的字眼——征缴。"在纽约州,不仅州长克林顿是反联邦党人,而且到6月7日通宪会议中,联邦派和反联邦派的人数还是19∶46,反联邦派甚至在其首府发表了"阿尔巴尼宣言"。直到联邦党人威胁说,如果纽约州不能批准新宪法,纽约州就将作为单独的州与联邦脱离,才迫使一些反联邦党人改变态度,最后以30∶25的票数通过。

新宪法的通过,由于中央收回了由各州保留的"主权",并在中央政府内建立了"三权分立"的权力结构,又把从中央到地方的各级政权都置于共和原则基础上,使美国成为"最完善的"现代国家,从而最终完成了缔造"美利坚合众国"的任务,它反映了当时美国朝野建立一个坚强有力的全国政府的要求。但这一结果,既不意味着联邦派的绝对胜利,也不意味着反联邦派的完全失败。不仅联邦派的许多意见,如关于联邦宪法和法律的权威性,关于赋予行政长官否决权,等等,都已载入1787年联邦宪法之中,而且反联邦派关于在参议院实行州权平等的原则本已得到联邦派的认可并已作为重要条款写入宪法,而关于在联邦宪法中加入"权利法案"的要求,则在批准宪法的辩论中也已为联邦派认可,并达成在联邦政府建立后的第一届国会召开时兑现的共识。因此,应该说,无论是联邦派还是反联邦派,都是合众国的缔造者,他们的思想都融入了美利坚合众国的立国精神。

根据新宪法的规定,邦联国会安排了合众国总统的选举,1789年2月4日,乔治·华盛顿当选为合众国第一任总统,其就职仪式4月30日在纽约联邦厅举行,纽约市被宣布为合众国临时首都。第一届联邦政府组成是非常精干的,当选为副总统的是革命的重要领导人约翰·亚当斯,众议院议长是弗雷德里克·A.米伦伯格。《独立宣言》的起草人杰斐逊被挑选担任国务卿,雄心勃勃的汉密尔顿主持了财政部的工作,独立战争时期的炮兵司令亨利·诺克斯担任陆军部长,埃德蒙·伦道夫是总检察长。设立副总统是联邦宪法的一个重要安排,目的是在总统一旦亡故或不能行使职权时,无须举行特别选举即能有一个代理元首,副总统还兼任参议院议长,以便在两院双方票数相等时有决定权。

美国联邦制的结构和特点

从美利坚合众国形成的背景和过程来看,美国的立国经验是很独特的。首先,和西方大多数国家不一样,美利坚合众国的建立不是自上而下,而是自下而上完成的,国家体系的形成是先有州府而后才有国家,这就使立国者在作出某种重大决策时,不得不把地方利益作为优先考虑的因素。其次,"州"的地位的演变,一直是这个国家形成过程中的关键,州先由殖民地上升为独立之"邦",后又降格为从属于联邦的成员,不管其地位如何演变,但始终都保持着相当的独立性,因此"州权"的处理成为美国立国过程中的一大难题。再次,由于合众国直接脱胎于"联合殖民地",因此这种联合的程度和方式作为一种标志,不仅划分了这个国家形成过程中的不同阶段,也在一定程度上决定了这个国家组织和结构的形成,而与其他任何国家不同。

正因为如此,在独立后建立一个什么样的国家,即如何使这个国家的"权力结构"配置合理与运转正常的问题,是整个立国问题的中心。它又包括3个层次:(1)国家与国民的关系,其实质是关于国家权力的来源问题,它在国家权力结构中涉及的层面最广,因而是立国的根本。(2)中央与地方的关系,其实质是如何处理"州权"问题,它在国家权力结构中涉及的层面比前一个小,但因州是承上启下的主要环节,是整个立国问题中的关键。

(3)中央内部行政、司法和立法部门的关系,由于它有关国家最高权力的配置与运作,应该说是立国问题的核心。为了处理好这些关系,合众国的缔造者们在《合众国宪法》中精心安排,并为之定下了一系列重要原则,成为美国立国经验中最富创造性的部分。美国国家体制的特点是:

第一,它赋予总统以很大的权力。其表现有3点:(1)由于联邦宪法中未设置总理这一职位,总统既是国家元首又是实际的行政首脑;(2)由于总统不是由立法机关而是由人民选举产生的,以总统为首的内阁得以独立于立法机关之外;(3)迟迟才形成的内阁也不是一个集体决策机构,只是总统的一个集体顾问班子。在一般的议会制度下,作为行政机关的内阁是立法机构的执行机关,但在美国的议会民主制下由于总统是独立于立法机关的,被赋予这一职位超乎寻常的权力,所以这一制度一般被称为"总统制"。但反联邦派指责总统为"君主"也不对,因为美国的总统是通过民选产生的,其任期在联邦宪法中有明确的限制,这就是说美国的总统制和联邦制,都是建立在共和原则基础上的,是受共和原则制约的。但联邦制建立之时,美国人口分散、交通不便,总统还不能通过直选产生。当时采取的办法是,先由各州选举出"选举人"组成"选举团",再由选举团来选出总统,各州选举人的名额等于该州参众两院代表人数之和。

第二,它加强了中央政府的权力,又给各州保留了很大的自主权。在合众国建立的过程中,自始至终都存在着一个如何处理中央和地方的关系问题,其实质是可不可以建立一个单一的权力中心的问题。实践证明很难,"阿尔巴尼联盟"计划的搁浅,第一个国家体系能以"邦联"形式出现,都说明了"州权"的不可忽视。因为各州在此之前曾拥有"主权",而这种"主权"是它们分别从英帝国手中夺得的,把全部权力集中于中央政府之手,各州就很难批准宪法。所以,即使要在美国确立联邦制,也只能把主要权力如立法、征税、军事、外交等权收归联邦政府,但凡是没有明文列举给中央的权力还必须把它们保留给各州和人民。这就在美国形成了"两级权力"结构,或曰"地方分权制度"。

第三，实行行政、司法与立法互相分立又互相制衡的原则。按联邦宪法规定，中央政府权力是分立的，即立法权归国会、行政权归总统及其内阁，司法权归最高法院，立法又分参众两院。不过，国会虽掌握着立法大权，行政部门不得向议会提出议案，但法案须由两院分别通过方能成立，不仅总统对已通过的法案有否决权，最高法院也可判其"违宪"。掌握司法权的最高法院，拥有裁决中央和地方及政府各部门之间纠纷的权能，并有权裁决联邦宪法之下所发生的"一切案件"，其大法官"如无行为不当"即可终身任职，但大法官要由总统任命并经参议院同意，国会则有权规定法院的管辖权。总统虽然权力很大，但作出的否决还可由国会以2/3多数票再否决，甚至行政经费的使用也需遵守限制。这样，分掌某一权力的该部门同时又混合了不同的职能，从而达到相互制衡的目的。

不难看出，美国议会民主制的最大特点，不在于"三权分立"，而在于地方分权，并且在其分权的幌子下又隐藏着集权的本质，即通过相互制衡把权力集中在最高权力机关中的大多数人手中。但宪法第五条规定，若两院议员2/3多数认为必要，或2/3以上的州议会提出请求，可提出对联邦宪法的修正案，经适当方式批准后即可生效，又赋予宪法必要的灵活性和适应性，从而增加了联邦宪法的生命力。其最大意义在于，由于联邦宪法关于"修正"条款的制定，以及由此形成的宪法的灵活性和适应性，使美国立国所面临的许多新的问题和挑战，得以在体制内解决。它的现实和历史意义是如此之大，以致乔治·华盛顿总统在其1796年《告别词》中，认为有必要特意提起国人注意：合众国体制"本身就包含着修正自身的规定"。

它是新大陆上的"山巅之城"吗

在谈到美国立国的精神时，人们通常都会提到如下两个文献：一个是1620年的《五月花公约》，另一个便是1776年发表的《独立宣言》，这两个文献笔者在本书的前面也已提到。但是人们从来没有或很少提到另一个文献,这就是1630年约翰·温斯罗普在《阿尔贝拉号》船上的布道词,它的题目叫《基督教仁爱的典范》。①

要谈美国立国的精神,当然不能不提《五月花公约》,因为它是北美第一份由民众同意而行使统治的契约,预兆了民主政治的许多观念和原则,其主要内容和核心概念是要建立"一公民政治团体"(a civil body politick)。从《公约》上下文看,构成这一公民政治团体的要素和条件有四个:第一,这个公民社会和团体的建立必须是"自己"和"自愿"的,它预示了未来社会作为"公民社会"的自治性质和社会基础;第二,它宣布决定为这个未来社会"制定和实施"一套"法律、法规、条令、宪章与公职",其中包括了政府的结构和实行"自治"的法律制度,说明这个公民社会是一个法治社会;第三,它宣布这个权力机构所制定和实施的法律和法规,不仅必须是"公正和平等"的而且必须"有益于殖民地的总体利益",突出反映了公民组织其政府的目的及其正当性;第四,它宣布移民们"全体保证遵守和服从"上述制定和实施的法律和法规,体现了这个公民社会中公民之权利和义务之统一。《五月花公约》虽然只是一个"以上帝的名义"制定的宗教"誓约",但它规划了美国社会的未来。

要谈美国立国的精神,当然更不能不提《独立宣言》,因为它是革命时期由拥有民意机构和临时政府双重身份的"大陆会议"通过的一个宪法性文件,因而包含了有关美国如何立国的一系列重要原则和精神。《独立宣言》的核心,是强调了建立在"自然法"基础上的那些"不言自明的真理":(1)"人人生而平等";(2)造物主赋予他们若干权利而这些权利本是"不可转让的";(3)其中主要包括"生存权、自由权和追求幸福的权利";(4)为了保证这些权利人们才建立政府,因此"政府的正当权利来源于被统治者的同意";(5)如果一个政府破坏了这些目标,人民就有权

---

① Richard S. Dunn and L. Yeandle, ed., *The Journal of John Winthrop, 1630—1649*. Harvard University Press, 1996.

利和责任改变或推翻它,以按上述原则重建政府。它们既是杰斐逊用来为北美独立战争进行辩护的理论依据,也是以后美国人民赖以建邦立国的原则和精神。

我们之所以在这两个文献之外提到第三个文件,即约翰·温斯罗普1630年的布道词《基督教仁爱的典范》,是因为温斯罗普在该布道词中第一次明确提出了要在英属北美殖民建立一"山巅之城"的理想及其方案。"我们必须意识到我们将如山巅之城,全世界的目光都在注视着我们。"这个布道词发布于航行中的《阿尔贝拉号》移民船上,而这只船上的移民们当时正在温斯罗普的带领下,把马萨诸塞湾公司的特许状和该公司的总部一起,从英格兰转往新英格兰,这意味着其建立"山巅之城"的理想和方案,不能不具极强的现实性或实践性。由于建立"山巅之城"的理想本是源于《圣经》①,因此建立"山巅之城"的理想乃是一个千年梦想,这就赋予温斯罗普的理想和方案更为广泛和深远的意义,远远超出了马萨诸塞乃至新英格兰的范围。

那么,什么是温斯罗普理想中的"山巅之城"?根据布道词《基督教仁爱的典范》,以及他在其他许多文章中的描述,它应当是一个充满了"正义和仁慈"而又处于由上帝所安排的"特定秩序"中的清教共同体,因为殖民地的各个"自由民"均是温斯罗普所说的"理想教会",即按照《圣经》标准建立的(公理会)教会的成员,在这个共同体里个人和教会的关系有如人的身体,而"爱"是将人的身体连接在一起的"韧带",在这里他们"必须彼此愉快相处","一起娱乐、一起悲伤、一起劳动、一起受苦"。这个清教共同体由清一色清教徒组成,一切大事由村民商议决定的"村镇"(town)是其中各自独立的基本单位,治理它们的则是温斯罗普所说的"理想政府",这个政府建立在被统治者"为了相互安宁和幸福而达成的协议",并"甘愿忍受法律

---

① 《圣经·马太福音》第五章上说:"You are the light of the world. A city built on a hill cannot be hidden."

约束和臣服于统治者之下"的基础上,而组成这个政府的则是"社会中最优秀的人",即少数政治精英。但这个体制并非像有的人说的那样排斥"民主成分",因为在温斯罗普看来"马萨诸塞湾的代表们就是政府中的民主成分",因而其体制被温氏称为"混合贵族体制"。有人说他反对民主制,其实他反对的只是直接民主制,但并不反对代议民主制。在温斯罗普看来,这个社会本是一个有着贫富差别的世界,而人们之间地位的差别的存在本是合情合理的,因为"这一切都是上帝的安排"。可见,温氏的"混合贵族体制"与它的社会基础是一致的。①

《五月花公约》包含着某些普遍价值和原则,但它在普利茅斯殖民地的具体实践却是导致了直接民主制。而按《独立宣言》所阐述的原则和精神制定的1787年《合众国宪法》,一开始就摈弃了"多数的暴政"而采纳了集总统制、联邦制和共和制于一体的国家制度,同时也引入了弗吉尼亚在1619年和马萨诸塞在1634—1636年确立的包含了两院制的代议制度。这样看来,温斯罗普在其"山巅之城"的构想中所设计的"混合贵族制",正好是上述两个历史文件所采体制的一种过渡形态,我们不妨把它看做是对1787年美国国家体制的预言。值得注意的是,连华盛顿也似乎对温氏建立"山巅之城"的理想念念不忘,甚至把他亲手缔造的这个合众国也看成是"基督教仁爱的典范",在其1796年的《告别词》中宣称:"如果我们能够成为一个总是尊奉崇高的正义和仁爱精神的民族,为人类树立高尚而崭新的典范,那我们不愧为一个自由的、开明的,而且会在不久的将来变得伟大的国家。"就这一点而言,我们是否可以把新生的美利坚合众国,看做18世纪末在新大陆上建立的"山巅之城"呢?

但有一点差异是必须指出的:温氏的"山巅之城"本是一个清教共同体,而新生的合众国却完全是建立在公民社会的基础之上的;在温氏的清教

---

① 参阅李翠云:《新英格兰的开拓者——约翰·温斯罗普研究》(博士论文),北京大学历史系,2006年。

共同体内,"政府"和"教会"难分难解,而联邦宪法第一条修正案却明确规定:政教必须分立。

不过,不管人们如何评价合众国的国家体制,温氏的"典范"意识已融入了美国的立国活动与精神。

第五讲

建国方针之确立：杰斐逊与汉密尔顿之争

争论产生的根源

1787年联邦宪法的制定和1789年联邦政府的建立,标志着美国立国过程的结束,也是一个新时代即建国时代的开始。

但如何建国？建立一个什么样的美国？按什么路线和方针建国？这是当时摆在美国人民面前的头等大事,他们的回答在很大程度上决定着这个新国家的前途和命运。回答正确了,这个新兴的合众国就会发展壮大,走向繁荣、富强。反之,则将遭受挫折,甚至独立都将难保。因为,反英独立战争的胜利,在很大程度上还主要是政治上的,至于在经济上它本身还相当软弱,在很长一个时期还处于对英国和欧洲的依附地位。在它的前进道路上,有险滩也有暗礁,难以预料。杰斐逊和汉密尔顿之间的争论,就是在这种背景下发生的。因此,如果说联邦党人与反联邦党人的争论主要是有关政治的,那么,这次杰、汉之间的争论则主要是围绕经济展开的。它在某种程度上是前一争论的继续,但从内容上看又不完全是,双方的阵营也有变化。杰斐逊是反联邦党人,但不是反联邦派的首领。麦迪逊原是联邦党人的主将,这次站到了杰斐逊这一边。这场争论的发生,有更深刻的个人背景。

5—16
美国联邦政府第一任财长：亚历山大·汉密尔顿

亚历山大·汉密尔顿（1755—1804），出生于英属西印度群岛的尼维斯岛，祖上曾是苏格兰望族，到父辈时家业衰败。在汉密尔顿10岁时，其父詹姆斯将其母遗弃于圣克罗岛。母子俩以经营小店为生。12岁时，汉密尔顿到纽约商人尼古拉斯·克鲁革的商店当学徒，学会了管账、书写商业信件、与海关交涉，并常代管商店。后受克鲁革资助到纽约上中学并考入英王学院①，在此接触了威廉·配第、斯图亚特·休谟等人的著作。独立战争时他是华盛顿的副官，负责解决大陆军的给养等问题，联邦政府时得以出任第一任财长。（图5—16）因此，在建国的问题上，他成为以工商立国的积极倡导者，主张迅速改变美国的农业国地位，以便与欧洲各列强抗衡。

他认为，美国虽是一个新兴国家，但建国之时还是一个农业国，而不是制造业发达的工业国。但"一个需要从别国买布匹而不是靠国内制造业供应的国家"是很不利的，"因为进口制造业产品必定将纯粹农业国的财富刮走"。在当时商业虽然不是财富的唯一来源，但"商业繁荣是国家财富最有效和丰富的来源"，尤其是机器的使用不仅"可增加人手的力量"而提高总的生产力，而且"对提高一国工业总产量是至关重要的"。因此，他认为，应

---

① 英王学院是美国哥伦比亚大学的前身。

把发展工商业作为"联邦政府的主要目标",并应通过政府的政策对传统农民的喜好和习性以限制或鼓励。汉密尔顿认为,发展工商业不仅有关国力的强弱,而且是巩固美国独立成果的重要保证。"一旦制造业建立起来,并在我们中间生根,就会给美国伟大、光荣的未来开辟道路,并以此对付任何暴君的干涉"。从中可以看出,汉密尔顿的工商立国思想所关心的是国家的强盛,主要是从经济上立论的。

而杰斐逊(1743—1826)则不同。他出生于弗吉尼亚古奇兰的一个种植园家庭。受过良好的教育,1762 年毕业于威廉和玛丽学院,1767 年便取得律师资格,1769—1774 年被选为弗吉尼亚议院议员,属殖民地上层人士。他是美国革命的元老之一,早在 1773 年就与 R. 亨利·李和帕特里克·亨利共创弗吉尼亚通讯委员会,是两次"大陆会议"的代表和独立宣言起草人。但杰斐逊又有很深的农村生活的背景,1767 年 24 岁的他就继承父业开始在蒙蒂塞洛经营种植园,是一个拥有大批奴隶的奴隶主。由于蒙蒂塞洛濒临西部边境,优美的田园风光,朴实的乡村民风,安闲的农耕生活,使他对土地和农民有解不开的情结,并对其政治思想产生了巨大的影响。因此,在建国问题上,他是以农立国的主要倡导者,主张建立一个以小农为主体的民主共和国,把工商业拒之于国门之外,以保持农民的朴素民风。

杰斐逊对未来社会的构想,体现在他于 1780—1784 年所著的《弗吉尼亚纪事》之中。此书是应一位欧洲朋友之请求,为介绍弗吉尼亚的风土人情、历史文化等目的而写作的,但它不是一本简单介绍情况的书,其中也包括了作者对美洲历史的深入研究,并寄托着作者的理想、情怀。他在回答第 19 个问题时写道:

> 在土地上劳动的人们是上帝的选民,如果他曾有过选民的话,上帝有意使这样的选民的胸怀成为特别贮藏他那丰富而纯真的道德的地方。这里才是上帝保持神圣之火旺盛地燃烧的中心,否则这个神圣之火就会从地球上消失。耕种土地的广大民众道德腐化的例子在任何时

代都没有过。……当我们有土地可耕的时候,让我们不要希望看到我们的公民在工作椅上工作或摇动一个卷线杆。木匠、水泥匠、铁匠在农业中是短缺的;但是对于制造业的一般运行来讲,让我们的工场留在欧洲吧。横渡大洋运输货物的损失,可以在幸福和政府的(民主性质)历久不变中得到补偿。大城市的暴民之于纯洁的政府,正如脓疮之于健康的身体。保存一个共和国的旺盛的精力是一国人民的态度和精神。这些东西的蜕化就是一个癌症,它很快地会侵蚀到它的法律和宪法的核心中去。

在这里,杰斐逊清楚地表达了这样一种思想:防止一个民主共和国变质的可靠保证是农民,因为在土地上耕作的小农在任何时候都是一个国家最宝贵的部分,因此为了防止美国这个新兴的民主共和国变质成为专制的国家,就必须把工商业排斥到国门之外,以保证美国的农业地位。可见杰斐逊的以农立国,主要是从政治上立论的,在传统的或保守的外壳下,跳动着一颗有关未来理想的赤诚的心。

联邦政府建立之后,汉密尔顿被任命为财政部长,而杰斐逊被任命为国务卿,成为华盛顿总统的左臂右膀,但两个人的出身、教育、经历及思想均不相同,因此在建国的方针和策略上发生争论,看来是难以避免的。

联邦财政和政策的确立

联邦建国之初国债达7712万美元,财政问题成为新政府面临的首要问题,这个问题不解决政府就不可能正常运转。所以,汉密尔顿的财政和经济政策,就是以解决国债问题为突破口而逐渐展开的。

为了解决偿还国债问题,1790年1月9日汉密尔顿向国会提交了《关于公共信用的第一份报告》,其中心内容是以重新承诺偿还国债和发行新的国债来恢复公共信用。当时大陆券的实际价值,由于政府长期拖欠不能兑换,已贬至面值的 1/6 到 1/20。有人主张,若按贬值后的债券价值偿还,可免除筹措大量资金的困难,国债可因此一笔勾销。而汉密尔顿认为,国债实际上是政府和个人之间的契约,"对于一个国家来说,建立良好的公共信用是最根本的",对于当时资金匮乏的联邦来说更是如此。因为,在他看来,发行国债不仅仅是一种筹款手段,而且还可以借以扩大商业信贷,增加政府对制造业及其他企业的资助。他还认为:"国债如不过度的话,将成为国家的福利,并可成为联系联邦的有力纽带。"所以,他提出的第一份报告,允诺严格按证券面值还债,并准备付给债权人 6% 的利息。

当时,联邦始建,国库空虚,汉密尔顿准备怎样还债?拿什么来还债?他清楚地知道,"举债的同时应有偿还手段相伴随"。为此,他提出先由国家收回这些债务,然后由国家分期偿还,办法是建立专门的偿债基金。而为筹集这些基金,又于当年底的 12 月 13 日在同一天内相继提出两份报告:一是《关于国家银行的报告》,一是《关于公共信用的第二份报告》。前者在于建立一种由国家控制的金融体制,因为他认为银行是增加流动资本和生产资本的重要手段,金、银等贵金属只有入银行才能作为货币流动的基础,"在所有试图发展商业和工业的地方都要用银行信贷作为重要支持";由于当时美国还未发现金矿,移民从外国带入的资金又不多,开发西部还要占用大量资金,因此建立银行以弥补资金之不足,就显得尤为重要。后者则是企图建立一种正常的税收制度,通过征收国产税和消费税,以确保稳定可靠的国库收入来源,以应付财政的支出。这两项措施,都直接起源于偿还债务的考虑,但其目的和意义又远远超过了偿债的范围。

但联邦财政经济政策的确立,经历了艰难的曲折过程。汉密尔顿关于国债的报告,受到了北部各州大多数议员的支持,马萨诸塞州议员埃尔布里奇·格里在讨论时,还以英国成功地利用国债为例说明:"公债作为国家的巨大收入来源,可用以扩大资本和工业生产。"因为当时北部商人希望大量收购贬值债券,然后通过兑换从国家手中获利,以此来扩大自己的资本。但南部议员认为,发行国债必然增加税收,这将成为农业的沉重负担,此政策只对费城、纽约这样的城市有利,因此普遍持反对态度。其中反对最强烈的是詹姆斯·麦迪逊,他认为当时半数以上债券已易手,其中大部分已落入北部城镇的投机者之手,这些人将因此大发不义之财,应区别原证券买入人和投机人,否则是不公平的。此报告1月份提出时,国务卿杰斐逊还未上任,直到3月份才抵达纽约。杰斐逊本是坚决反对国债报告的,但考虑到"假如议案被否决,联邦在目前阶段将有解体的危险",最终采取了合作的态度,劝说南部议员撤销反对票,使国债议案得以通过。条件是在10年后把首都迁到波托马克河畔。国债议案之所以得以通过,一个重要原因是汉密尔顿有力地证明了按票面值偿债的必要,因为如不按原值偿还将无法保证新国债的价值,从而动摇整个公共信用的基础,由于债券交易无据可查,也难以将投机者与原证券买入人相区别。

然而,关于银行的报告的通过,却不如国债议案的通过那么容易。首先,与国债议案的争论一样,关于银行议案的讨论夹杂着城乡、工农利益的斗争。南方议员认为,这个法案旨在建立一个效忠政府的少数货币利益集团,对占人口大多数的农场主如小农并不会带来什么好处;银行设在城市,市民在纸币仍有价值时可将其兑换成金银,而远离城市的乡村居民则无法做到这一点。而北方议员认为,建立银行不仅对联邦的财政收入有利,而且银行将成为发展制造业的新动力,由于当时货币极度匮乏,资金严重不足,在美国建立银行比任何国家都更为重要。此外,"美国宪法之父"麦迪逊和杰斐逊还提出了"违宪"问题。为此,杰斐逊在1791年2月15日向总统提交书面意见,认为宪法有关国会权力的条文并没有组建银行的内容,主张对宪法条文作"严格解释"。与此相反,汉密尔顿则在给总统的书面意见中,主张对宪法的条文作"宽泛解释",认为宪法授予政府的权力就性质而言都是主权性的,并包括了使用一切必要手段的权力,银行与征税权、管理商业和共同防卫的措施有着自然的联系,是政府为着正当的目的必然采取的措施,银行法案不存在违宪问题。结果,银行法案虽然被国会通过,并经总统签字生效,但从此却埋下了在宪法解释上宽、严之争的种子。

尽管如此，汉密尔顿所提出的几个报告，在经过激烈的辩论之后最终得到国会的认可，这就不仅使联邦政府第一次有了一个明确的财政经济政策，也为贯彻其"工商立国"的方针准备了条件。根据报告提出的原则和政策，1790年，国会设立偿债基金，并通过由联邦承担各州债务的计划，建立国家造币厂；1791年，国会建立第一合众国银行，并通过征收威士忌税的法案。这样，联邦的财政和经济得以由混乱走向稳定，与此有关的组织和制度得以确定，合众国第一次被奠定在某种坚实的基础之上。汉密尔顿成为合众国由混乱走向稳定的真正奠基人，成为美国现代化运动的主要推动者。

实行保护关税还是自由贸易

汉密尔顿上台伊始，先后共提出了4份施政报告，其中前3份均被国会通过，最后一份却被国会否决。其实，从重要性上看，后一份报告远在前3份之上，是汉密尔顿几份报告中最重要的一份，因为它涉及其"工商立国"建国方针的核心内容，即工业化及其路线问题，这就是《关于制造业的报告》，是在1791年12月提出的。从内容上看，此报告可分为两部分，前半部分是谈应不应发展制造业的问题，后半部分是谈怎样发展制造业的问题。

所谓应不应发展制造业的问题，实际上是工业和农业孰更有前途的问题。一种观点认为，在一切国家里，农业是最有利的产业，是确保国家供应和维持人民生活的最可靠的物质源泉。而试图依靠政府推进制造业，把自然产业引入多多少少人为的渠道是不明智的，如魁奈和杜尔哥就提出，只有农业才能生产"纯产品"，因而农业是创造财富的唯一产业。杰斐逊的农业立国思想，也包含着类似因素。在《关于制造业的报告》里，汉密尔顿针锋相对地指出，那种认为"往制造原料上增加的价值跟所消耗的土地上的出产一样多"的说法是"不能成立的"，"因为这就等于说：给制造厂家提供原料的农民的劳动没有成果，因为他消耗了同制造产品相等的价值"。在汉密尔顿看来，一种产业是否生产价值，这要看总的价值在给定资本和劳力的产业中是否比另一种产业更多。农业要受气候、土壤和季节的影响,制造业不仅不受这些因素的影响,而且分工可以提高劳动者的技能,减少转换操作动作在时间上的浪费,可使工人发挥其智能,因而可大大提高总的工业生产力。可见,制造业不仅可以产生价值,而且其产值比农业更高,发展制造业是发展和壮大民族经济的需要。

那么,怎样才能促进制造业的发展呢?汉密尔顿的报告在考察了国内外发展制造业的经验和教训之后,提出了自己的一整套政策和措施,其中最重要的有这样几项:(1)对进口加工品征收"保护性关税"(即高关税),以保护新兴的民族工业的发展;(2)为了给企业在初创时期能增加盈利的机会,对原料生产和加工工业给予直接的"财政补偿";(3)实行少数情况下的奖励金和专利权制度,以鼓励国内的发明和发现,引进国外的发明和发现;(4)为了防止对国内外消费者的欺骗和保持民族制造业的特点,按质量的合理规定对制造品实行严格的"检验";(5)改善和开凿国内的公路和运河,以便利产品的运输和流通。在这些政策和措施中,最重要的一项是保护关税制度,它一方面可以阻止外国产品的大量输入,另一方面又可利用征收来的税款奖励国内制造业,达到一举两得的功效,它是汉密尔顿实施以"工商立国"方略的关键,也是《关于制造业的报告》的核心内容。为此,报告还建议国会成立一专门委员会,负责引进机器、授予专利和发放奖金等事务。

和汉密尔顿的前几个报告一样,他关于制造业的报告也遭到了南部代表的几乎一致的反对,但只有杰斐逊的反对观点才具有系统性和标志性。杰斐逊的观点集中体现在他起草的《关于商业的报告》中,虽然这个报告是在汉密尔顿的报告之后正式提交国会的,但它的起草却在汉密尔顿的报告之前,因此不是直接针对《关于制造业的报告》的。然而,综观其内容,又确实与汉密尔顿的报告大相径庭,其旗帜是所谓"自由贸易"原则。他认为,商业自由是改善人类物质条件的重要手段,通过不加限制的自由贸易,可大量生产有利于人类生存和幸福的产品,这样人口就会大大增加,生活条件也会大为改善,因此各国"应互通有无,自由地进行交换",并"解除使商业陷入困境的条例、关税禁令及一切管束"。不难看出,虽然杰斐逊的报告并非直接针对汉密尔顿,他关于"自由贸易"主张的提出也有其崇高的理由及正当性,但显然与汉密尔顿提出的保护关税政策是矛盾的。

应该指出,杰斐逊提出的"自由贸易"主张,与其以农立国的思想是不可分的。在他看来,在这种"自由贸易"中,"我们提供的货物或者是生活必需品,或者是制造原料和对岁入有利的货物,而我们所交换的只是制造业品或者奢侈品。"这种贸易对于作为农业国的美国并非无利,因为在这种交易中工业国以小部分工业品交换大部分"原产品",而农业国不得不用大量"原产品"去购买少量工业品,因此前者输出的仅供少数人使用,而后者输出的则主要是生产资料和供应品,是供大多数人使用的,前者若中断贸易便无法生存,从而造成工业国对农业国的依赖。正因为如此,若农业国实行"禁运"就会中断对工业国影响很大的"原产品"的供应,变成对付工业国的一种有力武器,它虽然也会对美国带来一定的影响。

由于杰、汉之间的对立,反过来又加剧南北两方的分歧,致使汉密尔顿《关于制造业的报告》终于流产,未获国会批准。但若把这一受挫完全归于杰斐逊或南方议员的反对又有失公允,因为前几个报告同样也遭到过南方议员和杰斐逊的反对,但却比较顺利地获得通过。那么《关于制造业的报告》为何最终未能被批准呢?其实,除了南方议员和杰斐逊的反对之外,此报告之所以在国会受挫还有一个重要的因素,这就是北方议员的支持乏力。因为在当时的美国,构成资产阶级核心的还是商人资本家,而不是从事制造业的工场主,这些人更关注能直接为自己带来利益的商业和贸易,而对制造业发展的远景及与自己的关系还缺乏一致的认识,因而并不都投赞成票。而汉密尔顿报告的目的何在?用他自己的话来说,就是为新建的联邦政府培养一个新的阶级基础。因为在他看来,那些债权人都是些老家族商船船主、公债持有人和金融家,为了使他们"结合成为一个忠诚的统治阶级"就必须给他们某种好处,但仅仅有商人和公债债权人这个基础还太狭窄,还不足以形成一个统治阶级,因此还必须培植出一个制造业阶层来。从这个意义上说,汉密尔顿的报告的主旨是超前的,因而它的受挫带有某种必然性。

从汉密尔顿财长到杰斐逊总统:美国建国方针之确立

《关于制造业的报告》虽然在国会受挫,但并不等于汉密尔顿的整个财政经济政策的失败。恰恰相反,随着联邦财政经济体制的确立,整个国民经济沿着既定的轨道开始运转起来。

早在1789年7月,联邦政府刚成立,国会就通过了关税、吨位税和消费税的法案,使政府第一次获得了正常的收入。1790年国债法案通过后财政部在全国设立了13个偿债点,到1794年旧债全部还清。1791年美国第一银行建立,又使国家增加了资本来源,仅政府从银行股份中得到的红利,1791—1802年就达1110720美元。1801年时联邦财政总收入1300万美元,为10年前的2.95倍,说明财政状况已有好转。

在国家银行建立后,一个以国家银行为主干,包括商业银行、证券市场、保险公司在内的金融体系逐渐形成,它们都采取了股份制的组织和运作形式。银行到1800年已发展到29家,1797年和1800年纽约和费城都成立了证券交易所,在1792年以后的10年内,先后有12家海上保险公司注册。此外,各类股份公司如雨后春笋般涌现。1775—1801年,新建公司达328个,覆盖公路、运河、桥梁和制造等多种行业,其中仅涉及交通运输业的就占63%。1794年竣工的第一条税道,即从费城到兰开斯特的公路,就是由这类股份公司承建的,由此开创了美国交通运输革命的"税道时代"。

造船业、航海业及商业成为带动美国经济发展的龙头产业。据统计,美国制造的商船吨位,1800年时已达66.9万吨,为1789年联邦建立时的5.4倍。美国商人开拓市场的努力日益扩大,1780年实现与瑞典直接通商,1784年美国商船进入俄国商港,同年8月"中国皇后号"抵达中国广州,1786年又开辟通往印度的航路,以后又把商业航行伸到日本。

但在整个美国对外贸易中,对英法的贸易一直占据主要地位,1790—

1792年,与这两个国家的贸易在美国全部对外贸易总额中的比重分别为31%和24%。1793年以后,英法长期处于交战状态,双方均提出与美结盟的要求以牵制对手,如何处理这一于美国至关重要的棘手的问题？杰斐逊力主建立美法轴心,汉密尔顿极力维护英美传统关系,华盛顿企图从中调和,于1793年1月发表由汉密尔顿起草的《中立宣言》,宣布对英法交战双方采取中立政策。这首先引起了英国的不满,派海军封锁法国及法属西印度港口,甚至出现了重开英美战争的危险。后在汉密尔顿的努力下,于1794年11月缔结《英美杰伊条例》,英国虽未放弃对美实行商业限制的政策,但同意撤出驻美国"西北地区"的军事要塞,两国矛盾才得以化解;而法国又视《杰伊条约》为英美结盟条约,以为它有违1778年《法美同盟条约》,随即令法军劫掠载有英货的美国商船,在法美谈判中又发生法国官员索贿的"XYZ事件",在美国国内引起反法浪潮,乃决定成立海军部并重建陆军部,同样出现了引发战争的危险。后由于约翰·亚当斯的反对,并派遣使节与法国签订"1800年条约",才使战争得以避免,美国的传统贸易格局亦得以维持。

在制造业方面,虽然汉密尔顿的《制造业的报告》在国会受挫,但地方政府尤其是北方各州,还是采取了一些鼓励措施。如马萨诸塞、纽约和新泽西都对制造业实行免税,纽约州还免去了从事制造业的人的民兵役。如1790年,英国移民塞缪尔·斯莱特(1768—1835)在商人摩西·布朗资助下,在罗得岛创办3个阿克莱特式水力纺纱厂,成为美国近代工业的先驱。此后这类工厂在东北部广为发展,涉及冶铁、玻璃、加工等行业,仅康涅狄格在1791年建炼铁厂就达9个。波士顿一家帆布厂所雇工人达300人。(图5—17)1791年4月,财政部助理坦奇·考克斯甚至提出了一个新建纺织城的计划,企图在美国建立一个英国式的曼彻斯特,厂址就选在新泽西的帕塞伊克。甚至汉密尔顿本人,也积极参与美国制造业的发展,推动建立了"兴建实用制造业协会",并亲自为该协会草拟了章程。而且,该协会后来演变成实业公司,为此发行了达68.5万美元的股票。后来因选址、用人和管理不善,该实业公司于1796年走向破产。

5—17
1798年时的惠特尼的枪支制造厂

当然,汉密尔顿的财政经济政策,在实行中也引发了一系列问题。1791年7月,美国第一银行股票上市后,仅几个小时便在交易中被认购一空,价值25美元的股票一个月内涨到325美元,费城一经纪人一个月便赚取了4万美元。费城、纽约和波士顿赌博成风,一些政府官员、议员也卷入,财政部长助理威廉·杜尔甚至辞去公职转而从事证券投机,成为当时的"投机王子"。根据《国产税法》,对酒类征收25%消费税,1794年宾夕法尼亚西部发生了"威士忌起义",因边远地区农民把酿造威士忌作为处理粮食、进行贸易的主要方式,征税是对他们的打击。在汉密尔顿率军镇压后,民主会社在各地蔓延,1793—1800年这样的会社发展到41个,许多反联邦主义的共和党人参加了活动。1798年,新上台的总统约翰·亚当斯(1796—1800)以捍卫联邦制为由,要求国会通过《归化法》《客籍法》《惩治叛乱法》《处置敌侨法》。当时有25名报纸编辑被捕,其中18人是共和党人,包括富兰克林的孙子。联邦的财政支出,从1793年的384万美元增加到1801年的830万美元,同期国债总额也从8030万美元增加到8300万美元。联邦威信扫地,共和党在民众中影响扩大,代表共和党的托马斯·杰斐逊于是以一票的优势在大选中获胜而成为第三任总统,史称"1800年革命"。(图5—18)这次"革命"的影响很快就表现出来。摧残人权的四项法律被废除了,联邦政府机构大幅度削减,仅财政部就削减500多人,除英法外,驻外使团均被撤除,陆军

5—18
托马斯·杰斐逊总统

由3500人减至2500人,海军只保留13艘快速舰,其余船只均改作商船出售,使财政支出减至1802年的100多万美元,实现了杰斐逊建立"节俭政府"的主张。与此同时,在产业政策上,与汉密尔顿相反,杰斐逊在就职演说中提出了鼓励农业的政策,只把关税作为联邦岁入的主要来源。他虽然在1801年底致国会的一个年度咨文中,把农业、制造业、商业和航海业并称为繁荣经济的"四个支柱",但其经济政策的重点显然仍在农业上,认为农业仍是对人民最有用的职业,并在1805年底致国会的信中提出,要通过购买路易斯安那来建立和扩大一个"自由帝国"(Empire for Liberty),因而并未从根本上改变其以农立国的基本路线和方针。1802年冬成立的全美农业协会总会,就得到杰斐逊的坚决支持和关心。

如果说汉密尔顿的经济政策有超前的一面,那么杰斐逊的经济政策显然有滞后的因素,很难适应当时美国现代化进程的迫切需要。共和党人执政后,一些制造业主、手工作坊主就提出了保护国内制造业的要求,马萨诸

塞、新泽西、特拉华和宾夕法尼亚的制造业尤其要求迫切,1801年初国会讨论关税政策时,几乎每天都有请愿书递到国会。纽约一位制造业主在请愿书中表示:"制造业只有得到政府的帮助,才能保持这个国家的独立和强盛,如果美国仍为只有农民和商人的国家,我们就定然从属于欧洲人。"杰斐逊执政期间,正是拿破仑战争时期,拿破仑的大陆封锁和英国的反封锁,也把大洋彼岸的美国卷了进去。1806年6月,美舰"切萨比克号"遭英海军袭击,于是杰斐逊在1807年实行"禁运法案",企图借机实现他把制造业拒之于国门之外的主张。但禁运给美国航海和渔业带来了很大影响,出口从1807年的1.08亿美元降到1808年约2243万美元,同期的进口从1.38亿美元降到5699万美元。新英格兰商人所受打击尤大,仅纽约一地就有20多个商行破产,有1200多人因负债入狱,1808年时东部各港口约有3万海员失业,与之相关的产业的失业人数达10万以上。甚至农业本身也受到影响,因出口受阻粮食价格下跌,费城的小麦价格从1807年12月的1蒲式耳1.33美元降至1808年的不足1美元,烟草从每100磅6.75美元降至3.25美元。

  禁运期间只有制造业获得了发展,因为禁运使进口急剧减少,国内工业品价格上涨,迫使并刺激了商业资本向制造业的转移,增加了在制造业中的投资,仅波士顿商人1809年给新罕布什尔皮革公司的投资就达10万美元。据加勒廷的统计,1810年时北部各州已有玻璃厂522家,年加工玻璃496.7万平方英尺。1810年,全国制帽业发展到842家,年产值在1000万美元以上。总之,禁运一方面暴露了美国经济结构的问题,另一方面也证明了发展制造业的必要,从而迫使杰斐逊重新审查其以农立国的思想和政策。如1808年7月18日,他在致威廉·平吉尼的信中说:"对英国的制造业关闭我们的市场,将会刺激并使我们建立永久的替代物。"正是在这种情况下,1808年11月8日杰斐逊在其最后一篇年度咨文中表示:"为非正义的好战国所造成的我国对外贸易的停顿,以及由此造成的我国公民的损失和牺牲,成为目前人们所关注的主要问题。我们被迫面临的这一形势,迫使我们把一部分力量和资金用于国内制造业和交通的改进。这一转变的范围正与日俱增。"这篇年度咨文表明,杰斐逊的思想和政策,在1807年实行禁运之后发生了重要转变,杰斐逊的以农立国向汉密尔顿的以工立国回归,由农业国向工业国的转变及其路线,经过华盛顿、亚当斯、杰斐逊三届政府,最终得以在美国确立,已成为一种不可逆转的方向。它还表明,由于汉密尔顿和杰斐逊所关注的都是美国未来的发展和前景问题,不同的建国理念和方针便有了互补的性质,杰汉之争不仅没有使这个国家发生分裂,反使这个国家增添了活力。

杰汉之争与两党制的起源

杰斐逊与汉密尔顿之间的争论,是美国两党制形成的重要根源。因为不论后来党派之间的组成和关系多么复杂,也不管这些政党的名称如何改过去又改过来,总可以从联邦派和反联邦派以及杰斐逊和汉密尔顿的争论中,找到影子和线索。

当然,在制宪会议和批准宪法期间,无论联邦派还是反联邦派之间的斗争多么激烈,两者都还不能称之为"党",只能说是名副其实的"派"。而且,它们之间关于宪法的争议,随着1789年联邦政府的正式建立,毕竟是告一段落了。因此,在第一届国会(1789—1790)中,并不存在明显的政治派别,更不存在相应的组织和机构。但这并不等于说这两派势力及其思想消失了。只是由于联邦派在华盛顿政府中成了掌权派,他们一下子失去了以特殊方式来维持其派别的活动和理由,因而容易给人们留下该派别已消失的错觉。反联邦派则不同,他们在联邦政府建立之后成了非主流派,因而就有了以某种方式维持其派别的压力和理由,否则就会被认为这个派别已彻底失败。所以,在联邦政府建立以后,反联邦党人的派别活动反而更为频繁和发展了,他们在第二届国会中开始以"共和主义势力"闻名,而与汉密尔顿集团相对立。此间,《国民新闻》和《合众国新闻》则分别充当了两派的喉舌和工具。

1792年的总统选举,在两党特别是共和党的形成过程中,是一个极为重要的步骤。因为华盛顿已经表示愿意连任总统,所以副总统一职对于共和党人来说是志在必夺。为了集中支持一个候选人,纽约、宾夕法尼亚、弗吉尼亚的共和党人加紧了活动,而合众国众议院书记约翰·贝克利则成了这个时期共和党运动最积极的领导人。选举结果,虽然原副总统约翰·亚当斯以77票重新当选,但共和党人提出的候选人克林顿仍获得了55张选举人票,成为共和势力开始组织起来的重要标志。虽然共和党人的竞选失败了,但人们已开始把麦迪逊看成是国会中共和党的核心,并把该势力称为"麦迪逊的党"。到1796年4月,当众议院为"杰伊条约"举行辩论时,共和党第一次正式召开了该党的"核心会议",这意味着它企图为党的立法政策作出决定,是国会中共和党日益成熟的表现。

1796年的总统选举是联邦党人和共和党人的一场真正的较量,联邦党人以约翰·亚当斯为总统候选人,而杰斐逊则被共和党人推为总统候选人。尽管杰斐逊早在1793年底就辞去国务卿职务而引退蒙蒂塞洛,这一次也不打算来竞选,但他还是被他的追随者拥立为总统候选人,以66:71票屈居副总统位置。这次总统选举活动,从两党制形成的角度来看,有几点值得特别注意:一是在竞选中派性进一步发展,双方都加强了对候选人的宣传;二是改善了党的组织和竞选机构,共和党人还正式建立了地方组织。例如,宾夕法尼亚的共和党选举委员会,经常雇有11个办事员,有一个由5人组成的小组委员会,有固定的会议制度。而约翰·亚当斯的政府,不仅总统是联邦党人,国会中多数议员也是联邦党人,共和党人从大多数政府机构中被排挤出去,是第一个具有明显党派性的政权。这样,共和党人成了真正的在野党,因而也就更加注重组织的巩固和发展。共和党在一些州如宾夕法尼亚,几乎在每一个县都建立了它的委员会,至1800年费城14个区也有了它的委员会,形成了严密的体系。在其他州,如纽约州、弗吉尼亚州等也是如此。不仅如此,在1800年时,国会中的共和党议员还正式建立了提名总统候选人的"核心会议",并把它的决定变成全党的行动指南。所以,当

1800年杰斐逊作为共和党总统候选人与约翰·亚当斯再度竞选时,他实际上早已胜券在握了。

1800年的胜利被杰斐逊称为"革命",这从两党制形成和发展的角度来看也是恰当的,因为这一年的胜利确立了共和党一党统治的格局,而且维持了长达28年之久。这并不是说联邦党人从此就完全消失了,它在经过了"1800年革命"后一蹶不振,但从30年代初起开始以"辉格党"名义重新露面,尽管其成分已不完全是原来的联邦党人了。但"辉格党"这一名称和组织成分并没有保留下来,当1854年更加强大的代表工商资产阶级利益的共和党成立后,原来的代表工商业者利益的联邦党和辉格党的一部分人便站到它的旗帜下,而另一部分则站到了原来称为"共和党"的民主党的旗帜下了。1800年以后,一旦共和党人牢固地掌握了权力,由联邦党的强大实力所促成的团结就削弱了,到杰斐逊第二任期间党内的派别活动加剧,1824年竞选终于使党分裂成两个党:一个是以亨利·克莱为首的"青年共和党",另一个是以安德鲁·杰克逊为首的"民主共和党"。1828年杰克逊当选总统,最后结束了弗吉尼亚王朝并取消了"共和"的名字而改称"民主党",青年共和党也取消了"青年"两字而改称"共和党"。它标志着美国两党草创时期的结束,或者说两党制的正式形成。

这个时期发生了一系列重大事件,而"路易斯安那购买"影响尤大。从1821年到1828年西部有6个州加入联邦,成年的白人男子都获得了普选权,有4个州降低了选举权的财产限制,人口(特别是工人人数)迅速增加,大量欧洲移民又带来了要求改革的社会压力,于是形成了1828年以后的"杰克逊时代"。在这个时代,州的选举成了第一级选举,如果哪个政党在那个州获胜,也就获得了该州的全部选举人票,因此为了获得该州的选票,党必须去发动群众,这样就产生了党的代表大会制度,而不再像过去那样由国会的"核心会议"去决定,从而扩大了民主的范围。

与西方大多数国家不一样,在美国形成的不是多党制而是"两党制",第三党很难形成和取胜。这是因为美国实行的是总统制,只有总统是争夺的目标,于是产生了选举问题。别的国家是普选制,而美国实行的是两级选举,即每个州只有一票,如果谁得了某个州的多数票,这个党就占了这个州的全部席位,其他党即使得了很多票,只要它不是多数票即等于零。所以第三党根本无法形成,只能形成两军对垒,争取绝对多数。这是美国两党制形成的原因,也是它的特点。

第六讲

三大区域与两种制度

第二次英美战争和美国现代化的起步

如果说杰汉之争确立了美国的建国方针和路线即现代化道路的话,那么美国现代化之起步则有赖于第二次英美战争的胜利。因为在第二次英美战争之前,美国虽然已取得了政治上的独立,但经济上还很大程度地依赖英国,保护民族经济的关税制度也还没有建立起来。第二次英美战争的原因很复杂,既有长期以来的历史积怨,也有当时国际风云际会中美英法之间的争议交叉,还有英国在北美大陆利益得失的现实因素。

英国虽然在1783年《巴黎和约》中承认了美国的独立,但它实际上并不甘心在北美的失败。首先,英国虽然在政治上放弃了它在北美的帝国权益,但仍然在很大程度上控制着美国的经济命脉。独立战争爆发后,由于英国、法国和西班牙等国均多方限制插有美国旗帜的商船,美国商业的发展遭受到严重的歧视和阻挠,美国几乎完全被排斥于西印度群岛的贸易之外,而该群岛却是美国的传统贸易领域。与此同时,英国的制造业产品乘机蜂拥而至,几乎完全占领了美国的正在发展的市场。据统计,1784—1786年,美国从英国进口的货物总值为7591935英镑,而同期内向英国出口的美国货物却只有 2486058 英镑,逆差达 5205877 英镑。① 这给刚刚兴起的美国制造业以致命的打击,许多新建的工厂在英国货和危机冲击下倒闭。例如,1815 年罗德岛开工的近 150 家工厂,一年后仅存斯莱特一家纺织厂。

此外,英国虽然在外交上承认了美国的独立,但它并不愿意从美洲全线撤退,而是企图以加拿大为根据地卷土重来。它拒绝放弃它占据的美国西北部的军事要塞,如奥斯威戈、尼亚加拉、底特律和麦基诺等要塞都仍然控制在英国人手中。这些要塞的控制,对英国来说不仅在军事上是重要的,而且在经济上有着很大的利益,因为五大湖是北美皮货的重要产区之一,当时它和土著人的毛皮贸易每年都在 100 万英镑以上。在政治上,西部还是英国的一大筹码。1806 年艾伦·伯尔策划的西部独立事件中②,虽然主要是西班牙人支持的,背后也有英国插手的迹象,当时英国曾拿出 50 万美元的经费,供"独立"制造人购买枪支弹药。英国不仅策动西部"独立",还不断煽动印第安人与美国边境移民的冲突,用以牵制美国人的拓殖进程。英国在西部的存在,加上法国及西班牙在西部的势力,从北部、西部和南部包围着新兴的美国,成为合众国向西扩张的障碍。

法国革命以来,英法矛盾不断加剧,并把作为"中立国"的美国也卷入其中。起初,为了与拿破仑法国争夺世界市场,英国依仗其庞大的舰队,对中立国实行海上封锁,导致拿破仑 1806 年在欧洲实施"大陆封锁"。第二年,英国颁布枢密院敕令,决定搜查与法国及其盟国通商的船只,并阻挠美国与欧陆的贸易。从此,英舰经常拦截美国船只,捕捉美国水手以充英国船员,到 1812 年捕捉人数已达 6000 名。1807 年 6 月 22 日,英舰袭击美舰"切萨比克号",造成美国海军死 6 人伤 21 人的惨剧。之后,英舰继续捕获和扣

---

① Curtis P. Nettels, *The Emergence of a National Economy*, New York, 1962. p. 49.
② 伯尔在 1800 年与杰斐逊竞选总统,与杰斐逊所得票数相等,后因未获汉密尔顿的支持,杰斐逊最后当选为第三任总统,他因一票之差屈居副总统,1806 年阴谋推翻杰斐逊政府,在西部搞"独立"。

留美国船只,其数达 528 艘,并在美国西北地区以大军压境,企图一举实现其卷土重来的美梦。1807 年 12 月,为了减少美国商船的损失,对抗英法的封锁和反封锁,杰斐逊被迫宣布实施"禁运法案",禁止一切美国船只离港。1809 年 3 月,新上任的美国总统詹姆斯·麦迪逊(1751—1836)虽然在美国航运集团的压力下撤销了"禁运法案",但新出台的"断绝贸易条例"仍不许与英法通商。随着英美矛盾的迅速激化,1811 年春英军策划印第安人作为进攻美国的前哨部队,在美国西北部边境挑起冲突,同时在纽约港口逮捕美国籍水手一名。

在此情况下,一些共和党人,特别是来自西部各州的共和党人,以亨利·克莱为首,包括理查德·约翰、费利克斯·格伦迪、约翰、塞缪尔、彼得·波特、约翰·卡尔洪等人,积极呼吁对英一战,被约翰·伦道夫称为"战鹰"。他们在华盛顿①一间寓所,经常举行"主战聚餐会",并在国会通过一项法案,决定组建 2.5 万人的正规陆军。当时还是田纳西州西部民团司令的安德鲁·杰克逊宣誓:"我们要进行战斗,以求重振我们已在国内外遭到误解和诽谤的国民性;以求保护我们的被强征到英国战舰上,并被迫替我们的敌人作战来打我们的那些海上公民。我们要伸张我们的自由宪政权利,并为我们本土的产品打开一个市场,这些产品现在留在我们手里腐烂。"杰克逊的这席话不啻是"鹰派"的战争宣言。1812 年 6 月 18 日,美国终于正式向英国宣战,史称"第二次英美战争"。

这次战争分为海陆两个战场。英国凭借其海上优势,几乎封锁了从缅因到弗吉尼亚的大西洋海岸。1814 年 8 月,英海军陆战队甚至在登陆后,直取纽约及波托马克河畔,最后占据并焚毁美国的国会大厦。当时一些"联邦党人",尤其新英格兰的"联邦党人",由于经营奴隶贸易大发其财,对"禁运法案"和反英战争都持反对态度,甚至发展到分裂联邦的活动,要求

---

① 美国建国之初,首都原在纽约,1800 年才迁都于华盛顿,新都位于波托马克河畔,地址为乔治·华盛顿总统选定。

起草一部新的"联邦宪法"来取代原有宪法,如果不被全国接受,新英格兰就单独与英国媾和。1814年12月15日,康涅狄格的哈特福特秘密举行会议,拟定了对联邦政府的态度强硬的抗议书。但从1814年3月起,安德鲁·杰克逊指挥的军队,在南部和西南战区连连得胜,先是取得了在佛罗里达潘萨科拉作战的胜利,后又在新奥尔良战役中大获全胜。由于控制了河口重镇新奥尔良,堵住了英海军溯密西西比河而上从内地进攻美军的道路,在这种情况下,英美于1814年1月就开始的在根特举行的谈判,终于在圣诞节前取得了成果。在最终签订的《根特和约》中,重申了1783年《巴黎和约》规定的美国独立的条款。

第二次反英战争的胜利,对美利坚民族的发展产生了多方面影响:(1)战争的胜利维护了美利坚合众国的团结和统一,因为这是一个新兴国家对世界上最强大国家的第二次战争。(2)战后签订的"卢—巴协定",规定了美加两国在大湖两岸建立海军数量方面的比例,英国的势力被稳稳地推到五大湖以北。(3)在清除了英国在西部的存在以后,美国人对国家的力量也有了新的信心,开始从面向大西洋转而面向西部广阔的大陆。(4)1816年,联邦政府通过新的关税法,将关税率从过去的5%—15%提高到25%—30%,从而第一次在美国确立了保护关税制度。所有这一切,都为阻止英国对美国经济的渗透,保护美国民族工业的正常发展提供了保证。总之,美利坚合众国从此正式踏上了工业化和现代化的道路。

新英格兰发展成美国的"核心地区"

新英格兰之开拓晚于切萨比克湾。在整个殖民地时期,从整体实力看不如南部。这是因为,新英格兰气候寒冷,不利于作物生长,更不可能发展南部式的种植园经济。

但新英格兰自有其优势,在工业资源方面较为丰富,如煤、铁、木材、松节油等,马萨诸塞湾还有丰富的水产资源。因此,在独立革命前,新英格兰就有三大行业(即造船、酿酒、捕鱼)十分突出,形成了美国最早的工场手工业集中地。此外,新英格兰虽然幅员不大,但河流和溪流不少,其中有5条河流较大,它们是圣克罗伊克斯河、宾诺布什科特河、肯纳贝克河、康涅狄格河和哈德逊河。这些河流落差较大,形成许多可利用的瀑布。

此外,新英格兰位于整个美国的东北部,比其他地区更接近英国和欧陆,因而在大西洋贸易中处于有利地位,而新英格兰造船业的发达,又为它的航运业提供了物质和技术条件。所有这一切,使新英格兰在殖民时期成为北美主要的商业、贸易和航运中心,而波士顿居于各港之首。据统计,1772年时,进出波士顿港的商船达1273艘,高于北美其他任何商港。波士顿及新英格兰在商业上的中心地位,主要是通过大西洋"三角贸易"来实现的。

在"三角贸易"中,新英格兰的商人们,首先向西印度群岛运去甘蔗种植者所不能生产的必需品,如牲口、木材、木板、面粉和咸鱼等,在那里换成硬币以支付对英贸易中的逆差,同时搜集靛蓝、棉花、生姜、胡椒、染料等运往英格兰,把甘蔗糖蜜等原料运回新英格兰的酿酒坊酿造成烈酒和甜酒,再运到非洲交换当地的黑奴、象牙、树胶等,最后把这些转运到甘蔗群岛和美国南部各地。在所有这些航行和贸易中,新英格兰商人都担负着"中间人"的角色,从而积累下大量的商业资本和财富。当他们把这些商业资本投入造船、酿酒、捕鱼、制造等实业的时候,就可转化为产业资本,使新英格兰成为美国资本主义的摇篮。因此,在北美独立之时,新英格兰已成为一个先进地区。

从独立到1815年,美国经济生活中发生了一系列重大变化:(1)这个时期"美国人抛弃了一个既成的政府,同时组成了另一个政府,设计出一种新的国家政治制度",即1787年由宪法确立的联邦制度,宪法规定任何一州"不得在商业和税收方面有任何规定,使某些港口享有特惠,而歧视其他州的港口,对开往某州或从某州开出的商船,不得强令它在该州报关,办出港手续或纳税",从而使北美成为"自由贸易区";(2)联邦政府建立后,汉密尔顿提出了《关于公共信用的报告》《关于国家银行的报告》和《关于制造业的报告》，制定了包括保护关税、鼓励制造业等一系列政策和措施，经过杰斐逊和汉密尔顿的争论最终达成某种共识，从而确立由商业资本主义向工业资本主义转变的基本路线；(3)18和19世纪之交，拿破仑的"大陆封锁"和英、美的反封锁，戏剧性地打破了大西洋原有的贸易格局，为应付国内市场工业品短缺的局面，美国人不得不把更多的商业资本投入国内制造业，从而使美国缓慢地走上了没有革命的"工业革命"道路。之所以说它是没有革命的"工业革命"，是因为它的机器是从英国进口的，而不是由美国自身的原因引发的。

1790年，美国第一座棉纺织厂诞生于罗得岛。出资人是新英格兰贵格派富商摩西·布朗，但使用的是阿克莱特式纺机，是新来的英国移民塞缪尔·斯莱特根据记忆设计、由波特基特城的铁匠大卫·威尔金生制造的。斯莱特原是英国J.斯特拉特工厂的工人，而斯特拉特曾做过理查德·阿克莱特的合伙人，所以对这种机器很熟悉。他正是从报上得知美国正在奖励、资助研制新式纺织机的消息才来到美国的，此后他的兄弟及许多工匠都效法了他的榜样，这说明汉密尔顿的工业政策已开始发挥作用。不久以后，类似的工厂便在马萨诸塞、新罕布什尔建立起来，到1809年已有50家棉纺厂在新英格兰同时开工，新英格兰已成为美国第一个工业基地。与此同时，这类新式工厂，也开始从新英格兰向全国扩散，佐治亚的威尔克斯，南北卡罗来纳，甚至刚拓殖的西部，先后都有新的棉纺厂开工。

这一期间，对美国工业革命作出了重要贡献的，是毕业于哈佛大学的弗朗西斯·卡伯特·洛厄尔(1775—1817)，他于1793年起在波士顿经商，1811年，他为了研究组建纺织厂的各种问题，曾专门赴英国参观学习，在爱尔堡参观了卡特莱特发明的织布机，又在英国的纺织工业中心曼彻斯特停留。1813年回国后，为了发展美国的制造业，他一面在一些能工巧匠的帮助下试制这种新式织布机，一面和波士顿的一些资本家筹办"波士顿制造业公司"，该公司作为新英格兰资本家和企业家协会实际上是孕育新英格兰工业革命的团体,1814年第一家具有美国特色的纺织厂,就在沃尔罕姆(Waltham)建立起来了。由于该厂第一次把从纺到织的整个流程集中于一厂,并为工人建立了宿舍、商店、教堂等配套设施,安装的是洛厄尔自己设计制造的强力织布机,同时有1700枚纱锭在一个厂里运转,标志着大规模纺织业在美国的诞生,它被美国人自豪地称为"沃尔罕姆制度"(Waltham system)。据统计,1815年底,仅纺纱厂,在罗德岛就已有99家,马萨诸塞有57家,康涅狄格有14家。由此确立了新英格兰在美国资本主义发展中的核心地位。

第二次英美战争后,由于保护关税制度的确立,英国对美国的经济渗透得以遏制,为美国民族经济的进一步发展创造了条件。这个时期的主要进展表现为:(1)纺织业中工业革命由棉纺织业向毛织、缝纫、制鞋等业扩展,二三十年代在新英格兰建立了毛纺厂,1840年在缝纫业中开始采用麦凯缝纫机,到1855年制鞋业也建立了使用多种机器的工厂制度。(2)工业革命由纺织业向采矿、钢铁、交通等行业扩展,所有这些领域不仅都采用了蒸汽机作为采矿、抽水、航行和运输的动力,而且其经营也开始由合资取代独资,集资的方式和运作都发生了革命性变化。(3)交通运输业取得了突飞猛进的发展,1794年坎伯兰大道竣工,1807年实现了"富尔顿航行",1825年伊利运河通航,1830年从巴尔的摩到俄亥俄的13英里铁路通车,在不到几十年时间内跨越了税道、汽船和铁路三个时代。总之,从18世纪90年代开始的工业革命,在1814年第二次英美战争后全面展开,说明美国的现代化已经正式启动。

随着工业革命的展开,汉密尔顿所希望培植的一个新兴工业资产阶级,已以新英格兰为中心初步形成。据记载,在1850年左右,被称为"波士顿帮"的15家大家族,包括罗凌士、洛厄尔、耶波顿、卡波特、德怀特、耶利阿特、林曼、西尔、杰克逊等家族,控制着全美国纺锭的20%、马萨诸塞铁路线的20%、波士顿银行资本的40%。这些事实表明,新英格兰作为全国经济的"核心地区",正在发挥着日益重要的作用。

南部"棉花王国"的兴起

北美独立,特别是第二次英美战争之后,美国社会经济发展的另一件大事,是棉花取代烟草成为南部新的主要种植物,并形成美国乃至世界著名的"棉花王国"。

烟草种植业在南部的衰落,出现于1783年北美独立战争之后,当时集中了烟草种植业的切萨匹克湾,由于受战争对英美传统贸易的打击,奴隶主被迫放弃了过去有利可图的烟草种植,托马斯·杰斐逊在蒙蒂塞洛的种植园,也放弃了把烟草作为主要现金作物的传统。与此同时,伴随着烟草种植而兴起的奴隶制,当时也呈现出衰落的迹象。许多人相信:奴隶制的范围终究会自行消亡。

但由于一系列因素,这一发展趋向发生了逆转:(1)18世纪60年代在棉纺织业中爆发的工业革命,使对棉花的需求以每年5%的速度增长。(2)1786年引种海岛棉的成功和1793年惠特尼"轧棉机"的发明,使棉花生产和消费的商品化成为可能。(图6—19)其中,尤其是轧棉机的发明,用一组安装在旋转筒上的钢绞齿,使棉绒通过铸铁分离器上的窄缝而将棉籽清除,清除棉籽的生产率比手工一下子提高了50倍以上。(3)棉花的生长要求最低200—210天无霜期,以及至少20—25英寸的降雨量,而美国南部的年平均温度比北部高15°,降雨量在56—57英寸之间,露点温度也比北部高10°—12°,因此很适合棉花的种植。结果,棉花迅速取代烟草成为美国南部的主要现金作物,其产量从1791年的0.5万包增长

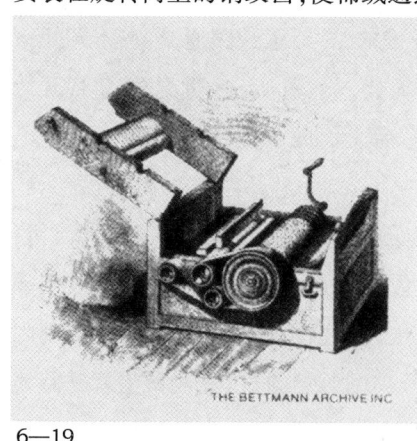

6—19
1793年惠特尼发明的"轧棉机"

到1820年的72.2万包,到1840年再次增加到100万包,并使南部获得了"棉花王国"(Cotton Kingdom)的称号。

美洲也是棉花的产地之一,但种植的棉花品种却是由移民从旧大陆带去的。美国的棉花种植几乎可以追溯到殖民开始之时,即1607年弗吉尼亚创建之时,到1620年在市场上已能买到棉花,不过在整个殖民时期其产量并不多。这个"棉花王国"的第一个中心,位于圣蒂河至圣约翰斯河之间的潮水带及附近的岛屿,那是美国"海岛棉"的主要产地,其中爱迪斯图岛最为有名。据记载,到1808年时,该岛已有白种居民236人和12倍于此的黑人。"海岛棉"作为该岛的主要种植物,一英亩好地可产皮棉435磅,而土质不好的土地也能产140磅,每个劳动力的平均产值为170—260美元。当年的报告称:"在好年份,此岛产原棉7.5万磅,按平均价格每磅2先令计算,年总收入32.13万美元,每英亩产值11美元,每个居民110美元,但每个白人为1350美元。"

1793年惠特尼"轧棉机"问世后,由于高地棉的大规模种植成为可能,到1800年南部的植棉业便从沿海扩展到彼德蒙特地区。在19世纪最初10年,这一地区的经济发生了根本性变化,大批小农被大种植园吞并,粮食作物被棉花种植所排挤,契约工的数目增加了近70%,迅速发展成南部"棉花王国"的第二个中心。据统计,1811年时,仅南卡罗来纳就产棉4000万磅,约占南部棉花总产量的1/2;到1826年,佐治亚已超过南卡罗来纳,其棉花产量达7500万磅。更重要的是,增长主要是来自高地棉而不是"海岛棉",来自南卡罗来纳和佐治亚的中西部。彼得蒙特高地棉产区的形成和发展,是南部"棉花王国"兴起过程中的重要步骤。

南部"棉花王国"的第三个中心是亚拉巴马,它位于阿巴拉契亚山脉以西,已越出了独立时期美国的版图,这个地区属于1790年国会组建的"俄亥俄以南领地",向这个地区的移民早在独立时期就已开始。第二次英美战争后,在不到20年的时间内,由于联邦政府的直接干预,以切罗基、克利克为主的印第安部族,先后被驱赶出世代生活的家园,为蜂拥而至的移民准备了条件。亚拉巴马作为新的棉花中心，从1825年一直持续到1835年。据统计，1821年该州的棉花产量才1000万磅，但到1834年其产量已升为全国的首位，达8500万磅。迪凯特、塔斯坎比亚等工商业中心，就是伴随着植棉业的发展兴盛起来的。

1835年之后的10年，南部植棉业开拓了三个新的产区：佐治亚以西的库萨河谷，密西西比州的中东部和密西西比河谷冲积地。其中，主要是密西西比河三角洲，包括亚祖河流域、雷德河流域、阿肯色河流域，从新奥尔良往北直至孟菲斯，乃至密苏里东南部。这是南部棉花王国形成过程中的新阶段。据统计，1833—1837年，密西西比州5个土地局，共出售公共土地700万英亩，大部分经土地投机者之手转卖给移民。约翰·R.斯克特斯写道："密西西比历史上最重要的10年是19世纪30年代"，正是在这10年内，"棉花生产迅速增长，该州成为棉花王国"，"奴隶人口增加了197%，使奴隶与白人之比达到52：48，以致从新奥尔良出口的棉花翻了一番"。

南部"棉花王国"形成的最后阶段，是德克萨斯的开发与发展，这就使整个产棉区跨过了密西西比河，直抵格兰特河一线。德克萨斯原是墨西哥领土，自19世纪20年代起，美国人开始进入该领域，后美国人造反并成立"孤星共和国"，1845年被美国正式兼并。拉尔夫·布朗认为："1821年棉花的种植已越过了密西西比河，不久就进入了德克萨斯东部。"据统计，由于棉花种植园在得克萨斯的发展，早在1835年，黑奴就占了当地人口的21.9%，到1859年棉花产量已达34.6万包，虽然未能成为"棉花王国"的中心，但在各产棉州中已居第五位。

这个"棉花王国"约35万平方英里。与棉花生产有关的有三种生产组织形式：边疆垦殖者、自耕的小商品农场和奴隶种植园。按官方的定义，"种植园"是指拥有20名以上奴隶和100英亩以上土地的农场，其数量在1850年时只占奴隶占有者人数的10.7%，因此绝大多数奴隶拥有者并不是种植园主。但据统计，1860年即内战爆发之时，南部棉花总产量的85.8%都是由种植园提供的，其中棉花产量的53.8%和奴隶的59.6%集中于耕地面积在 100—600 英亩之间的种植园。这类种植园主,集奴隶主、资本家和地主于一身,其经济从一开始就是为世界市场而生产的,因而具有资本主义经营性质,但由于主要采用奴隶劳动又使其剩余价值的生产主要限于绝对剩余价值,因而其形式还是一种不成熟的过渡形态的资本主义生产形式。它是资本主义已经产生、以西欧为中心的资本主义世界市场初步形成这样一种特定社会历史背景下的产物,是资本主义生产的特殊形态。(图 6—20)

6—20
19世纪上半叶美国南部的棉花种植园

虽然棉花在南部作为"王"而成为大宗作物,但并不能由此得出结论说南部的经济是单一的。这是因为,从根本上来说,在内战到来之前,甚至直到 19 世纪末,南部尚处于从传统农业社会向现代工业社会的转型期,而"自给"是一切农业社会的基本特点,南部自然也不例外,而要做到"自给",多样化是必不可少的。此外,越是大的种植园,它越要使自己的经济具有一定程度的多样化,因为它所拥有的大批奴隶对生活日用品的大量需求,如果均依赖于市场的供应是不合算的,得想法由自己来提供。所以,即使在植棉业发展的鼎盛期,南部各地也不是仅仅种植棉花,还包括水稻、玉米、甘蔗、蓝靛、烟草等等。据统计,1860 年南部提供的产品,在全国总产量中的比重为:棉花 100%,烟草 84%,玉米 42%,小麦 27%,钢制品 11%,纺织品 8%,

其他工业品13%。

大陆扩张体系与大西部的拓殖

独立时,美国只占有大西洋沿岸的一个狭长地带,加上1783年英美《巴黎和约》英国答应划归美国的那部分领土,总共也不过82.8万平方英里。况且,按《巴黎条约》的规定,已划归美国所有的阿巴拉契亚山脉和密西西比河之间的领土,也还不在它的有效管辖之下,而是在印第安人(甚至英国人)的掌握之中。英国人占据的一些西北要塞,如奥斯威戈、尼亚加拉、底特律和麦基诺,阻挡着美国人西进的道路。

但在独立之后,特别是1812—1814年第二次英美战争之后,在大约半个世纪的时间之内,随着"西进运动"的迅速兴起和广泛开展,美国不仅把密西西比河以东地带从印第安人手中夺了过来,而且把它的疆界从密西西比河向西推进了1500英里,直抵太平洋沿岸。据统计,从1783年到1860年美国领土扩大了两倍半,由原来的83万平方英里增加到300万平方英里。这一事实表明,"西进运动"具有很强的扩张性。在一系列领土扩张中,1803年的"路易斯安那购买"具有极大的战略性意义,因这片土地位于北美的心脏地带,其面积达88.3万平方英里。正是这一购买的成功,不仅使美国真正找到了作为一个大国的重心,而且使密西西比河成为美国的内河。

推动美国向西扩张和拓殖的动力,来自土地投机家、普通的农场主和奴隶主这三大社会势力。土地投机家是一个从1748年兴起的,以土地公司为代表的商人集团,其主要目标就是西部广袤的自由土地。普通的农场主,包括数目极大的中小农民,其本身就兼具农民和投机家的双重身份,因为他们并不是传统的小农,而是处于市场经济之中的自由农民,他们把不断拓殖又不断卖地变成自己的生存方式,有很大的流动性。至于奴隶主,由于他们经营大宗商品作物,所采取的粗放式耕作对地力的消耗很大,不断扩张新领土就成了他们的生存法则。正是这三大与土地有关的社会势力的交互作用，使美国向西部的扩张和拓殖，一浪甚过一浪。

但美国的"西进运动"集群众性移民、领土扩张和大规模开发于一身，并不能简单地归结为"领土扩张"。作为一个群众性移民运动，它最初的目标是所谓"旧西部"，即刚从英国手中获得的密西西比河以东的地区，因而被称为"国内殖民运动"。从领土扩张的角度看，在这个过程中实际上存在着3种矛盾：(1)侵略和反侵略的矛盾；(2)各殖民国家之间的矛盾和冲突；(3)先进和落后的这两种生产方式的矛盾。因为在向西扩张中实际上只有墨西哥才是一个主权国家，美国与英国、法国和西班牙的争夺，一方面暴露了美国本身的新殖民主义野心，另一方面也有排斥欧洲旧殖民势力的作用。印第安人作为这些土地的真正主人，他们才是美国西进过程中最大受害者。可以说，美国的资本主义文明，是建立在征服土著人、占领土著人的土地之上的。

联邦"公共土地"政策的制定，对西进及其拓殖具有决定性作用，而这一政策的基本内容和方针，是由1784年、1785年和1787年土地法奠定的。所谓"公共土地"，最初是独立后各州转让给联邦的西部土地，后来逐渐扩大到整个西部土地，其总面积达14亿英亩之多，涉及阿巴拉契亚山脉以西29个州和领地。根据这三个土地法提供的资料，美国联邦有关西部公共土地的政策大致可以归纳为：(1)所有已经和将要获得的西部土地，均将先纳入联邦政府的公共土地储备，即实现西部土地的"国有化"；(2)这些公共土地的很大一部分原是全体美国人民通过流血斗争从英国手中夺得的，其处理应以国家的"公共利益"为准绳，并向广大移民开放以在这些土地上获得妥善"安置"；(3)为了缓解联邦的财政困难，这些公共土地的处理应采取现金支付的原则，在市场上公开拍卖；(4)在条件未成熟之前，即在当地移民人数不足6万之时，联邦政府应在这些"合众国的西部领地"上建立"临时政府"，临时政府由1个总督、1名秘书和3名法官组成；(5)在领地自由男性人口达5000人时，由当地居民按一定比例选举领地立法机关，并从立法代表中选举国会议员一名，但在国会中只享有辩论权而无表决权；(6)当领地居民达6万时(特殊情况除外),即可自由成立永久宪法和州政府,它应被接纳为联邦的正式成员,并在一切方面"享有与原有诸州平等的权利";(7)在成为联邦正式成员之前,领地政府"将永远是美利坚合众国联邦的一部分",领地和新州的政府必须实行"共和制",在领地内"不得有奴隶或强迫劳役"存在,传统的民权和自由必须保障,包括宗教和信仰自由,等等。不难看出,美国联邦在西部实行的这一"领地制度",乃是一种不同于旧殖民制度的"新的殖民制度",因为在此之前殖民地一直被看成是为母国利益而存在的并在政治上处于从属地位,而西部的"领地"在美国却被看成国家的扩大,并最终将成为联邦之正式成员。

阿巴拉契亚山脉以西的第一个新州是肯塔基,但未经过"领地制"阶段,因在领地制出台之前,肯塔基就提出了加入联邦的申请。西部先后建立过如下几个大的领地:(1)1787年按《西北条例》建立的"俄亥俄河西北领地";(2)1790年建立的"俄亥俄河以南领地";(3)1804年建立的"奥尔良领地";(4)1848年建立的"俄勒冈领地";(5)1850年在墨西哥割让地上建立了两大领地,即北部的"犹他领地",南部的"新墨西哥领地"。这些大的领地,随着西进运动的发展和人口的不断增加,先后分裂成29个领地和州。由领地到州的演变过程,是以居民数量和政治制度为转移的,其实质是逐渐"美国化"的过程,这个过程从1787年制定《西北条例》算起,到1912年最后一个领地加入联邦为止共经过了125年,但大多数领地完成这一过程只用了一代人时间。1787年《西北条例》所建立的"领地制度",以及此后它在整个大西部的实践及其结果,在历史上称为"大陆扩张体系"。

由于西部农场的建立者,绝大多数是从联邦而不是从私人那里获得的公共土地,他们得以免除绝对地租的负担,而将节省下来的资金投资于经营,这使成千上万独立的自由农民得以在西部迅速地形成,(图6—21)杰斐逊所盼望的那个"自由帝国"实际上已经建立起来,这是美国西部也是整个美国繁荣的秘密所在。所以,到1859年,中西部已发展成美国的"小麦王国",其产量达全美国的小麦产量的54.9%。

6—21
移民的车队正在穿过西部的河流（Snake River）

伊利运河与国内"三角贸易"的形成

所谓国内"三角贸易",即美国国内的一个呈"三角形"的商品循环系统,大致可把大西洋沿岸、五大湖和密西西比河看做这个贸易三角的各个边,而把纽约、新奥尔良和芝加哥看做三角的顶点。它实际上是美国的一个"区际贸易"系统,在内战前这个国家的区域关系中曾起过重要的历史作用。但这个"三角贸易"系统是逐步形成的,最终形成的标志便是1825年伊利运河的开放。

在这个贸易三角中,最早形成的贸易联系,是南北之间通过大西洋沿岸进行的,它大约开始于1631年。据史载,当年马萨诸塞人首次获得了一船来自弗吉尼亚的玉米和烟草,从此这种贸易在17世纪就连绵不断,到18世纪已达到相当的规模。据统计,1768—1772年,各区域对其他区域的贸易额分别是:新英格兰,304000英镑;大西洋中部,220000英镑;南部(上下两部),191000英镑。当时的所谓"区际贸易",主要是南北之间的贸易,实际上是以新英格兰为中心展开的,因为新英格兰已逐渐在工商业方面形成了自己的优势,需要从中部和南部进口一些粮食和食品。新英格兰进口这些粮食和食品,常常是通过出口甜酒和糖蜜来调节的,而这类物品大部分又是由中部或南部提供的。当时"区际贸易"的实际水平并不高,大约只占殖民地总产值的3%—3.5%,因为作为主要贸易项目的粮食市场的新英格兰,直到殖民时代末期其所需食品的89%仍是本地生产的。而1740—1770年作为弗吉尼亚经济中很有生气的粮食出口,也仅有20%是运往13个殖民地销售的。

大致看来,殖民时代北美13个殖民地的市场虽有一定发展,但由于还没有一个可以保护这种市场的国家机器,各殖民地除北部曾组织过新英格兰联盟外均彼此独立,所以并不形成一个统一的内部市场。另一方面,由于重商主义对英国殖民政策的影响,殖民地只不过被当做英国经济的"前哨站",而英国及整个西欧才是这个资本殖民体系的"核心"。这使北美殖民地的经济带有严重的依附性,而不得不把自己生产的相当一部分产品运往母国或欧洲大陆,由此形成殖民地对外出口与对内贸易的极端不平衡。据统计,上述1768—1772年间,13个殖民地之间的贸易额大约只等于它们对外出口额的1/4;其中,新英格兰的沿海贸易大约为其对外贸易的64%,而大西洋中部和整个南部则分别只有39%和25%,可见南部比北部对母国有更大的依附性。这是因为,当时南部殖民地的主要经济作物是烟草,它是以英国和欧洲大陆为主要市场的,无法在殖民地内销售。

1775年至1783年的反英战争,导致了北美13个殖民地的政治独立,但这个刚刚独立的国家在经济上仍然处于欧洲殖民地的地位,这种情况在南部表现得尤为明显。从前南部的烟草、大米和蓝靛在独立后是衰落了,但棉花种植却由于英国日益增长的需求而不断扩大,并且又是以英国为主要市场。据统计,从 1805—1815 年间,美国北部的棉花消费量增加了 9 倍,然而这以后的年代北部所消费的来自南部的棉花还不足南部棉花产量的 1/4,南部生产的棉花除自身消费外仍主要销往欧洲。但棉花在南部种植的专业化,并未能从根本上改变整个南部自给型经济结构,都市化和工商业在南部进展都很缓慢,1815 年时南部城市居民还不到其总人口的 4%。由于这一时期正是南部大部分家庭手工业开始形成之际,这一区域的自给能力不是削弱反而加强了,即使在典型的植棉区,其基本食品也是由本地生产的。而在区域政治上,由于联邦只是各州之间的"友好的联盟",各州依然保留着独立战争时期得到的"主权、自由和独立";有些州为了本州商人阶级的利益和要求,反而在独立后实行新的特惠税制、惩罚性的吨位税和报复性的过境税。这种情况,不仅不利于建立统一的国内市场,也不利于在经济上摆脱对欧洲的依附地位,国内的区际贸易也将是有限的。1787 年《合众国宪法》的制定,中央政府权力的加强,国内贸易自由的确立,才从根本上改变了国内贸易的环境,区际贸易也开始活跃起来。

大西洋沿岸的贸易,即南北两大区域之间的贸易得到长足的进展。据统计,沿海的商品贸易量,从 1790 年的 104000 吨提高到 1815 年的 476000 吨。其中,大部分商品是从北部运往南部的,因为在棉花"三角贸易"中北方商人再次成功地打入欧洲工业家和南部种植园主之间,他们把欧洲的纺织品、铁制品及少量北方产品运往南部,同时带着弗吉尼亚的兑换券和某些南部产品返回北部。这一时期,汽船开始和帆船一起被当做大西洋沿岸贸易的工具,1830 年以后受雇于沿海贸易的船只的吨位,实际上已超过受雇于对外贸易船只的吨位。当时南部与北部的经济关系,类似于以往殖民地对宗主国的关系,南部主要是作为原料供应者的身份出现于这种关系之中的,因此当时北部工厂所需的全部棉花几乎都是经海路从南部运去的。沿海贸易中的另一种主要商品是煤,它为北部工业的发展提供动力,但其主要产地在中部地区的阿巴拉契亚山区,煤必须先通过运河或铁路运往纽约或特拉华,然后再转沿海各地或其他河流的上游。南部所提供的商品,除棉花外还有大米、烟草和造船材料之类。

与此同时,三边贸易中第二条边,即密西西比河航线的开拓,也取得了重大的进步。早在 1795 年,随着美利坚合众国与西班牙《圣洛伦佐条约》的签订,美国已取得了在密西西比河上进行自由航行权,以及在新奥尔良港的存货权。1800 年路易斯安那被西班牙秘密转归法国,1803 年又被法国廉价转卖美国,美国人占领西部及其整个大陆的欲望空前膨胀,一个向西部推进的大规模移民运动迅速兴起,结果密西西比河流域的人口在 1790—1815 年间增加了 10 倍。随之,在匹兹堡、辛辛那提、路易斯维尔等重要移民通道,一系列新的贸易站和工商业中心逐渐形成,以便为迅速占领西部的移民提供必要的交通、农具和商业服务。由于这一潮流的推动,1817 年当蒸汽机在东部被运用于航运业仅 10 年时,西部的匹兹堡、辛辛那提和路易斯维尔已经制造出自己的蒸汽机,并将它广泛地运用于航运等行业。自 1810 年第一艘西部造的汽船"新奥尔良号"在匹兹堡下水以后,10 年之内西部建造的汽船有近 100 艘。在西部水域,以往使用的是独木舟、飞剪船、平底船、龙骨船、小划子,现在汽船成了密西西比水系的主要交通和航运工具,到 1820 年至少有 60 艘汽船来往于俄亥俄河和密西西比河之间。其他船只仍继续使用,有人估计 1815 年俄亥俄河上,约有 3000 船员工作在 300 艘船上。密西西比水系所雇佣的船只的总吨位,由 1816 年的 9930 吨提高到 1820 年的 27160 吨。

密西西比河及其支流的早期贸易,以俄亥俄地区及中西部的农产品为主,本质上是西部与南部之间的交易。据 1823 年《尼罗河周报》报道,头年通过俄亥俄瀑布的农产品,大概是烟草、火腿、玉蜀黍片、猪肉、牛肉、威士忌、豆粉、豆子之类,总量达 77750 吨,约值 300 万美元。在 19 世纪初期,西部所能提供给南部的,其实主要是些杂七杂八的东西,真正以粮食(小麦、玉米)为主的贸易并不多。在西部和南部之间的交易中,新奥尔良港始终是它们的主要窗口,所以通过该港的贸易档案可以大致看出两者交易的水平。据统计,从 1816—1826 年,新奥尔良港所接受的来自密西西比河上游的产品总值,由 9749253 美元增加到 20446320 美元,增加了一倍以上。有人估计,在 1812 年或更长一点的时间内,西部 80% 的产品都是经密西西比河运往新奥尔良的。新奥尔良城的人口,1810 年时只有 17242 人,10 年后扩张到 27176 人,说明它正在迅速发展成为一个"临时区际交易市场"。

6—22
1825年建成的伊利运河

1825 年 10 月 26 日伊利运河的正式开放,应是美国区际贸易发展中的划时代的大事。(图 6—22)这条全长 363 英里的运河,由于把哈德逊河和伊利湖相连,向东可以经哈德逊河通往东方第一大港纽约以及整个东北地区,向西可以经过五大湖及俄亥俄河与整个中西部发生联系,成为当时西部与东北部之间的主要交通和贸易渠道,由此在美国国内形成了一个完整的"三角贸易"体系,或商品循环系统。商品循环在这个"三角贸易"中是按两个方向进行的:一种流向是,俄亥俄河流域的粮食和食品经密西西比河运往南部,这些东西在新奥尔良被变换成棉花和蔗糖,再将棉花和蔗糖运往北部卖给新英格兰人,在新英格兰又换成纺织品之类运往西部;另一个流向是,新英格兰的手工业品用船经海路运往南部,在新奥尔良被换成蔗糖、咖啡等西部缺少的东西,然后运往俄亥俄河和密西西比河上游,在那里与西部的粮食、食品交换,再将它们经伊利运河运往东北部。据艾伯特·费什洛估计,国产货的区际贸易量在1839年就超过了对外出口量,在此后的20年中这种差额进一步扩大:美国国产货的对外出口额由10200万美元增加到31600万美元;而同时期在区际贸易中交换的美国产品从10900万美元增加到41600万美元。它说明美国的国内市场已发生根本性变化。

  19世纪上半叶,国内"三角贸易"的最后形成和区际贸易的发达,无疑是美国统一的国内市场形成过程中的重要步骤,也是当时美国国内市场发展的主要特点,它标志着美国区域经济关系的新进展,其结果是至19世纪中叶美国已拥有了世界上最大的国内市场,从而为美国的迅速崛起准备了重要条件。此后,各区域的经济专业化得以迅速发展,大致可分为走向工业化的东北部、奴隶制种植园的南部和从事垦殖农业的西部。它们作为3种社会经济模式鼎足而立,它们之间的相互联系和斗争,决定着当时美国历史发展的走向。

第七讲

三大区域之间的矛盾和斗争

在关税问题上的斗争

在近代各国的对外经济活动中,关税管制是一种必要和重要的政策。但究竟实行何种关税政策,在不同国家和不同时期也是不一样的,要视这个国家当时经济上的需要而定。根据关税率的高低,人们又常常将其划分为"保护关税"或非保护关税,保护关税即高关税。美利坚合众国首次实行关税,是在联邦政府建立的1789年,其目的主要在增加财政收入而不是作为保护措施,所以税率只在5%—15%之间。这说明,当时在美国还不存在一种明确的保护关税政策。及至1791年,在财政部长汉密尔顿提出的《关于制造业的报告》中,才第一次提出应当把"保护性关税"即"对那些同我们打算鼓励的国货进行竞争的外国货征税",作为鼓励美国制造业的"主要手段"之一。

18世纪末和19世纪初,当西欧各国正处于工业革命高潮(如英国)或工业革命前夕(如法、德)的时候,美利坚合众国也面临着由农业国向工业国转变的任务。然而,工业的起步在美国却困难重重,其中最大的问题是英国把它作为倾销产品的市场,因此能否保护国内市场成为美国发展民族工业并实现由商业资本主义向工业资本主义转变的关键。由此可见,汉密尔顿在上述报告中提出确立"保护性关税",乃是一项明确的和正确的政策。

但汉密尔顿提出的政策当时并未得到实施,因为它受到了来自南部的强烈反对。据统计,1814年从外国输入美国的商品只有1300万美元,而到1816年竟增加到14700万美元,即增长了10倍。面对这种情况,在1815年12月召开的第二次英美战争后的首届国会上,麦迪逊总统提议要把进口关税作为"岁入和保护"的手段,并认为"关税对制造业的影响将是必须考虑的问题"。于是,国会才在1816年通过了一个新的关税法案,即1816年关税法。这个由财政部长A.J.达拉斯起草的法令把制造品分为3类:(1)供全国消费的工业品;(2)虽不能供全国消费,但可适当发展以供部分之用的工业品;(3)尚未制造而全靠外国供应的工业品。法令规定对进口的第一类工业品课以30%的关税,而对进口的第二类工业品课以25%的关税,从而在美国第一次确立了保护关税制度。正如J.门罗于1817年在其就职演说中所说:"我们的制造业将获得政府系统性的和保护性的关怀。"从下表可知,1816年关税法之通过,主要得力于大西洋中部和西部的支持。

但由于区域利益的不同,美国保护关税的实施充满了矛盾,并反过来加剧了区域的分化。保护关税政策所代表的是东北部工厂主的利益,其目的在于使当时尚处于初级阶段的制造业者上升为统治这个国家的那个阶级即资产阶级的主体。正如一位美国历史学家指出的,汉密尔顿"认识到,商人和公债债权人这个基础还过于狭窄,不足以形成一个全国性的统治阶级"。因此,保护关税政策理所当然地得到东北部、特别是大西洋中部各州工厂主的支持,他们希望通过这种政策来限制英国和欧陆工业品的大量流入,以增强其产品在国内市场上的竞争力。正因为如此,在1816年开始的绝大多数保护关税法案的表决中,大西洋中部各州代表都能以绝对的优势通过,因为这里是新兴工业最早的集中地。但在新英格兰,保护关税政策却常常得不到全力的支持,因为这里的工业势力虽然有相当的发展,但占优势的还是商人资本家(船主和商人),他们的利益主要基于商业而非工业。

众议院关于 1816 年关税法表决情况

投票地区	赞成票	反对票	缺席
新英格兰	16	10	16
大西洋中部	44	10	13
南部各州	14	31	7
西部各州	14	3	5
总计	88	54	41

与此相反,南部种植园主与北部工厂主有着完全不同的经济利益:(1)由于南部的经济是建立在单一作物种植的基础上的,它的经济基本上是一种农业经济,甚至在农业领域中各部门的发展也不平衡,因此南部不仅需要来自北部和欧洲的工业品,也需要来自西部的农产品。(2)南部的经济不仅是建立在单一作物种植基础上的,而且对国际市场的依赖大于国内市场。例如,1859—1860 年,南部销往英国和欧洲大陆的棉花分别为 2344000 包和 1069000 包,而销往北部的棉花只有 943000 包,因此保持与欧洲市场的贸易往来,在南方奴隶主看来是极为重要的。(3)南部的奴隶主一方面离不开欧洲市场,另一方面他们与欧洲的交易又受着东北部特别是纽约商人的控制,并受这些代理人即"中间商"的盘剥。由于这些"中间商"的压价,1818 年时每磅棉花尚能卖到 31 美分,到 1831 年就只能卖 8 美分了。(4)从 18 世纪末到 19 世纪中,奴隶的平均价格上涨了大约 5 倍,即从大约 300 美元涨到 1500 美元。奴隶价格的上涨产生了两个问题:一是提高了种植园经济的成本,二是造成产品和成本之间的倒挂。据 U. 菲利普斯研究,19 世纪上半叶,棉花与奴隶平均价格之比分别是:1805 年为 4∶1;1819 年为 2∶1;1837 年为 1∶1;1860 年为 0.6∶1,形成两种价格的反向运动。在上述情况下,正如 L. 哈克所指出的:"只有当奴隶劳动的固定成本、利息及劳务上的开支能与

棉花的世界市场价格经常协调时,方能维持不坠。"因此,南部的纲领是:第一,减低奴隶成本,必要时以重开非洲奴隶贸易为手段;第二,实行自由贸易,以便英国的制造品输入美国市场;第三,在运输、销售、保险及信用方面,挣脱北部商业及银行资本的束缚。总之,南方需要的是自由贸易而不是保护关税。

处于垦殖中的西部,在一个很长的时期内在经济上还依附于南部。但在关税问题上,东北部的工厂主却可望得到西部的支持,这是因为西部的农业与南部的农业有着根本的区别,它的主要经济作物是小麦而不是棉花,主要依靠的是国内市场而不是国际市场,而国内最有发展前途的市场是在东北部而不是在南部,因为东北部随着工商业的发展而兴起了越来越多的人口集中的中心城镇。早在1816年,西部利益的主要代表和发言人、来自肯塔基的亨利·克莱,就提出了一个后来被称之为"美国体系"(American System)的方案,这个体系如果用一个公式来表达就是:美国体系 = 保护关税 + 国内改进。所以,在历次保护关税法案的表决中,西部代表差不多都是以东北部工厂主的同盟者的身份出现的,对保护关税政策几乎采取完全支持的态度,反对者极少,有时甚至没有。在这个问题上,其意见比东北部还一致。(见下表)

众议院关税表决情况

年代 地区	1816	1824	1828	1832	1833	1842
新英格兰	17—10	15—23	16—23	17—17	10—28	26—7
大西洋中部	42—5	57—9	56—6	15—47	15—47	50—8
东南部	16—35	4—56	4—48	57—1	57—1	8—41
西南部	9—4	14—14	12—17	23—6	27—2	6—32
西北部	4—0	17—0	17—10	17—10	10—7	13—11

说明:表中的每一组数字,前面的数字为赞成票,后面的数字为反对票

19 世纪初,在争取实施保护关税的斗争中,尽管充满了区域的矛盾和冲突,但东北部的工厂主仍一再得手。因此,平均关税率由 1816 年的 30% 上升到 1824 年的 40%,又由 1824 年的 40% 上升到 1828 年的 45%。这是因为,当时美国刚刚摆脱英国的殖民统治,政治上和经济上的独立有超乎区域和阶级利益的重要性,因而保护关税还可得到大体一致的支持。诚如 A. 汉密尔顿所言:"不仅一个国家的财富,而且一个国家的独立和安全好像都与制造业的发达息息相关。"甚至南部利益的重要代表约翰·卡尔洪,当他还是"国家主义者"的时候也认为,保护制是"一种新的和最强有力的黏合剂","将使各个部分附着更加紧密"。但南部奴隶主对保护关税上升的趋势越来越难以忍受,以致把 1828 年通过的关税率诅咒为"可憎的关税率",并且在南卡罗来纳形成了以"取消原则"(nullification)为纲领的"州权党"(States' Rights Party)。这项原则认为,州代表大会可以宣布国会某一法案违宪,因而在该州无效。该州还威胁说,如果国会通过任何法令,要对该州使用武力,该州将不惜退出联邦。主张"自由高于联邦"的南方参议员罗伯特·海恩,把南部的"取消原则"带到国会,在参议院挑起了一场激烈的争论。代表北部工商业家利益的马萨诸塞州参议员丹尼尔·韦伯斯特,针对海恩所宣扬的"自由高于联邦"的观点指出:联邦是由人民建立的,宪法是这个国家的最高法律,"自由和联邦是不可分割的",因此各州无权"自我授权",自由退出联邦。

1830—1832 年,南北方对立已十分严重。为了缓和这种情绪,联邦政府颁布了新的关税法,除了保留几项高关税税率外,其余所谓"可憎的关税率"几乎一律减低。但南部仍不满意,乃于 1832 年 11 月在南卡罗来纳通过了"废除国会议案法令",扬言准备退出联邦。在这种情况下,杰克逊总统一面调动军队,准备镇压可能发生的脱离联邦的叛乱活动,另一方面又批准由亨利·克莱提出的妥协案,答应在 10 年内把关税率降到 20%,由此南卡罗来纳掀起的风波才告平息。这场斗争的结果,如果说南部在要求降低税率方面获得了某些让步,那么北部则在维护统一和防止分裂方面取得了一次胜利,因为杰克逊当时在一封信中说过:"没有什么能比分裂联邦的想法更使我感到惊诧了。如果这样的事情一旦发生,那么我认为我们的自由也就丧失了。"

但围绕关税问题而展开的斗争并未结束。1830—1860年,在南部奴隶主势力的影响下,关税率经过5次大的调整,虽然"保护的原则从来没有放弃",但平均关税率已趋于接近自由贸易。其中,1846年将平均关税率由此前的32.5%降到26.5%,1857年又降到20%,可以说都是对保护政策的重大修改。

关于内地改进与经济补助问题

此处所说的"内地改进"(internal improvement),主要是指与国民经济发展关系密切的交通运输业,包括税道、运河和铁路等公共工程,以国家名义给从事这类事业的企业以经济上的补贴,乃是美国交通运输业迅速发展的重要原因之一,也是19世纪美国经济发展中的一大特点。

对国内企业进行经济上的补贴,实际上是由汉密尔顿在《关于制造业的报告》中,把它作为和保护关税相联系的一种措施提出来的,后来由亨利·克莱提出的"美国体系"只不过是对它的概括和具体化。汉密尔顿最初的考虑是:"对希望得到鼓励而发展的那些外国加工产品课税,再把税收用以补贴国内的原料生产或加工业。"他认为,"这是一种比别的手段更积极、更直接的鼓励方式。正因为如此,它具有刺激和扶持新企业的迅速效果,以便在企业初创时期能增加赢利的机会,减少损失的危险。"虽然当初提出的补贴对象是制造业而不是有关内地改进的企业,但有关经济补贴的原则和精神是一致的。从这个意义上说,亨利·克莱的"美国体系"又是汉密尔顿政策的延伸和发展。国家对交通运输业的经济补贴,实际上早在1808年就着手进行了。当时整个美国都处于"税道热"之中,各州涌现了许多由特许而设立的筑路公司,第一条成功的税道开设于费城与兰开斯特之间,于 1794 年完成。正是在这股热潮中,财政部长阿尔伯特·加勒廷才提出修筑著名的"坎伯兰大道",并倡议以出售公地所得的 2000 万美元作为建筑费,这实际上就是"经济补贴"。以后,类似的补贴还有多次:在埃伯里泽地区,曾划出 3 个区(每个区 640 英亩)作为建筑大车道的奖金;授予俄亥俄及其他州建筑道路的土地基金占投资的 5% 或 3%;1823 年给俄亥俄的土地授予也是用作道路建筑的。但这些补贴均是作为个案处理的,并得到法律上的认可。

1829 年,佛蒙特的亨特在国会提出的一个决议案中,要求从出售公地所得中拨出部分用于教育和内地改进,3 年后特拉华的克莱顿又提出过同样的议案。1831—1832 年,在上述提议的基础上,当时的财政部长提议将出售公地所得纯收入的 15%,或直接拨出部分公地给各州作为经济补贴,但遭到了参议院的反对而未获通过。与此同时,密苏里州参议员本顿提出议案,要求授予密苏里州 50 万英亩公地作为其内地改进之用,也遭到参议院的否决。据记载,在 1841 年之前,只有一个例外,在 1836—1837 年国会开会期间,曾通过一个法令,给阿肯色州拨公地 50 万英亩,作为该州的内地改进之用,但附有一定的条件。直到 1839—1841 年间,国会才以 116 票赞成 108 票反对,通过了一个由密歇根州参议员诺维尔提出的议案,决定授予其他新州以俄亥俄所得到的授地同样的公地,以作为这些州的内地改进之用,并于 1841 年 9 月 4 日由泰勒总统签署执行。这个法案的通过,标志着联邦"经济补贴"政策的合法化和普遍化。这一过程,前文虽已提及但不详细,所以这里特作补充。

对内地改进进行经济补贴,最初并没有引起明显的区域矛盾。因为一直到 1820 年之前南北在西部的扩张大致还是平衡的,即使在三四十年代,内地改进主要也还集中于运河的修建方面,而运河的修建主要是由各州自筹资金,并且是为地方的利益服务的。当然,在此期间,也不能说完全没有区域的矛盾。自 1829 年以来,大部分关于内地改进和经济补贴的法案之所以被否决,就是因为当时运河的修建主要集中于大西洋中部及旧西北部地区,所以南部代表常常持反对意见。但在这个问题上区域矛盾的明显上升还是始于40年代:(1)这个时期正是美国领土极度膨胀的时期,其边界已推进到大陆的太平洋沿岸;(2)这个时期美国人在密西西比河以西的定居地已迅速增加,远西部的移民已作为一种社会势力出现于美国的政治舞台;(3)西部是作为"自由州"还是作为"蓄奴州"加入联邦,已作为一个严重问题摆在全体美国人面前;(4)这时期,交通运输业已由"汽船时代"向"铁道时代"过渡,铺设由密西西比河到太平洋沿岸的铁路已势在必行。据记载,铺设由密西西比河到太平洋沿岸的铁路的想法早在1832年就提出,1845年纽约一些从事对华贸易的商人又向国会提出了铺设从密歇根湖到哥伦比亚河河口的铁路的建议书。由于美国国会认可了铺设横贯大陆铁路之必要,并于1853年开始调查其经由路线,这才引发了内地改进与经济补贴问题上的区域之争,或者说较为明显的区域之争。

　　北部希望通过铺设横贯大陆的铁路,把远西部和东北部核心地区联系起来,并进而打通太平洋地区及远西部的通道,因为"它可令中央各州及纽约享受远东贸易的莫大好处"。而自1848年"淘金狂"以来,远西部的采矿业及由此引起的农业、工业和商业的扩大,也迫切要求尽快铺设横贯大陆的干线,因为这样:(1)可以加速远西部的移民和开发;(2)便于将远西部的各类产品运往东部。正是在这种背景下,后来才由纽约商人组成"联合太平洋铁路公司",而由萨克拉门托的商人组成"中央太平洋铁路公司",共同承担起第一条横贯大陆的铁路铺设工程。这个联合,不仅反映了两家公司在经济利益上的某些一致性,也可以说是东、西两部携手对抗南部的象征。事实上,在萨克拉门托集资组建"中央太平洋铁路公司"的所谓"四巨头",即利兰·斯坦福、查尔斯·克罗克、科利斯·亨廷顿和马克·霍普金斯原都是北方佬,他们是在"49年淘金狂"中才来到加利福尼亚并靠淘金致富的,甚至联合太平洋铁路的路线也是由来自东北部的一位工程师选定的,此人叫西奥多·朱达,于1854年来到加利福尼亚。南部人对此表示了强烈的不满,他们主张把孟菲斯或新奥尔良而不是芝加哥作为太平洋铁路的起点,或者通过埃尔帕索（Elpaso）沿北纬32度铺设，不得经过北部中央各州。此外，他们还主张，铁路铺设计划的实施，要在州议会或领地议会的监督下设立专门公司，然后由个人或州（而不是联邦政府）的代理机构去认捐或认购。十分明显，南方人的反对是出自一种强烈的地区利益的考虑。用他们的话来说，铺设横贯大陆铁路的计划，实是"北方的阴谋"。

然而，南部反对内地改进与经济补贴，并不是整个地反对发展交通运输业本身，对南部经济发展有利的铁路建设计划它从来不反对。如1850年为建设伊利诺伊中部铁路的拨地法案它就没有反对，因为这条拟建中的铁路线从芝加哥通往亚拉巴马的莫比尔（Mobile），其走向是由北向南而不是由东向西，南部将受其惠。南部真正担心的，是东北部和西部的联盟，因此凡是东北部在西北部增设立足点的政府计划，南部都是一概反对的。南部在《宅地法》问题上的态度，就是如此。

关于金融和货币体制问题

各区域之间争论的第三个问题，是围绕着金融和货币体制问题展开的。争论的实质是：金融和货币的控制，究竟应当由联邦集中领导，还是应当由各州分散经管？不过，这个问题的提出也与前两个问题有关，因为它最初是由建立"第二合众国银行"引起的，而该银行的建立正是为了给"美国体系"提供财政方面的纽带和支持。1791年建立的"第一合众国银行"于1811年到期，此后由于国库的职能由地方州银行代理，中央政府一度失去了财政中心，第二合众国银行的建立就是为了占领这个中心。当约翰·卡尔洪还是"国家主义"者时，认为讨论这个银行的建立是否符合宪法，似乎纯粹是浪费时间。然而，这却等于宣布各区域在这个问题上利益一致。

第二合众国银行建于1816年，它是一个办理存款、贴现和发行货币的银行，联邦政府为其主要顾主，并持有1/5股票。但它与英格兰银行不同，它有权在各大城镇（如纽约、费城、巴尔的摩等）设分行，这就妨碍了根据州的特许成立的那些较小的银行,从而产生了中央与地方在金融和货币管制问题上的矛盾,以及与之相关的区域之间的矛盾的交叉。马里兰议会把巴尔的摩分行视作"外来人",并对它发行的票据课以重税,而第二合众国银行则拒绝缴付,并由此形成了所谓"麦卡洛克诉马里兰州案"。马里兰得到本州上诉法院的支持,由该法院根据1789年《法院法》将此案提交到最高法院。这一案例表面上看是个税款问题,实际上涉及了一系列至关重要的大问题:(1)究竟是各州拥有主权还是联邦拥有主权?(2)国会准许成立第二合众国银行的法案是否违宪?(3)一个州是否有权对合众国银行的活动征税?这些问题实际上正是区域斗争中的核心问题,如何处理将产生深远影响。

在这一诉讼案的审理过程中,马里兰州的诉讼代理人曾引用杰斐逊在1798年草拟的《肯塔基决议案》中的理论:"中央政府的权力是由唯一真正拥有主权的各州委托的;并必须服从于唯一保有最高统治权的各州来加以行使。"而最高法院首席法官约翰·马歇尔,却通过对宪法起源的考察,给"国家主权"以一个经典性的定义:"联邦政府因此完全是,而且真正是一个属于人民的政府。它在形式上和实质上都是从人民中产生来的。它的权力是由人民授予的,并直接对人民和为人民的利益而行使。"马歇尔对"国家主权"的解释,从根本上推翻了"州权"理论的全部根据,标志着"国家主权论"的决定性的胜利,从而也为区域之间的斗争确定了基本方向,因为国家主权论的胜利意味着国家利益高于地域利益,并成为人们判断各种地域问题的一种明确的指针。

关于第二合众国银行的建立是否违宪的问题,马里兰给予了肯定的回答,其理由如下:(1)弗吉尼亚在1790年对准许成立第一合众国银行提出过抗议;(2)准许成立法人社团的权力是未经宪法明确授予国会的;(3)自1811年以来无国家银行这一事实说明国家银行并非必要;(4)第10条宪法修正案规定凡未明确授予联邦的权力均由各州保留之。为了驳斥马里兰州提出的理由,约翰·马歇尔提出了著名的"默许权力"论,并认为准许成立第二合众国银行就属于"默许权力"的范围。他说："联邦政府虽在权力方面受到限制,但在其行动范围以内是至高无上的。""我们认为,对宪法的正确解释必定允许全国性的立法机构在执行宪法授予它的权力而必须采用的手段方面有任意的决定权,以使该机构得以按照最有利于人民的方式履行它既定的崇高职责。假定目的是合法的,假定它是在宪法的范围以内,那么,一切手段只要是恰当的,只要是显然适合于该目的的,只要并非曾被禁止,而是与宪法的文字和精神相一致的,就都是合于宪法的。"

与此同时,由于解决了"国家主权"及合众国银行的合法性,实际上关于"州是否有权对合众国银行活动征税"的问题也就随之迎刃而解,因为征税问题实质上是承不承认国家主权和合众国银行的权利问题。在马歇尔看来,既然联邦拥有主权,而成立第二合众国银行又是合于宪法的,那么任何妨碍它的活动的做法都是对国家主权的干扰。他说："各州无权用征税或其他方法阻滞、妨碍、累害或以任何方式控制国会为行使已授予全国性政府之权力而控制的合宪法律的实施。"这样,随着"麦卡洛克诉马里兰州案"的判决,以"州权"为武器的南部也遭到了一次严重的挫折。正如当时巴尔的摩一家报纸所言："对各州的主权业已给予致命的一击。"

但这并不意味着斗争的结束。不久,宾夕法尼亚就提议制定一条宪法修正案,以禁止国会在哥伦比亚特区之外设置"金融机构",并得到俄亥俄、印第安纳和伊利诺伊等州的附议。与之相反,南卡罗来纳议会则宣称："国会是在宪法上被赋予了使一个银行成为法人社团的权利的",而且他们"毫不感到行使合众国人民委托予国会之权力会产生任何危险"。但西部却是金融机构分散论的坚决捍卫者,因为这里的许多农场主经常缺乏进行开发的资金和偿还债务的手段。而当时的情况是,大块的西部地产被合众国银行押没,该银行从而在西部人心中成了"西部的魔王"。正如西部的代言人本顿参议员所说："西部所有繁荣的市镇都抵押给这个金融强权者了。它们任何时候都可能被它吞没。"所以,西部人更希望有权设立州银行并发行自己的票据,如在1821年刚加入联邦的密苏里立法机构就决定:州财政局可发行票面价值不少于0.5美元或不大于10美元、总值达20万美元的证券;这些票据应按人口多寡在各县之间进行分配,并以农场或动产作抵押贷给需求者。为什么在这个问题上南卡罗来纳站到了国会一边,而西部各州却站到国会的对立面上去了呢?这种表面上看来似乎反常的现象说明,国家主权论虽然赢得了决定性胜利,但地方与中央在利益上的矛盾并没有因此而消除,而各区域之间的冲突有时还被掩盖在地方和中央的矛盾之中,随着时间的推移它们之间的矛盾和冲突就会暴露出来。在这里,地方与中央、地区与地区这两种矛盾和冲突交织在一起。

从美国金融与货币体制的角度看,国家主权论的胜利意味着中央对金融和货币控制的加强,这种趋势在1822年尼古拉斯·比德尔担任合众国银行总裁后更加明显。比德尔本是东部沿海地区比较保守的金融势力的代表,对各州银行的自由信贷政策深为不满,于是利用第二合众国银行作为工具实行"限制信用"政策。但田纳西出身的安德鲁·杰克逊在1829年3月4日就任总统后,从民主党的自由观念出发对一切银行均采取不信任态度并反对金融垄断政策,他的政策得到各州银行的支持。在这种情况下,比德尔及其支持者为了加强其实力,乃于1832年在第二合众国银行满期之前4年向国会提出发给新特许状的要求,但遭到了杰克逊总统的否决。之后,比德尔便策动全面紧缩银行信用,企图造成金融穷困迫使杰克逊让步,但却引起受到这一措施直接打击的广大民众的不满,第二合众国银行本身也因此在1836年破产。

由于第二合众国银行破产,从1837—1863年国内又只剩下州银行存在,这加速了各地州银行的发展,尤其是在西部发展更快。在西部,早在1812年英美战争后,已在各地建立了许多小银行,仅肯塔基在1818年时就有银行40家。据统计,州银行的数目,1829年只有329家,1834年也只有506家,而到1837年却增加到788家,到1860年已发展到1562家,并拥资约10亿美元。由于这些银行都是发行银行,结果各种钞票几乎就是五花八门,如密歇根的"膏药"、佐治亚和宾夕法尼亚的"野猫"、印第安纳和内布拉斯加的"赤狗",以及伊利诺伊和威斯康星的"残尾",等等,一度曾达到数百种之多,而西部是这类"野猫银行"(wild cat banks)发展最快的地区。这类"野猫银行"有几个特点:(1)它们皆由州发给执照,所受监督不严;(2)它们把资本和存款作投机的后盾,不能流动;(3)它们大量滥发钞票,而无适当的储备。例如,有一家银行经法院清理,其流通在外的纸币票面价值达58万美元,而可供兑现的库存金仅86.46美元。结果,西部的"野猫银行"便成为各种投机事业之源,并先后引发了1837年和1857年的两次经济危机。这些危机造成大批企业及银行本身的破产,如在1837年危机中就有600家银行倒闭。

在上述情况下,1863年美国国会不得不一面取缔"野猫银行",一面加紧制定新的国民银行法以重建国民银行体系,即建立国家监督和管辖下的银行体系,在全国划定以纽约为主的重要金融中心为"储备市"。法案规定,下属各银行必须将其资本的1/3买进联邦证券,这些证券可作为国家银行发行货币的保证金。这个国民银行体系的建立,标志着美国金融和货币管理体制,在地方与中央、区域与区域的双重矛盾和冲突中,进入其演进的新阶段。

关于对定居者提供免费宅地问题

关于对定居者提供免费宅地问题,对于广大劳动者来说本是一个正当的要求,因为在他们看来,西部的"自由土地"本是人民的财产,获得这些土地实属《独立宣言》所宣布的"自然权利"。杰斐逊说过:"土地本来是人类赖以劳动和生活的公共资料","无论什么时候,只要在一个国家里有未开垦的土地和失业的穷人,那就显而易见:关于财产权的法律已经大加扩充,达到侵犯天赋人权的地步。"这个问题之所以难以解决,是因为在这个问题上区域利益与阶级矛盾交织在一起。

西部是免费宅地的主要推动者。因为在拓荒时代,中下层劳动者构成西部居民的主体,他们可以说都是"自然权利"理论的信仰者,他们的全部思想和行动就集中体现在这样一个口号上:"和富人一样享有土地是穷人的天然权利。"这个口号就像纲领一样指导着独立前后中下层劳动者为宅地而进行的斗争。为了反抗统治者的土地政策,在未建立自己的家庭农场之前,他们为捍卫自己的"自然权利"所进行的斗争,主要是通过"占地"即强行移住表现出来的;在建立了自己的家庭农场以后,为了捍卫自己的"自然权利"所进行的斗争,主要是通过组织"新垦地权益保护协会"表现出来的。这些斗争的最高表现就是1848年"自由土壤党"的诞生,这个党正是以争取免费宅地和反对奴隶制度作为其纲领的。它的口号是:"自由土壤、自由劳动、自由人。"

西部"占地者"和广大劳动者的免费宅地要求,得到了国内两种社会势力的支持,其中的一种是东北部的无产阶级,突出代表就是乔治·亨利·伊凡斯。在40年代他在其倡导的"土地改革"运动中,提出了公共土地分配的四项原则:(1)公共土地必须仅为定居者使用;(2)宅地不能因债务而被没收;(3)宅地规模必须限制在160英亩以内;(4)宅地可以转让但不能买卖。这个运动成为推动美国土地政策向民主化转变的强大动力。另一种是以西部为主的资产阶级民主派,其著名代表就是亚伯拉罕·林肯。他们大多数都是随着"西进运动"的最初进展从西部成长起来的,包括一些商人、律师以及从他们之中产生的地方和国会的议员。这些人认识到,他们的政治地位的巩固有赖于西部的开发,而西部开发的速度又取决于在多大程度上满足拓荒者的土地要求,因而对农民和工人的呼声抱同情的态度。林肯说:"我赞成把荒地分成小块,使每一个穷苦的人都能获得一个家园。"

但是,西部劳动者关于免费宅地的要求,既遭到东北部企业家的反对,也遭到南部种植园奴隶主的反对,由于这两大势力分别代表着东北部和南部的主要利益,他们之间的矛盾和斗争就带上了区域斗争的色彩。东北部企业家之所以反对免费宅地,是因为他们担心西部的大规模开发,会把大批工业劳动力和资本从东部吸引到西部,造成东北部企业劳动力成本上升,产品在市场上的竞争力下降。如新罕布什尔参议员黑尔所说："当我们授予土地给西部的同时,也把我们(东北部)自己的亲属、自己的儿子和自己的兄弟一块授给(了西部)。"而南部奴隶主之所以反对免费宅地,是因为南部的地力随着单一种植经济的发展而被消耗殆尽,需要以西部领土扩张来维持奴隶制的生存,并尽可能地降低种植园经济的成本,自然不能任凭自由移民去占领。他们担心:"大量来自北部的人口将吞噬(西部的)公共土地,这必然导致更多的自由州加入联邦,政治力量的平衡由此更加倾斜。"也正因为如此,自 F. 麦康内尔正式提出《宅地法》以来,尽管类似的法案在 1852 年和 1854 年两次由众议院通过,1858 年和 1859 年两次由参议院通过,1860 年又由参众两院同时通过,但均遭到代表南部奴隶主利益的 J. 布坎南总统(1857—1861)的否决。

1859 年和 1860 年国会关于《宅地法》的投票,集中地反映了各区域在这个问题上的矛盾和冲突。在 1859 年 1 月《宅地法》的表决中,众议院以 120 票赞成 76 票反对通过,但由于被参议院否决未能成功。这样一来,就使阵线变得十分清楚,因为绝大多数赞成票来自自由州(只有 7 张反对票来自自由州),而反对票则绝大多数是来自奴隶州(只有 5 张赞成票来自奴隶州)。这种阵线划分到 1860 年众议院《宅地法》表决时更加突出,因为在这次表决中只有一张赞成票来自奴隶州,而来自自由州的反对票仅两张,且属于共和党的议员全都投了赞成票。虽然《宅地法》再一次被参议院否决,但众议院的表决已经向美国人民昭示:三大区域在这个问题上的斗争,其实质乃是两种社会经济制度的斗争。但这并不意味着三大区域利益集团的矛盾和冲突的消失,只不过是两种制度的矛盾比以前更加突出罢了。

由于对定居者提供免费宅地的问题,比上述各个问题更深地与两种制度的斗争联系在一起,并且已演变到如此尖锐对立的程度,在一般的情况下是很难解决的。及至 1861 年 4 月内战爆发,南部同盟宣布退出联邦,以及 4 个边疆州也倒向南部之后,《宅地法》才得以在 1862 年由参众两院顺利通过,1862 年 5 月 20 日由林肯总统签署实行。《宅地法》由提出到通过在国会整整花费了10年。

关于奴隶制的存废之争

奴隶制的存废问题,是在独立革命之后突出起来的,因为在独立战争之后南部保留了奴隶制,而北部却逐步废除了奴隶制。这样,在美国第一次出现了自由劳动制与强迫劳动制的对立,以致联邦政府不得不在1804年作出决定,以"梅松—狄克逊线"即北纬39°43为分界线,把南部与北部明确分开,以免引起不必要的麻烦。

但随着时间的推移,特别是北部的工商业日益发达起来后,工商业资产阶级要求建立统一的国内市场,坚持奴隶制的南部就越来越成了发展的障碍,不能任其长期存在下去。另一方面,于十八九世纪之交,欧美自由主义思潮汹涌,"人人生而平等"的口号日益深入人心,奴隶制在绝大多数地区都已废除,只有在美国南部反而恶性膨胀,与世界大潮相悖。因此,在第二次英美战争结束后,废奴运动便在北部迅速兴起,势不可挡。1817年,查尔斯·奥斯本在俄亥俄出版了报纸——《慈善家》,两年后他又在田纳西创办《解放奴隶情报员》。1820年,伊莱休·恩布里和威廉·斯温在田纳西分别出版《解放者》和《爱国者》。1821年,传教士本杰明·伦迪又出版了刊物——《普遍解放的时代精神》,提出了一整套解放黑人和开拓殖民地的计划。这些报刊都成为废奴运动兴起的重要标志。

19世纪20年代末30年代初,废奴运动进一步发展,并越来越激进。20年代末,戴维·沃克的《呼吁》报在波士顿出版,他本是来自北卡罗来纳的自由黑人,但并未因离开南方而减少对奴隶制的仇恨,喊出了"我们是人"的呼声。1831年3月,威廉·劳埃德·加里森的《解放者》报出版,加里森在其创刊号上利用《独立宣言》的话,称黑人和白人一样都享有"生存、自由和追求幸福"的权利,主张立即无条件地废除奴隶制,在奴隶问题上他决心"决不后退一寸"。在他的影响下,一个全国性的反奴隶制协会1833年在费城正式成立,加里森因此成为废奴运动的主要代表。

在废奴派看来,黑奴制之所以是必须坚决废除的,是因为:(1)它是违反基督教教义的,因为耶稣宣布全人类皆兄弟;(2)它同美国生活方式的基本原则是背道而驰的,这些原则认为自由是每一个人不可剥夺的权利;(3)从经济上看奴隶制是不可靠的,因为强迫劳动不可能创造出高效率;(4)它损害了南部的文化与文明,因为主人和奴隶的关系体现出双方天性中比较卑劣的一面;(5)它对国家的和平和安全造成了威胁,因为镇压奴隶的需要正在把南部变成一个武装的营地。

但北部废奴派的主张,遭到了南部奴隶主及其代言人的坚决反击。1826年,爱德华·布朗在其所著《论奴隶制的起源与必要性》一书中宣称:"奴隶制一向是各国从野蛮主义过渡到文明社会的阶梯","它是唯一能使人类喜好独立不羁和贪图安逸的本性受到节制的状况,以及对物质要求所需的掩护所"。不久,南卡罗来纳的托马斯·库柏,也出版了他的拥护奴隶制的小册子,甚至南部众多的教育家和牧师,也纷纷加入了捍卫奴隶制的行列。

奴隶制的拥护者所持的主要论点是:(1)奴隶劳动是发展和繁荣南部经济不可缺少的条件,因为"在一切社会制度中都必须有一个阶级承担奴仆的义务"。(2)黑人注定了要处于从属的地位,因为黑种人人种低劣、智力低下,在任何条件下都无力摆脱束缚他们的残暴本性的锁链。(3)自古以来社会就认可奴隶制,因为它是把不信教的人转化为基督徒的一种手段。(4)白种人并没有因为奴隶制而退化,反而因奴隶制发展了无与伦比的高度文明,而南部也是如此。

为此,南部的领导人决定,禁止废奴主义者的著作在南部流传,在必要时甚至不惜使用武力。1835年7月,一种族主义者闯入查尔斯顿邮局,抢走了从北部流入的反奴隶制的报纸,并且在广场上当众把它们烧毁。此后,南部许多城市竞相效仿,一位订阅《解放者》报的佐治亚人,甚至被一群奴隶制捍卫者拖出门外,涂上焦油,沾上羽毛点火烧身。围绕奴隶制所展开的斗争,不仅使南北日益分裂和仇视,也使南部社会本身发生分裂。

第八讲

南北战争及战后的调整

由和平共处走向激烈冲突

从战争的角度观之,美国南北之间的矛盾发展,大致可以划分为3个时期或阶段:(1)共处和竞争时期(1820年以前);(2)冲突与妥协时期(1820—1861);(3)内战与重建时期(1861—1875)。在这一对矛盾演变的全部过程中,西部土地不仅是一个双方都关注的重要因素,而且也是双方斗争的一个焦点。结果,在南北战争酝酿和准备阶段,争夺西部控制权的斗争常常成为斗争的主要表现形式。

事实上,正是西部"自由土地"的存在,才使得北部的资本主义和南部的奴隶制度得以在一定时期内和一定程度上"同时并存"。这是因为,一方面在北部由于"自由土地"的存在和居民之移往西部,才产生了以机器代替人工劳动的趋向,即自由劳动制度;另一方面,在南部,由于"自由土地"的存在和居民之移往西部,又助长了以更廉价和更驯服的奴隶劳动来代替雇佣工人的劳动。而且,直至1820年为止,由于北部的工业制度和南部的奴隶制度,大体上可以各自向西平行推移而不致发生相互干扰,因而得以"和平共处"。然而,还是由于"自由土地"的存在,在1820年以后最终导致了南北之间由"共处"走向"冲突"。因为到1820年,全美国22个州中刚好自由州和蓄奴州各占一半,而当时恰恰又面临着一个密苏里是以自由州还是蓄奴州加入联邦的问题。由于增加一个新州不仅意味着经济制度在新领地的扩张,而且还意味着将在权力极大的参议院增加两个新的席位,并由此打破南北之间在经济和政治上原有的平衡,因此双方都把它看成是不可等闲视之的大事。

只是由于双方都未作好摊牌的准备,在经济上南北之间又存在着相互依存的一面,结果这类冲突常常以双方的妥协而告终,从而使南北斗争进入了一个"冲突和妥协"的时期。这个时期,重大的"冲突和妥协"事件先后有3次。

(1) 1820 年的"密苏里妥协案"。如前所述,早在 1804 年,联邦政府曾决定,以北纬 39°43 为分界线,北部为自由州而南部为蓄奴州。密苏里位于密西西比河以西,是原 1803 年"路易斯安那购买地"的一部分,也是大河以西最早投入开发的地区之一。由于它地处上述"分界线"的两侧,从拓殖之初起就有两种劳动制度移入,到 1818 年该地区已有 56000 个白人和 10000 个黑奴。结果,在密苏里就形成了这样一种局面,它的居民多数为来自东北部和中西部的自由民,而它的土地又大部分位于北纬 39°43 分界线以南。无论是北方的废奴派还是南方的蓄奴派,都希望在密苏里加入联邦问题上以有利于自己的方式解决,双方争执不下。在这种情况下,西部的主要发言人———肯塔州参议员亨利·克莱提出:密苏里作为蓄奴州加入联邦;从马萨诸塞州划出缅因作为自由州加入联邦;把原定的南北分界线改为 36°30′。这才使双方的冲突暂时得以解决,而这个著名的"密苏里妥协案"在国会通过后,亨利·克莱也因此名声大振,被称为能"独当难局"的 3 位大师之一。①

(2) 1850 年妥协案与"威尔莫但书"。1820 年"密苏里妥协案"以后,虽然加入联邦的新州不少,但大体维持了南北双方平衡的局面,并未发生什么重大的摩擦。但随着 40 年代美墨战争的爆发和结束,关于加利福尼亚和新

---

① C. 比尔德和 M. 比尔德《美国文明的兴起》(Charles A. Beard and Mary R. Beard, *The Rise of American Civilization*),纽约,1947 年版,第 713 页。

墨西哥、德克萨斯等地是以自由州还是蓄奴州加入联邦的问题又被提了出来,并引起更为激烈的辩论,而此问题在1846年国会通过的"威尔莫但书"中似乎是已解决的问题。当初,在国会同意波尔克总统所提秘密拨款200万美元,用以贿赂桑塔·安纳割让加利福尼亚时,曾附有由民主党众议员戴维·威尔莫提出的修正案,即所谓"威尔莫但书":在从墨西哥取得的任何新领土上,"不得实行奴隶制或强迫劳役"。此话直接引自1787年《西北条例》。尽管有已通过的"威尔莫但书"在案,但国会仍在1850年9月分别通过了一系列妥协案,这些法案虽然同意加利福尼亚以自由州加入联邦,并决定在首都所在的哥伦比亚特区禁止奴隶贸易,但却同时决定在新墨西哥和犹他加入联邦时奴隶制问题由其自行决定,并居然允许南部奴隶主到北部自由州搜捕逃奴。这些妥协案也是由亨利·克莱提出的,它虽然使南北冲突得到缓解,却又因此埋下了更大的隐患和危机,因为它从"密苏里妥协案"划定的分界线又退了一步。按以往的规定,奴隶逃到自由州即为自由人,而"逃亡奴隶引渡法"却要把这些自由人重新变为奴隶。(图8—23)

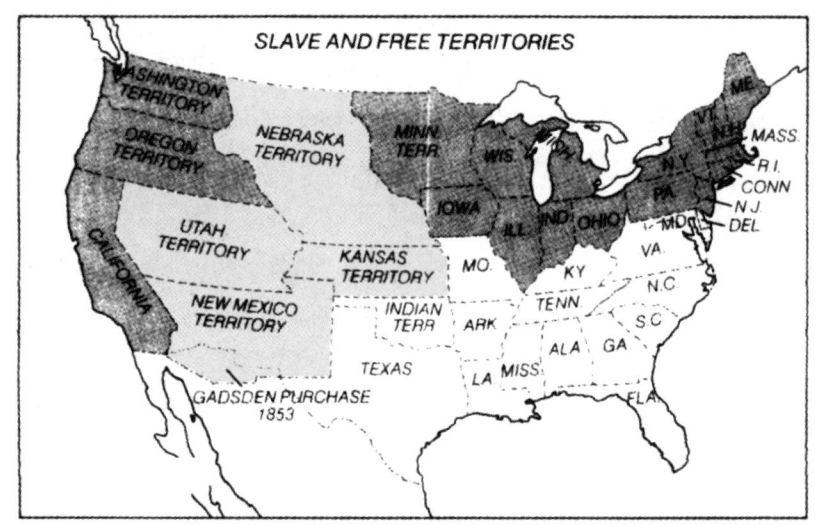

8—23
1850年时美国奴隶州和自由州的划分
黑色部分是自由州,白色部分属奴隶州,浅黑部分尚无定论

(3)1854年"堪萨斯—内布拉斯加法案"。堪萨斯和内布拉斯加两块领地位于普拉特河流域,是美国辽阔的中部大草原的中心,也是美国"最后的边疆"的一部分,于三四十年代之交开始被移民占领,到1850年时居民依然十分稀疏。由于这里冬季寒冷,所以很少有人想到它会成为蓄奴区。但南部种植园主仍然企图控制这片富饶的农业地带,并进而把奴隶制扩大到大草原的畜牧业中去,因而才引起北部废奴派及广大自由民的注意,并促使南北双方加快了在该地区殖民的步伐。而当时参议院领地委员会主席,即来自伊利诺伊的参议员斯蒂芬·道格拉斯,竟很快在南部奴隶主的压力面前让步,提出了所谓"堪萨斯—内布拉斯加法案",并于1854年5月30日在国会上下两院顺利通过。正是在这个法案中,斯蒂芬·道格拉斯提出并运用著名的"居住者主权"(popular sovereignty),规定把奴隶制问题留待两个地区的人民去自行决定,实际上就是禁止在这些地区废除奴隶制。道格拉斯原是土地投机家,又与铁路界有着密切的联系,并参与过1850年妥协案的起草工作,显然代表着北部向奴隶制妥协的那部分资本家的利益,而与广大自由土壤派的利益格格不入。

然而,妥协总是有限度的。因为:(1)上述每一次妥协案"实际上都是南部蓄奴派的猖狂进攻",因为每一次妥协实际上都是南部奴隶主的胜利;(2)在三次妥协中,除了第一次在表面上维持着某种政治上的"平衡"外,其余两次南部的得分都比北部要多得多;(3)南北双方为了利用"居住者主权"原则,均加快了各自向堪萨斯和内布拉斯加移民的速度和规模,因而两种社会和政治势力在该地区的激烈冲突将变得不可避免。事实也正是如此。还在法案未通过之前,国会里的一些"独立民主党人"已在其宣言中表示:"我们将回到选区,重新树立起自由旗帜"。法案一通过,甚至地段还未出售,"堪萨斯整个地区已为成千成百的占地者家庭所占",他们之中既有来自中西部的自由农民,也有来自弗吉尼亚、肯塔基和密苏里的"名门望族";前者得到了由伊莱·塞耶领导的新英格兰"移民援助协会"及整个自由土壤派的支持,而后者则有代表奴隶主利益的F.皮尔士总统为之撑腰。

结果,在堪萨斯,出现了两个议会、两个政府、两个首府:一个在托皮卡,一个在莱文沃思。然而,自由土壤派成立的立法机构却被皮尔士总统宣布为"伪"立法机构(bogus),从1854年11月的国会代表选举开始两派之间的流血冲突就不断,1856年5月21日自由土壤派的据点劳伦斯城甚至被拥护奴隶制的军队洗劫一空。

"堪萨斯内战"标志着妥协的终结,同时也是1861年爆发的"南北战争"的预演,南北之间的矛盾发展由此转入一个新的阶段。值得注意的是,在此前的几次冲突和妥协中,都是那些看来是西部利益的代表人物(如亨利·克莱和S.道格拉斯)充当了"调停人"的角色,甚至几次妥协案也是直接由他们起草和提出的。这一事实究竟说明了什么呢?这只能说明,这时的西部还远不是东北部的同盟者,而只是它的潜在的同盟者。

南北平衡的丧失及其根本原因

然而,二三十年代以来南部在政治上的攻势也是不能持久的,因为在美国整个政治经济发展的优势是在北部,而不是在南部。大约到19世纪四五十年代之交,北部在政治上就开始逐步由守势转入攻势,而废奴运动的蓬勃发展,反奴隶制的共和党的成立,以及随之而来的林肯的当选,应该说就是这种转变的标志。是什么促成了美国政治斗争中的这一转变呢?究其根本原因,在此期间西部和东北部在经济上实现了"一体化",并在此基础上形成了西部和东北部在政治上的联盟。只是,这里所说的西部,当时主要还是指中西部,即从俄亥俄到达科他的地带。如前所述,当时只有中西部,真正代表着西部发展的主流。

首先是这一时期东北部在经济上发生了重大变动,这就是典型的工业资本家的初步形成。一般认为,从商业资本主义到工业资本主义的转变,在美国是发生在19世纪四五十年代之交,在此之前有一个大约60年的过渡期,美国学者把它称为"中间期"(middle period)。在这个"中间期",美国的社会经济结构主要建立在商业资本主义的组织上,资本的使用以非生产性企业如土地投机、运河挖掘和铁路建设为主要对象,甚至制造业(棉织业除外)的生产组织亦多带商业意味。这时的许多大企业家与其说是生产者,毋宁说是金融家及商人,因为他们并没有工厂及设备等生产手段,而只是向独立的小生产者购买他们在家庭或作坊里制造的成品,或是向这些人提供贷款以便把他们的成品纳入商业领域。在"中间期"结束之前,美国东北部的若干重要工业,如制鞋业、肉类包装业、毛织业及生铁业中的企业家,都是来自商人或中间人。正因为如此,查尔斯·比尔德把这个时期的北部称为"商业的北部",是有其理由的。

然而,到19世纪四五十年代之交,典型的资本家即现代的工业家便开始形成。与此同时,更多的商人资本逐渐转向工业生产领域,商业资本主义转变为工业资本主义。推动这一转变到来的动力是多方面的:(1)各种实业公司在州政府的特许下陆续在各地组成;(2)自由农业当时正处于顺境,农民可以让他的次子投身工业活动;(3)欧洲1848年革命后大批移民进入美国,给美国带来大量有技术的工业劳动力;(4)三四十年代之交的严重经济危机沉重地打击了美国的商人和商人资本,使他们觉得在流通领域无利可图转而寻求在生产领域的发展;(5)由于银行业的迅速发展和交通运输业的改善,国内市场得以迅速扩大;(6)1848年加利福尼亚金矿的发现增加了美国的黄金储备,使其可以向欧洲购买发展工业所需之铁轨、机器及原料。由于这些原因,在19世纪40年代以后,美国东北部尤其是新英格兰迎来了"工业革命"的决定性阶段。美国资本主义开始发生着质的变化。据统计,到1850年,整个东北部工业所雇佣的劳动力已占全美国的3/4;从1850年到1860年,新英格兰的工业产值差不多增长了62%,而同期大西洋中部各州只增长了7%,西部只增长了10%。1860年,一份调查报告断言,全美国大约1/3的人口都是由"制造业"供养的。

与此同时,西部也逐步由"南部的孩子"长大成人。据统计,1830—1860年,仅中西部(包括中央东北部和中央西北部)的人口,已由161万增加到将近910万,差不多增加了4.7倍;与此同时,西部人口在全美国总人口中的比重,也由1830年的23%提高到37.8%,并且在1840年就超过了南部而位居第二。从经济实力上说,西部在全美国的地位也大为增强。1850—1860年期间,整个西部地区(包括中央北部、中央南部和密西西比河以西的地区),其农场数在全美国农场数目中所占比重,由49.1%增加到57%;这些农场的土地面积在全美国农场总面积中所占比重,由49%增加到58.8%;其资产在全美国农场资产总值中所占比重,则由39.7%增加到54.1%。而且,中西部大部分地区,已经或正在走出"拓荒时代",昔日的拓荒者已积累起相当雄厚的物力和财力,并使"传统"的自给经济逐步走上商品化的道路。其中一些拓荒者已演变成真正的农业资本家,他们开始雇佣劳动力以便扩大其生产规模,向市场提供日益增多的农产品,包括粮食、肉类及奶酪等等。"中西部"已成为另一个巨大的农业专业区,而与南部的棉花专业区相抗衡。

更重要的是,这个已经成长壮大的西部,对东北部资本主义"核心地区"来说,已不再处于孤立或半孤立的状态,因为运河和铁路的发展,已把这两个建立在同一劳动制度上的地区更加紧密地联系起来。1825年10月,伊利运河的开放,在五大湖与东部第一大港纽约之间架起一道桥梁。之后,在五大湖与内地之间又陆续建成了几条运河:(1)1832年建成的"迈阿密—伊利运河",它从辛辛那提到代顿(Dayton);(2)1833年建成的"俄亥俄—伊利运河",它使俄亥俄河与伊利湖相连接;(3)1843年建成的"沃波什—伊利运河",从俄亥俄河上的伊文斯维尔到伊利湖;(4)1848年建成的"伊利诺伊—密歇根运河",从芝加哥通往拉萨尔。1845年以后,铁路网逐渐由东部扩展到中西部,先后建成纽约中央、宾夕法尼亚、伊利及巴尔的摩和俄亥俄之间的数条铁路线,整个19世纪50年代西部完成的铁路线几乎达到了1万英里。上述运河和铁路线的延伸和发展,正如美国经济史家道格拉斯·诺斯所指出的:"不仅有效地建立了东北部与西部之间的联系,而且反映了19世纪50年代贸易的变化,给西部的经济结构以深远的影响"。

同时，交通运输业的发展，也根本改变了西部与东北部、西部与南部的经济关系。这种改变的突出表现就是，在美国国内日益活跃的"三角贸易"中，昔日西部这个南部的主要贸易伙伴，现在变成了北部的主要贸易伙伴。据统计，直至19世纪30年代，西部输往南部的商品总值仍然高于输往东北部的总值，到1839年西部输往北部的商品价值（710万美元）也只稍稍超过它输往南部的商品价值（550万美元），但还很不明显。然而，到1860年，即内战爆发前夕，西部输往北部的商品已达10760万美元，而输往南部的商品只有3640万美元，前者是后者的3倍。① 正因为如此，早在19世纪中叶，一位南部的经济学家已经在抱怨："北部的一些大城市各自用人造的路线渗入内地，直接夺走了航道通畅、运输并不繁重的密西西比河的沿岸商业。"他还具体谈到，"伊利诺伊运河不仅已经席卷了沿伊利诺伊河到东部的全部产品，而且正在通过同一渠道把密西西比河上游地区的物产吸引过去，从而不但使新奥尔良而且使圣路易斯丧失了一部分获利丰厚的商业。"

从商品种类看，西部输出的主要是农产品，包括小麦、面粉、玉米和猪肉等。其中，面粉、玉米和猪肉主要输出对象是南部，而小麦则主要运往东北部。以1840年为例，据统计该年西部输出的小麦，98%是输往东北部，只有2%是输往南部；但西部输出的53%的面粉、98%的玉米、69%的猪肉，是输往南部的。与此相适应，输入西部的商品量，也主要来自东北部而不是南部。据统计，1840年西部输入总量是170000吨，其中来自东北部的商品为110000吨，而来自南部的只有60000吨。

当然，西部对南部输出的下降是相对而言的。在1815—1860年的大部分时间内，新奥尔良仍是内地产品的重要输出港。早在20年代，它获得的棉花、烟草、蔗糖的数量就超过了该港输入总数的一半，到50年代这类产品就构成了输入总数的3/4，但主要来自新南部的内地。尽管如此，运往新奥

---

① 艾伯特·费什洛《战前区际贸易的重新估计》，见R.安德列诺编《关于美国经济发展的新观点》，第196页。

尔良的产品在西部各类输出品中的比重仍很高:玉米为 2/5,面粉为 1/3,腌肉为 3/4,威士忌为 2/3。然而,这类商品并不全部留作南部消费之用,其中很大部分转运到外国或北部地区。因为在粮食和食品消费方面,南部在很大程度上仍是自给的。据统计,南部输入的小麦,1842 年为 96 万蒲式耳,1850 年为 260 万蒲式耳,1860 年为 425 万蒲式耳;而南部本身的小麦产量,1839 年为 2500 万蒲式耳,1819 年为 2000 万蒲式耳,1859 年为 3800 万蒲式耳。即使在粮食歉收的 1849 年,从西部输入的小麦也只占南部本身小麦产量的 13%。到了五六十年代,南部的输入是增加了,但南部本身的粮食产量在此期间也增长了。当然,西部和南部之间的贸易,从密西西比河进入新奥尔良并不是唯一通道,正如著名经济史家罗伯特·W. 福格尔所指出的,这里还有几种可能常常被研究者忽视:(1)大批牛和生猪可能经由陆路从西部进入南部;(2)中西部的大量粮食和食品可能经由纽约、费城和巴尔的摩转运南部;(3)西部的大批牛还可能从得克萨斯直接进入东南部。因此,经由新奥尔良港进入南部的西部产品,并不能完全反映西部和南部的实际贸易水平。即使如此,新奥尔良所获得的来自内地的产品的价值,从总的来看,在 1815—1860 年间是呈上升趋势。特别值得注意的是,1850 年,在这种贸易中出现了一个重大转折点:1849—1850 年度只有 96897813 美元,而且在此之前其价值一直低于这个数字;而 1850—1859 年度一下子上升到了 196924083 美元,而且在整个 50 年代一直保持在 1 亿美元以上。换言之,50 年代才是南部和西部贸易中的黄金时代。

  尽管如此,各区域关系发展的总趋势,是西部与东北部之间关系的加强而与南部的联系相对减弱。据著名西部史家 F. 默克研究,新奥尔良港接受的密西西比河上游的贸易,由 1812 年的 80% 下降为 1860 年的 23%;换言之,到 1860 年,密西西比河上游的 77% 的贸易已不再经过新奥尔良而是直接运往东北部了。这说明西部对东北部市场的依赖越来越大。应该说,这是西部与东北部、西部与南部这两对经济关系中的重大转变,四五十年代三大区域政治关系的演变正是以此为基础的。

西部在南北战争中的作用

1861年4月12日开始的南北战争,严格地讲是南部在经济和政治上都处于劣势的情况下爆发的。从史料来看,南北战争爆发时,南北双方的实力对比悬殊。在当时全国33个州中,有22个站在北方一边,它们占有全国3/4的领土,只有11个州参加了叛乱。根据1860年的人口调查资料,北方各州共有人口2100万,而且在战争期间还有大量移民流入,而南方总共只有900万人口,其中还包括100万左右的黑奴。北方占有工业生产的9/10,并集中了全国2/3以上的铁路线,而南方只拥有工业生产的1/10,以及1/3左右的铁路线。这在很大程度上决定了南部在这场战争中失败的命运。必须指出的是,在上述有关北方实力的统计中,西部的力量在其中占有很大的比重:它占了22个州中的11个(包括2个中立州),在当时北方占有的22503英里铁路线中,有12489英里建在西部,甚至超过了东北部铁路线的总长。

但北部之所以能在这场美国史上最大的战争中取胜,一个很重要的因素便是西部在政治上与东北部的结盟。如前所述,这种结盟的经济基础就是西部与东北部在劳动制度上的一致,以及四五十年代东、西两部之间商业和贸易的迅速扩大。这两者在政治上结盟的趋势,在1854年发生的"堪萨斯的战斗"中已表现得非常明显。发生在堪萨斯的那场战斗,本质上只不过是南北两种社会和劳动制度在西部的第一次直接较量,因为在那里代表南部奴隶制度的正是来自南部的奴隶主。正如1854年8月3日《圣路易共和党人报》发表的由堪萨斯人维希德写于6月26日的信中透露的:在堪萨斯的那些新城区内的"占地者是由弗吉尼亚、肯塔基、田纳西和密苏里各州的高门大族的代表人物构成的。他们在上个星期六曾举行集会,在会上成立了警备委员会为首的占地者组织。这个委员会由13人组成,其他好些地方,也建立了同样的组织"。这些人武力破坏国会代表选举,捣毁北方自由移民的家宅,甚至在报纸上刊登广告,"悬赏200元"捉拿一个叫伊莱·泰勒的人,只因他到堪萨斯为废奴主义者移民选择地段,可见他们与北部自由移民势不两立的立场。而反对把堪萨斯变为蓄奴州的社会势力则主要是来自中西部,因此在反对奴隶制的斗争中,堪萨斯的废奴主义者自然地把希望寄托在北方人身上,并直接向俄亥俄、纽约、罗德岛等州的州长发出了求援的信息。早在1854年4月26日,在马萨诸塞就成立了"出境移民协会",以便在拟议中的领地一旦建立时,帮助废奴派的移民前往堪萨斯,使之不致成为蓄奴州。协会在第二年改名为"新英格兰移民援助公司",表明援助活动已越出了马萨诸塞州的范围,成为整个东北部地区的普遍性活动,并具有了经济上的务实性。

西部与东北部在政治上的联盟,在1854年诞生的共和党的形成和发展中表现得尤为明显。(1)西部是这个新的政党诞生的真正摇篮,因为早在1854年2月28日斯蒂芬·道格拉斯提案的50名反对者,已在威斯康星里彭一个校舍内举行会议,提出了建立一个新政治组织的要求,并拟将该组织命名为"共和党";而且,共和党的第一个机构,又是在密歇根的杰克逊城建立的,时间就在1854年7月6日。可见,西部是这个新政治思潮的温床。(2)从组织上看,1854年诞生的共和党有几个主要来源:①北部辉格党人,它以东北部新兴工业家为核心;②北方民主党人,它以北部中小资产阶级为核心;③自由土壤党人,它以西部的农场主为核心。自由土壤党,1848年成立于布法罗,该城扼东西两部之间的交通要道"伊利运河"的西部出口,是当时东西方经济和文化交流的重要枢纽。因此可以说,共和党的诞生本身就是东北部工业家和西部农场主携手的产物。(3)如果说共和党的成立还只不过是西部农场主和东北部工业家在政治上携手的开始,那么1860年共和党在芝加哥提出的总统竞选纲领便可以视为这个联盟的正式标志。这个纲领把反对奴隶制扩张作为该党着重考虑的中心问题,并重新引用了《独立宣言》关于"人人生而平等"的原则,这就不仅抓住了当时东西部广大人民关注的主要问题,而且也赋予它的活动以正义性。同时,纲领又提出对进口税率进行调整,"以便鼓励整个国家的工业发展",并把自由土壤党人所要求的"宅地法"正式列入党的活动目标,这就满足了双方联合的经济条件。最后,亚伯拉罕·林肯被共和党提名为总统候选人,并在经过几次失败后终于在1860年当选为美国总统,这既是西部与东北部结盟的重要结果,也是北部在内战中战胜南部的主要保证。因为林肯是西部从拓荒者逐步成长起来的资产阶级民主派的代表,他公开声明"我天生是反对奴隶制的",同时又"赞成把荒地分成小块,使每一个穷苦的人都能获得一个家园"。(图8—24)

西部在南北战争中的作用,首先就在于坚决支持了亚伯拉罕·林肯,并把这位"天生的"奴隶制的反对者推上了总统的宝座。1860年的总统选举是美国历史上斗争最激烈的选举之一,虽然林肯获得的票数未能超过他的对手得票的总和,但比民主党和共和党两派的任何一个对手都要多。全国计票的结果是:在全国470万参加投票的人中,林肯得票1866452张,道格拉斯得票1376957张,布雷金里季得票849781张,贝尔得票583879张。值得注意的是,林肯是在美国开

8—24
内战时的林肯总统

国后最带地方色彩的选举中当选的:不仅有15个州的选举人拒绝投林肯的票,而且在南部10个州里没有一张赞成林肯的票。但林肯为何在1860年当选总统?主要是因为,林肯在17个自由州获得了绝大多数票,他得到了广大北方工人和西部农民的衷心支持。

更重要的是,西部人在战争中直接为联邦军队提供了大量粮食、士兵和装备。例如,在内战期间,有30万以上的俄亥俄士兵在联邦军队中服役并直

接上战场,这个数字相当于1860年该州人口总数(2339511人)的12.8%,即平均每10人中有1.3人上战场;在北部和西部各州中,它是参军比例最大的一个。与此同时,西部其他州也同样作出了重大的牺牲和支持,如印第安纳在战争期间对联邦的贡献包括:129个步兵团、13个骑兵团、1个重炮团、26个轻炮团,总计为196363人。

俄亥俄人的积极和主动精神尤为可嘉。1861年4月,林肯总统只准备征召75000名志愿兵,其中给俄亥俄的限额为13000人,而当时俄亥俄州竟有30万人应召涌入该州首府哥伦布。1864年4月,林肯找西部4个州的州长到白宫开会,要求俄亥俄选派31000人在联邦军队中服役100天,但最后的结果是该州每5个人中就有3个在联邦军队中服役18天至45天。正因为如此,还在1863年,林肯就十分感动地说:"俄亥俄已拯救了国家。"

内战对各区域的影响

1860年林肯的当选,成为南北战争的导火线。南卡罗来纳、佐治亚等州先后退出联邦,1861年2月8日它们通过了邦联宪法,并选举了戴维斯为邦联总统。4月17日,邦联军队炮轰由联邦军队控制的查尔斯港的萨姆特要塞,由此开始了长达4年的南北战争,一直到1865年4月9日方结束。其间,先后有11个州加入南部邦联,南北双方在纵横数千英里的战场上厮杀,交战达2400余次,伤亡惨重,损失巨大。(图8—25)战争初期,南军在罗伯特.李将军指挥下,取得了一系列的重大胜利,但当林肯在1862年颁布《解放黑奴宣言》和《宅地法》后,战争形势发生了有利于北方的根本性转变,并最终战胜南方,重建南方。

内战,作为美国历史上的一场最大的战争,对这个国家各方面的发展都产生了深远的影响。这是因为,重建不仅是南部的重建,而且是整个联邦的重建,而要完成整个联邦的重建,就必须有新的思想、新的理念。为此,林肯在1863年葛底斯堡演说中所提出的要求是这个新的联邦必须拥有这样一

8—25
内战使南部损失惨重

个政府,这个政府必须是"民有、民治、民享"的,否则它就会从地球上消亡。也正因为如此,"林肯革新了这场革命的概念",让世界看到了"一个全新的美国"。这还因为,在内战期间及战后重建阶段,联邦政府相继采取了一系列重大的军事、政治和经济上的政策和措施,这些政策和措施既具有影响整个国家发展的全局性意义,也对各区域的发展产生了不同的影响,并由此开创了美国区域关系和历史发展的新时代。

内战之后,美国区域关系中的首要变化,是东北部"核心地区"的加强。这是因为,在战争和重建时期,由共和党控制的联邦政府推行了一系列有利于北部工业家的政策。例如,在 S.蔡斯任财政部长期间,发行了大约 26 亿美元的国家公债和面值约 4.5 亿美元的绿背纸币,为使公债受欢迎制定了高达 5—7.3 厘的利息率。1861 年政府规定停止用硬币支付,从而使全国流通建立在纸币的基础上;同时又规定可用绿背纸币兑换联邦 6 厘金公债,由此造成绿背纸币大幅度贬值,至 1864 年 1 元纸币只值 0.64 金元。此外,国家又重新调整关税率,使平均关税率从内战初期的 18.8% 提高到内战末期的 47%;同时,在 1866—1868 年间 3 次豁免以煤矿、生铁、棉花、广告公司及制成品为对象的战时国产税。这一增一免,使被保护的工业品差不多都涨价 20%,东北部工业家因此大获其利,而大量购买国家公债又使其拥有充分资金投资于工厂,因此东北部工业进入了大踏步前进的时期,成为全美国工业化程度最高的地区。

由于农业中心的西移,1860—1910 年间,新英格兰耕地减少了 42% 即 500 多万英亩①,这里成千上万的农场荒芜了,东北部进入了依靠其他地区供应食品的时期。到 1910 年,新英格兰产的小麦,只占全美国粮食总值的 0.1%。②但东北部这个面积只相当于全美国总面积 6% 的地区,1910 年时其工业产值却在全美国工业总产值中占了 51%,矿产品的价值则占全美国的 32%;在该年全美国 50 个 10 万人以上的城市中,东北部就有 21 个。③在东北地区各州中,马萨诸塞在纺织工业中一直居首位,它最重要的工业是棉产品、羊绒产品、麻绳。但纽约自内战前至 19 世纪末一直保持全美国主要工业生产州的地位,1909 年时该州产值超过 100 万美元的工业共 139 项,其总产值达 3369490000 美元,为全美国总产值的 1/6。纽约提供了全美国 88% 的人工花卉、46% 的男装、70% 的女装、92% 的袖领、73% 的皮制品、60% 的手套和 60% 的女帽。此外,罗德岛的普罗维顿斯生产全美国 1/4 的

---

① 福克纳《美国经济史》下卷,第 31 页。
② 克莱夫·戴《美国商业史》,第 292 页。
③ 同上书,第 291 页。

宝石,康涅狄格生产全美国近 2/3 的别针、3/4 的玩具、1/2 的钟表、1/2 以上以及近一半的铜制品。总之,包括新英格兰和大西洋中部在内的东北部,大大巩固和加强了它在全美国作为"核心地区"的地位和作用。

在内战期间和战后的时代,"西部"可以说发生了翻天覆地的变化,因为以"中西部"为主体的旧西部已与东北部"核心地区"融为一体,而一个更加广阔的新的西部已在密苏里河以西兴起,并成为此后"西部"这一概念的主体。美国边疆史中的这一重大变迁和发展,其根本的动力是由联邦政府在内战和重建时期制定的一系列政策和措施提供的,这些政策和措施主要都与密苏里河以西的宅地有关,因而都可以纳入 1862 年《宅地法》的概念之内。根据《宅地法》,任何一个家庭只要在其占据的土地上居住和耕作满 5 年,其户主即可付 10 美元登记费而免费领取 160 英亩土地;若居住不满 5 年,户主则可在该土地上住满 6 个月以后,以当时最低价格(约每英亩 1.25 美元)购买这块土地。由于该法主要适用于可耕地,对于不太适宜耕种的草原、旱地、山石和沙漠地带的定居,于是又制定了一系列相应的土地法:根据《造林法》(1873),可借植树于其保有的一部分土地上的办法而取得草原土地;根据《沙漠土地法》(1877),可借灌溉其所保有土地的办法而获得土地;根据《木石法案》(1878),可在不能耕作的土地上标出界限然后再申请土地所有权。因此,这些法令可以说是 1862 年《宅地法》的扩大和补充。《宅地法》是内战爆发前后南北双方斗争的重要内容之一,因此它的实施和远西部的迅速拓殖也应看成是内战的主要成果。

内战以后,由于有上述以《宅地法》为代表的联邦西部政策的促进,远西部进入了全面拓殖与开发的阶段。据统计,远西部即战后的西部地区的农场数,从 1850—1860 年增加了 416.4%,从 1860—1870 年增加了 39.1%,从 1870—1880 年增加了 73.7%,从 1880—1890 年增加了 74.2%。战争期间及战后 30 年内,西部开发中的显著特点是,在农场数量、采用机器及家畜拥有方面,西部的发展速度都大大超过了全美国的平均水平。

值得注意的是,西部农场无论在总面积方面还是在耕地面积方面也都大大超过了全美国的平均水平。500英亩以上的大农场在各区域农场总数中的比重为：大西洋北部为0.8%，大西洋南部为2.4%，中央北部为2.4%，中央南部为2.5%，而远西部高达10.9%。它说明，随着拓殖运动由东向西的不断演进，农场的规模有日益扩大的趋势，这是由于：(1)远西部地广人稀，允许拓殖者占有比东部较多的土地；(2)如前所述，西部拓殖者较重视机器的采用，因而有助于耕地面积的扩大；(3)远西部开发较其他地区为晚，因此农场建立时资本化程度也较高。然而，直到1890年，远西部也只有农场145878个，大约只占全美国农场总数的3.2%。据说，除加利福尼亚之外的整个远西部的农场数，比密西西比一个州的还少，只及俄亥俄州的一半，虽然大部分可耕地已被占领。当然，这里还有远西部可耕地在其全部土地面积中所占比例较低的缘故。

过去的奴隶制的南部，作为南北战争的主战场，在内战中遭到了极大的破坏。有人估计，仅亚拉巴马就丧失1/5的白人劳动力，而奴隶的解放大约使奴隶主损失了20亿美元。在内战和重建过程中，变革总是伴随破坏而行的，奴隶制的废除就是如此。早在1861年8月30日和1862年4月12日，弗里蒙特将军和亨特将军就曾分别宣布在密苏里和南方战区解放部分及全部奴隶，他们的命令虽被林肯否决，但已震撼了整个南方。1862年2月25日，国会通过关于禁止使用军队捕捉逃亡奴隶的法案；1862年4月国会又通过法案，明确禁止哥伦比亚特区的奴隶制，同时给每个奴隶主补偿300美元，使3000名奴隶获得自由；1862年6月19日，国会通过法案，宣布废除合众国现有的或未来的领地上的奴隶制；1861年8月和1862年7月，国会先后两次通过《没收法案》，宣布没收一切叛乱分子的奴隶及全部财产。在这些局部解放奴隶的措施的基础上，从1862年9月24日起林肯及联邦政府先后采取4个重大步骤：(1)1863年1月1日颁布《解放宣言》，宣布叛乱诸州全部奴隶从此"永远获得自由"（即人身自由）；(2)1865年1月31日通过第13条宪法修正案，宣布在全国范围内废除奴隶制；(3)1866年6月通过第14条宪法修正案，规定"凡出生在美国或归化的美国人"都是美国公民;(4)1870 年 3 月,国会又通过第 15 条宪法修正案,规定公民的投票权"不得以种族、肤色或以往的奴隶身份为理由加以否认或限制"。至此,在南部奴隶制作为一种制度,就在法律上被完全摧毁,成为南部社会经济发展中的一大转折。

在废除奴隶制的过程中,南部的社会经济关系同时发生着一系列重大变化,其中最重大的变化是租佃制取代奴隶制。由于联邦政府未能从根本上解决被解放了的黑人的土地问题,昔日的奴隶们为了维持自己的生存不得不继续租种原奴隶主的土地,租金或者以收获谷物的 1/3 缴付,或者以每英亩或整个农场按定额现金缴付,从而在原奴隶制种植园的基础上,形成了两种主要的土地租佃关系,即谷物分成制和钱租租佃制,大多数佃农都自己耕种和经营,只有少数佃农雇佣工资劳动者。由此可知,在战后南部形成的租佃制中,既有半封建和半奴隶制的因素,也包含着资本主义经济的成分,这是由奴隶制向资本主义过渡的一种形态。

总之,内战及其重建,从根本上调整了三大区域的关系,美国从此进入了一个协调发展的新时期。

林肯:随时准备倾听人民的呼声

林肯,全名亚伯拉罕·林肯(1809—1865)。此处有必要增写一节,以便对他作一专门而又深入的介绍,因他不仅是一位从拓荒者中走出来的伟大总统,而且与人民保持着血肉的联系并随时准备倾听来自人民的呼声,有自己深切的同情与深深的忧虑,有别于其他任何一位美国总统。

林肯家族是跟随美国边疆西移而不断迁徙的移民典型。这个家族最初于 1637 年从英伦来到马萨诸塞波士顿附近一个叫欣安的地方,美国革命时林肯家族已搬至弗吉尼亚的罗金汉县,1782 年他们又在"西进运动"初兴之际沿着"荒野路"越过阿利根尼山进入肯塔基,最后于 1830 年定居伊利诺伊的梅肯县,后来登上总统宝座的林肯 1809 年就诞生于肯塔基州的一小木屋中，而"小木屋"是当时拓荒者所搭建的临时而又典型的居所，其父是托马斯，母亲叫南希。由于条件所限，亚伯拉罕·林肯几乎未接受过正规教育，但他的生活和经历艰难而又丰富：他做过店员、开过磨坊、当过劈木头做围栏的小工，以及经密西西比河把中西部的粮食和其他商品运往南部出售的船工，并在那里的奴隶市场无数次看到过把男女黑奴当牲口一样摆弄和买卖的场景，这使他不仅认为应当给每一个拓荒者"一个家园"，而且成了"天生的奴隶制的反对者"，因而逐步走上平民政治家的道路。1831年他开始了六年的法律学习，1834—1841年他在伊利诺伊州作州议会议员，从1837年起同时在斯普林菲尔德从事律师工作，1847年他当选为国会众议员，1856年他参加新成立的共和党。为竞选参议员他与道格拉斯进行了七场辩论，并在1858年发表著名的"裂屋"演说："一幢裂开的房子是立不住的"，"这个政府不能长期容忍一半蓄奴、一半自由的状况"，虽竞选参议员失败，却成就了1860年的总统大选。

　　林肯既是一位政治家和国务活动家，也是一位独具个性和魅力的人，既不会因人民的热烈拥护而冲昏头脑，也不会因人民的情绪低落而灰心丧气，既不会为困难所吓倒也不会因成功所迷惑，他总是不屈不挠地迈向自己的伟大目标，但又从不轻举妄动。1861年年初当奴隶制的反对者和奴隶制的拥护者的斗争演变为内战时，为了维护由最大多数的各阶级和阶层的代表组成的反奴隶制联盟的团结，林肯总统及时而坚定地发出了"为联邦而战"的号召，而暂时不去触动人们痛恨已久的奴隶制及整个黑人问题。因为他对奴隶制的立场当时尚处于矛盾状态，他在内战前夕说美国宪法宣布了一个口号即"人人生而平等"，这其中就包括有黑奴，但另一方面他又说："解放奴隶并使之在政治和社会关系上与我们平等，我的感情不同意这一点。"进而主张以和平方式解决奴隶制问题，不必"干涉蓄奴州的事情"，内战爆发后又担心解放奴隶，会激化与边疆诸州奴隶主的矛盾，令更多的州脱离联邦而去。但林肯的最大优点和历史功绩就在于他随时准备倾听来自人民群众的呼声，当奴隶们奋起反抗其主人、战场迫切需要补充兵力、批评者指责其对奴隶主的利益考虑过多、甚至越来越多的革命将领在废奴问题上也开始采取行动的时候,林肯总统便毅然地走上了消灭奴隶制的道路且从不后退。先是于1862年中颁布著名的《宅地法》以满足西部自由移民免费领取宅地并建立家园的要求,后又于1863年1月1日签署《解放黑奴宣言》,宣布叛乱各州所有奴隶从此获得自由。这两项决定不仅奠定了联邦在内战中取胜的基础,也使林肯成为美国一位最伟大的总统,尽管他最终被南部奴隶主所杀害,却永远活在美国人民心中。

林肯虽然是合众国这个新兴的、充满活力的国家的总统,但在他的思想和意识中却有着许多超越资本的东西,其中最为宝贵的是他对"劳动"的深刻认识。他认为,劳动人民的活动和劳动是社会所拥有的一切财富的基础,"劳动先于资本,而且不依赖于资本而独立,资本是劳动的产物,(离开了劳动)资本任何时候也不能存在,劳动高于资本并应受到无与伦比的最大的尊重。"这些认识弥足珍贵但鲜为人知,有着毋庸置疑的人民性和民主性的内容。这样看来,他于1863年11月19日在著名的葛底斯堡演说中提出的建立"民有、民治、民享"政府的主张,就绝不是一个空洞的口号而是一个有着鲜明人民性的理想或纲领。以上林肯关于"劳动"的言论和认识,可视作其伟大理想或纲领的思想根源或自我注脚。

正因为如此,在19世纪六十年代,在残酷的内战还未结束之际,林肯就敏锐地观察和注意到腐败与垄断共生、并已开始严重地侵蚀这个新兴的资本社会的事实,很早就对自己的国家表示了深切的忧虑,他尖锐地谴责一切贪利、发财和营私的思想和行为。他说:"我为我的国家极端担忧和不寒而栗的那种转变在不久的将来就会到来,利益集团掌权必然会导致国家的最高机构叛卖和腐败的时代,资本就拼命确立自己的统治,利用群众最愚昧的天性以售其奸,直到全部民族的财富集中在少数选出来的代表手中,而到那时就是共和国的末日。"在这里,林肯罕见而明确地将垄断、腐败与利益集团以致"民选代表"联系起来,不仅体现了这位伟大总统敏锐的洞察力和深刻的预见性,也表达了他捍卫共和国民主体制的坚强信念。

最后，我还想在此指出，林肯不仅是一位伟大的爱国者，在他身上也没有在他人身上常见的那种狭隘民族主义的局限，他更不愿千方百计钻进狭隘民族主义的小圈子。相反，他坚决地主张："除了民族的联合外，还有别的更高的联合——人类的联合，它应当联合全体劳动者，包括所有民族、所有语言、所有种族。"①亚伯拉罕·林肯是一个其生平和活动不仅属于美国人民，而且属于全体进步人类的人。

---

① 本节全部引文转引自〔俄〕P.ф.伊万诺夫：《卡尔·桑德堡〈林肯传〉俄译本跋》，原载卡尔·桑德堡：《林肯传》，莫斯科1961年版，第689—698页。

第九讲

由农业国向工业国的转变

内战对美国经济的影响

历时四年之久的内战,给美国造成了巨大的破坏,但同时也给它带来了巨大的机遇,因为联邦政府在战时采取的一系列政策和措施,实际上已为战后的经济腾飞准备了条件。

首先,在内战和重建期间,由共和党控制的联邦政府,在1862年通过了著名的《宅地法》。此法规定,凡移民家庭的户主均可获得1/4地段即160英亩土地,在此土地上定居、耕种5年后即可获得土地的所有权,其目的在促进移民跨过密西西比河,去开发尚未被开发的广阔的西部。为了适应这些地区地广人稀,特别是许多旱地、沙漠亟待开发利用的情况,以后又制定了一系列《宅地法》的补充立法。例如,1866年允许退伍的联邦军人领取定居移民的份地,1870年规定退伍的联邦军人可以在铁路拨地的政府地段内领取160英亩份地。1877年国会通过的"沙漠法"规定,移民只要在产权申请登记后3年内灌溉了土地,就可以25美分1英亩的价格购买640英亩土地(1891年改为320英亩)。1873年通过"鼓励西部草原植树法案",任何人在自己的地产上种植40英亩(1878年减为10英亩)树木并保持十年之后,就能得到160英亩份地,此法1891年被废除。1909年通过的"扩大定居移民份地法"规定,移民只需把 80 英亩土地成功耕种 5 年就能取得所有权,等等。由于这些法案的通过,西部广袤的土地迅速地被耕种,使之真正成为"自由帝国"的基础。据统计,1860—1900 年,全美国的农场数由 204.4 万个增加到 573.9 万个,耕地由 1.63 亿英亩扩大到 4.15 亿英亩,其中 40% 的新农场和 50% 的新耕地是在密西西比河以西的 19 个新州和领地。

其次,由共和党控制的联邦政府,实行了一系列有利于北部工业家的政策,给工业化的发展以极大的刺激。例如,S. 蔡斯(1808—1873)于 1861 年被任命为联邦政府财政部长,为了解决战时联邦遇到的财政困难,决定发行 26 亿美元国家公债和 4.5 亿美元的绿背纸币,其中国债的利率高达 5—7.3 厘。1861 年,国家规定停止用硬币支付,从而使全国通货建立在纸币的基础上;同时又规定可用绿背纸币兑换联邦 6 厘金公债,由此引起绿背纸币大幅度贬值及物价的上涨。又如,在内战期间,国家多次调整关税。1861 年国会通过"莫里尔关税法",对钢铁工业重新实行保护。1862—1864 年,政府又 4 次提高关税,使平均关税由内战初的 18.8%,提高到内战结束时的 48%。关税率的提高,在战时主要是为了筹措战费,但绝大多数商品由于高关税获得保护,其生产就有了发展的机遇。此外,在内战期间,一方面于 1861 年第一次决定征收所得税,使国家从所得税上获得的岁入在 1864 年超过 2000 万美元,但另一方面又在 1866—1868 年期间 3 次豁免国产税,涉及煤炭、生铁、棉花等行业的公司及其制造品,促使这些工业品价格上扬 20%。1872 年,国会甚至废除所得税,使工业家大获其利。最后,在第一合众国银行和第二合众国银行运行期满后,由于没有中央银行的控制,造成大量"野猫银行"泛滥。1863 年,根据 S. 蔡斯建议通过国民银行法,到 1866 年国民银行的数目超过 1644 家,它一方面抑制货币市场的无序状况,另一方面也为国民经济的发展提供了稳定的金融体系。

再次,在内战期间,随着黑奴制的废除,奴隶制种植园解体。南部农业社会因此发生了三重变化:(1) 在"自由民"中形成了一个独立的小自耕农阶层。这是因为,1865 年 3 月 3 日,国会建立了"自由民局"(Freedman's Bureau），该局派遣了几百名代理人前往各地，除从事自由民的教育和救济工作外，他们还负责在废弃和被没收的土地上安置自由民。据统计，该局在5个州共4400万英亩的土地上安置了约4000名自由民。这些人便成为黑人自耕农。(2) 形成了一个以分成农为主的新的土地关系。这是因为，在奴隶制废除后，原奴隶主的土地所有权被保存下来，原来的种植园作为一个单位被保留下来，但这时的种植园主由于失去了奴隶而不得不以不同方式租借给自由民去经营耕种，而按协议分成获得收获物的一半或一半以上，这样"分成制"便成为取代奴隶制的主要劳动形式。(3) 兴起了一个以北方资本为动力的新兴工业家阶层。奴隶制废除后，南部经济千疮百孔，百废待举。而这时，北部那些以南部原料为来源的商人和资本家，也正希望把企业移到南部就地生产。正是这两者的结合，促成了一个以北部资本为动力的新兴工业家阶层的兴起。所有这些都表明，内战后南部正缓慢地被纳入以东北部为中心的资本主义体系。

内战对美国经济的最后一个重大影响，是由于大量公地的授予，特别是大量铁路土地的授予，刺激了美国铁路事业的大发展。据统计，1850—1871年，铁路土地的授予就达17500万英亩，这些土地大部分是在西部，特别是密西西比河以西的地区，这就极大地支持了铁路线的推进。（图9—26）值得注意的是，这类铁路土地的授予有两个特点：一是土地授予的数量是铁路线的长度决定的，二是政府对铁路公司的补贴高地高于平原。根据1862年和1864年国会通过的法案，向私营公

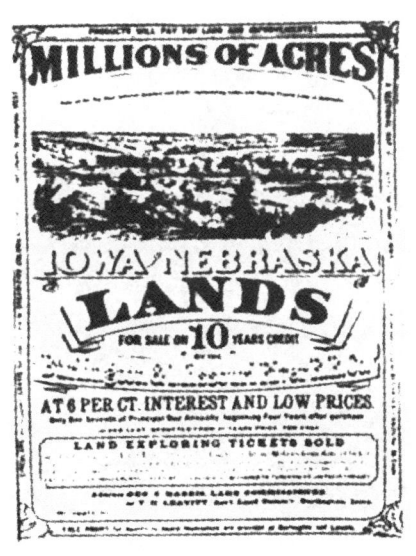

9—26
西部的铁路土地招贴

司提供的补助金为:平原每英里1.6万美元,丘陵3.2万美元,山区4.8万美元。这使铁路公司争先恐后地多建铁路,并尽量把铁路线推向西部山区。正是这种利益的驱动下,1869年第一条横跨大陆铁路线,即联合太平洋铁路建成通车,(图9—27)以后又有横跨大陆的北太平洋铁路和南太平洋铁路相继建成,到1890年,一个全国性的铁路网就基本形成。美国铁路的修建,最初都是由地方和公司经办的,其规模和标准常常要受地方利益的限制,因而各线路的轨距不统一,在运行中旅客和货物为此需要经常换车。为了充分发挥铁路的作用,铁路一体化的呼声越来越高,最后决定以4英尺8.5英寸为标准,统一全美国铁路线的铺设轨距,到19世纪末按此标准铺设的铁路已占全美国铁路总长度的87%。交通运输业的这一进步意义重大,当全国铁路网实现一体化的时候,一个统一的国内市场也最终在美国形成了。

9—27

1869年5月10日,联合太平洋铁路和中太平洋铁路在犹他州的普罗蒙塔里接轨,标志着美国第一条横贯大陆的铁路线建成

由农业国向工业国的转变

由于内战对经济的多重影响,内战后经济突飞猛进地发展,美国在19世纪三四十年内迅速由农业国转变为工业国,1894年其工业产值已居世界首位,到20世纪20年代已实现工业化。

这个时期工业发展的特点,首先是工业区的扩大。内战前,工业区主要集中于新英格兰大西洋沿岸中部,内战后包括中西部和南部在内的广大地区,都形成了大小不等的工业区。首先,中西部的艾奥瓦、明尼苏达和密苏里,工业都获得了高速发展,其工业产值在1860—1870年间增加了两倍,在1870—1890年间又增长增加了两倍。俄亥俄、伊利诺伊和印第安纳的工业也取得了长足的进展。其次,在废除奴隶制后,南部工业也获得了从未有过的机遇,许多新的工厂拔地而起。纺织、木材、榨油、肥料、冶铁,是南部新兴工业的骨干。例如,1876年佐治亚的哥伦布就新建了5家棉纺织厂,其中位于亚特兰大的一家拥有纱锭2万只。据统计,仅1884年一年内,投入南部的工业资本达1亿美元。1880—1885年间,该区纱锭增加了一倍。榨油厂由40家增加到146家,生铁从40万吨增加到70万吨。再次,就是由于战后南部和中西部工业的发展,波托马克河以北的工业产值在全国的比重,由1850年的67%下降到1890年的58%。

但工业区的扩大并不是平衡的,主要方向是向西而不是向南,其结果是五大湖重工业区的形成。导致这一发展的主要因素有3个方面:(1)受到西进运动的直接影响,这主要表现在农机制造业方面。因为阿巴拉契亚山脉以西的地区(包括密西西比河以东的丛林带和密西西比河以西的草原带)的大规模开发,不仅对农机具的数量而且对农机具的种类和质量提出了新的要求。为了适应这一需要,连一些老的农机具制造厂都从东部迁移到西部,资本家们开始在西部建厂生产农机具。例如,1837年发明钢犁的约翰·迪尔从新英格兰移居到伊利诺伊,并在莫林建起了农具厂。1831年获收割机专利的弗吉尼亚人塞勒斯·麦考密克,后来也在芝加哥建立了改进型收割机制造厂。(2)受到西部拓荒及畜牧业商品化的直接推动,这主要表现在加工工业向西发展上。因为西部市场的发展几乎是和西部拓殖区的推进同步的,为了适应西部开发新区的农副产品商品化发展的需要,商人们很早就开始考虑在西部建立农副产品加工厂的问题。早在 1790 年,位于俄亥俄上游的马里塔就建立了中西部第一座面粉加工厂,到 1850 年俄亥俄已有水磨房 3000 家。1850—1880 年,面粉加工业成为威斯康星最重要的工业,仅密尔沃基 1860 年就有加工厂 14 家。反映畜产品加工的罐头业的发展在西部也很迅猛,其中心最早是在俄亥俄的辛辛那提,1860 年后先后移到密尔沃基、芝加哥和圣路易斯,其中密尔沃基的牛肉产量在 1870 年后的 40 年内就增加了 26 倍。(3)还得益于大湖地区优越的自然资源和低廉的运输费用,因为五大湖处于美国主要工业资源即煤和铁的中心,便于矿山的开采和利用。阿巴拉契亚山脉西侧煤和铁矿石储量丰富且质好,是发展近代工业的两种主要原料,其分布遍及五大湖 8 个州中的 6 个州。19 世纪末,大湖区的几种矿产品在全美国的排列位置:伊利诺伊第二位(以煤为主),密歇根为第四位(以铁为主),俄亥俄为第五位(以煤为主),明尼苏达占第六位(以铁为主)。

五大湖重工业区的兴起有重要的意义,首先是从波士顿到圣路易形成了一条连续的制造业带。这个制造业带又可分成三个区:新英格兰是传统工业区,以纺织、布鞋、钟表等轻工业品的生产为主;五大湖新兴的重工业区,以钢铁、钢轨、农机等产品的生产为主;在大西洋中部为轻工业向重工业发展的过渡区,既有纺织等产品的生产,也有船舶、机器制造。其次是工业重心向西南方向转移。从 1850—1900 年,工业中心向西移动了 350 公里,其中心 1850 年时在宾夕法尼亚的哈里斯堡附近,1880 年转移到阿巴拉契亚山脉西侧的匹兹堡北边,到 1900 年已定位在俄亥俄州坎顿城以西约 50 英里的地方。换言之,中西部已取代新英格兰成为美国新的工业中心。据统计,到 1914 年,中央东北部和中央西北部(即本书所说的中西部)的工业产值在全美国工业总产值中的比重已达35.5%,相比之下,大西洋中部是33.2%,新英格兰仅为12.0%。再次是大批新兴工业城市兴起于中西部。与东北部兴起于商港的城市不同,推动这类城市兴起的动力主要来自发展工业的需要,因此这类城市的专业性很强,而不同于以往的综合性城市,每一个工业城市都有一种或几种主要的工业作为自己的支柱产业。如匹兹堡以粗铁冶炼为主,克利夫兰最初以粗钢生产为主,芝加哥最初以机器制造为主,底特律最初以汽车生产为主。尽管后来这些城市均发展了多种产业,但它们最初的专业性质仍基本被保持下来,并且日益显得更加突出。

但有一个城市比较特别,这就是位于密歇根湖西南岸的芝加哥。关于芝加哥的记载,最早见于法文,至少直到1804年,该地还是一个村落。1809年,它所在的地区被建成"伊利诺伊领地",1830年才正式建市并定名为"芝加哥"。19世纪30年代,正是中西部进入大规模开发的时期,因为1825年伊利运河的通航不仅便利了移民的西进,也为东西部之间的商业贸易提供了更多的机会,位于密歇根湖的芝加哥和格林湾的公共土地发放办公室,都建立于1834年就是明证。正因为如此,芝加哥在1840年时人口还不足5000人,但10年内就迅速增加到近3万,到1890年时已超过100万,成为美国第二大城市。1880年时,芝加哥不仅成为中西部最重要的工商业中心,也成为西部最重要的交通运输中心。芝加哥当时是16条铁路线的交通枢纽:7条通往东部,6条通往西部,3条通往南部。更重要的是,它的工业不仅专业化程度很高,其综合化的程度也很高,集中了钢铁、制造和加工等大批重要企业。据统计,1879年时,它就拥有343家木工厂、246家铸铁厂、156家金属加工厂、111家啤酒酿造厂,总计企业数达2271家,年产值达2.68亿美元。可见,芝加哥是在工业化基础上,由许多不同专业性工业组成的新兴工业城市,俨然成为美国工业化的象征。

由于这一系列发展,美国的工业产值占工农业总产值的比重,由

1859年的37.2%上升到1889年的77.5%,人均产值则由1873年的223美元上升到1901年的496美元。这表明,在国民经济生活中,工业生产占据了举足轻重的地位,农业已退居次要地位,美国基本上实现了工业化。与此同时,美国工业产值在世界上的地位,也由1860年的第四位上升到1894年的第一位,在世纪之交攀上世界强国之巅,成为资本主义世界的一颗新星。

资本主义在美国农业中的扩展

内战后,资本主义在美国农业中的扩展,以磅礴的工业化浪潮为动力,在几十年内取得了显著的成就。

首先是耕地面积的扩大。1862年的《宅地法》允许每个移民免费领取160英亩公地,5年后即可获得所有权。由于此法的吸引,南部刚获解放的奴隶,密西西比谷地的农场主,以及以爱尔兰农民为主的海外移民,成群结队地拥入美国中部大平原,投入拓殖者的行列。据统计,1870—1880年,大平原及远西部增加人口111.2万,其中堪萨斯获得34.7万,科罗拉多获得9.6万,达科他领地获得5.6万,表明人口正在向大平原和山区地带集中。由于这块辽阔地带的拓殖,从1860—1900年,美国的耕地从1.63亿英亩增长到4.15亿英亩,新增耕地的50%即1.26亿英亩,位于密西西比河以西的19个州和领地。《宅地法》在这个拓殖突进时期的重要作用,可以从宅地农在大平原、山区和加利福尼亚拓殖初期新建农场中的比重看出来。据统计,1863—1880年,明尼苏达、内布拉斯加、达科他和堪萨斯4个州新建农场24.2万个,其中56.5%是宅地农;在落基山区的8个州和领地内,到1880年共有农场25043个,其中40%—50%也是由宅地农建立的;加利福尼亚宅地农虽然最初不多,但从1871年起开始迅速增加。以后10年中每年几乎达1000—2000户,1876年起该州的宅地农数为各州之冠。这是美国农场主的"黄金时代"。

战后,资本主义在美国农业中扩展,不仅表现在耕地面积迅速扩大上,而且也体现在经营规模的变化上,这就是所谓"大农业"的特征。总的来看,大平原和远西部因地广人稀,从一开始农场的规模就比较大。而大平原和远西部的农业,又是从内战后才开始的,这时整个美国农业商品化和资本化的程度已经加深。更重要的是,这些地区的移民大都来自密西西比谷地和大湖地区,他们经过多年的积累,大都拥有相当的资本和实力。因此,作为战后美国农业发展中心的大平原和远西部,其农业从一开始就是从商品农业起步的。以 1000 英亩以上的大农场的分布为例,1860 年时中央北部 12 个州中共有 501 个,但其中拥有此类农场最多的一个州是在密西西比河以东的伊利诺伊,为 194 个;而 1880 年,该地区的此类大农场都集中于密西西比河以西,仅密苏里就占 585 个。更重要的是,"它是一种组织化和经营化的模式,而不仅仅是土地占有的大小问题",因为这些农场一般都采用雇佣劳动形式,为了经营的方便一般都把它分为好几个分场,每个分场都设有单独的场部和相应的管理人员,总场还设有专门的经营人员,雇佣人数多达几十人。它们和东部的大工厂一样,其经营已经企业化了。在 19 世纪末和 20 世纪初,采用雇佣劳动的农场已达到了一个相当的规模。据统计,到 1909 年,中央东北部、中央西北部、山区各州和太平洋地区,雇佣工人的农场在该地区全部农场中的比重,分别为 51.7%、52.0%、46.8% 和 58.0%,尽管同时还保留着大量的家庭农场。(图 9—28)

与此同时,农业生产力的发展取得长足进步,这个时候各种与农业生产不同环节有关的农机具的发明如雨后春笋,使农业的半机械化和机械化在内战后几十年内就得以实现。在耕地方面有多铧犁,它是经许多人之手不断改进而成的,可使耕地能力扩大一倍。在耕种方面有 1880 年试制成功的带播种机的双壁犁,可以一次完成挖沟和撒种的工序。在收割方面有 1858 年由马什兄弟发明的联合收割机,(图 9—29)以及 1878 年面世的自动打捆机和各种脱粒机。此外,在割草、下种、施肥等方面都发明有机器,既便宜又实用,省时又省钱,在西部以及全美国被广泛采用。据统计,从1830—1880年,农民个人的生产能力平均提高了12倍。(参阅下表)但直到1892年之前,这些农机具使用的动力都是马匹,因此只能算是半机械化,一直到1892年,马拉的农机才被拖拉机所取代。本来,早在1889年,在美国就造出了一台采用内燃机的拖拉机,但由于产品功率太小还不实用,直到1892年,才有了实用的拖拉机使用于南达科他的麦田。

9—28 美国大半农场都很小,并由农场主自己经营

9—29

大平原上大农业的景象：约30匹马拉的收割机

农业半机械化的效率和效益

作物	劳动时间			劳动费用(美元)		
	年代	人力	机器	年代	人力	机器
小麦	1830	6小时5分	3小时19分	1896	3.5542	0.6605
玉米	1855	38小时45分	15小时78分	1894	3.6250	1.5130
燕麦	1830	66小时15分	7小时58分	1893	3.7292	1.0732
干草[散装]	1850	21小时5分	3小时56.5分	1895	1.7501	0.4230
干草[包装]	1860	35小时30分	11小时34分	1896	3.0606	1.2894
土豆	1866	108小时55分	38小时	1895	10.8916	3.8000
棉花	1841	167小时48分	78小时42分	1895	7.8773	7.8700
稻米	1870	62小时5分	17小时25分	1895	5.6440	1.0071
甘蔗	1855	351小时21分	19小时33分	1895	31.9409	11.3189
烟草	1853	311小时23分	252小时54.6分	1895	23.3538	25.1160

第九讲 | 由农业国向工业国的转变

19世纪末20世纪初,资本主义在美国农业中的巨大扩展得益于科学农业半机械化的效率和效益技术的普及和相关的资本投入。首先是对农业教育的重视。在内战爆发之前,主要是通过创办农业杂志。自美国第一份农业杂志《农业博物馆》于1812年出版以来,1840年在西部出版了《草原农民》,5年后在哥伦布又出版了《俄亥俄种植者》,1854年《加利福尼亚农民》也已问世。据统计,内战之前美国出版的农业杂志不下400种,其中发行量在25万—35万份者多达五六十种,当时约有1/10的农民都订阅了农业杂志。在内战之前的1859年,美国的第一所农学院创办于密歇根州。内战后,根据1862年通过的一项法律,各州可以通过出售政府赠予的公共土地创办农业学院,到20世纪初这类"赠地学院"已有53所,从而初步建立起美国的农业教育体系。美国农业教育的另一项进展,是农业实验站在各地的建立。这个工作开展得也很早,最初是高等院校工作的组成部分,如加利福尼亚大学对农业实验站的指导,在西部各州中是开展得最早的。但最初的农业实验站完全是热心的农业实业家捐资建立的。1887年,根据艾奥瓦C. C.卡彭特的建议,国会通过著名的《海琪法》,决定在各州建立农业实验站,由联邦政府拨给每个站1.5万美元作为基金。此后农业实验站在美国迅速发展,成果累累,到19世纪末此类实验站已达56个,其总收入不下100万美元。

经济组织形式的变化

内战前后,与美国的工业化运动相联系,经济组织和结构也发生了巨大的变化。

早期的企业,直到内战结束以来,一般来说就是以个体形式出现的,大多以独资为主,在经营上以个人和家庭或家族为单位,尽管其雇员的来源会超出个人或家庭的范围。这类企业运转灵活,管理方便,但因集资方式以独资为主,所以其企业规模明显受到限制。当时,合资形式的企业很少,1813

年由弗朗西斯·C.洛厄尔组建的"波士顿制造业公司",是美国工业中第一家有名的合资企业,是美国工业革命的强有力的推动力量。但直到19世纪中叶为止,也还只有极少数企业可以算得上大企业,资本一般不超过100万美元。

大约从19世纪三四十年代以后,超出家庭范围的大企业开始出现于美国,而铁路便是它们的先驱。与别的企业项目不一样,铁路线很长,常常要跨越不同地界,为了使之能正常运转,要设立许多站台,雇佣许多人来管理;修建铁路离不开钢轨,开始营运后有一个货源、客源问题,这不仅需要大量资本才能启动,而且涉及农业、商业、钢铁和金融等许多行业,这种独特性为其成为大企业准备了条件。此外,与别的工业化不一样,美国的工业化不仅有工业革命提供的新技术为动力,还以向西部的拓殖即"西进运动"为助力,因为它的工业化运动是在大陆扩张时代展开的,这赋予美国的工业化以"暴发式"特点,对交通运输尤其铁路的发展以极大刺激,建立横跨大陆的铁路线成为美国经济的战略之举。更重要的是,在美国交通运输革命发生之际,美国及国际资本市场正在悄悄地发生着根本性变化,这就是集资方式的改变即以债券筹资代替股份筹资,为此一种新的投资银行应运而生,这为铁路的发展注入了新的血液。据估计,1853年创建的纽约中央铁路公司,在合并了若干地方铁路公司之后,其资本总额达3300万美元,成为当时美国最大的公司。这样,在19世纪中叶,铁路就在各类企业中率先发展成为美国的"第一大企业"。

内战前后,美国经济迅速起飞,各行各业竞争激烈。1873年、1882年、1890年三次大危机,给美国企业带来极大损失,企业破产和合并的浪潮一浪高过一浪,终于在1895—1904年间出现第一次兼并高潮。据统计,此间被兼并的企业几占一半,平均每年合并的企业(公司)数达301家,合并的资产额达6.9亿美元,其合并的资产总额占总产值的7/8。1904年,美国产值在100万美元以上的大企业达1900家,但仅为美国企业总数的0.9%,其所雇工人则占工人总数的25.6%,其产值为总产值的38%。在铁路工业中，1893年时33家拥资亿元以上的铁路公司，控制了全美铁路线长度的69%；到1906年，全美铁路线的2/3被7家垄断集团掌握，包括范德比尔德集团、宾夕法尼亚集团、摩根财团、哈里曼财团等。在钢铁业中，最先兴起的是安德鲁·卡内基，其钢铁厂创办于1873年，到1894年已控制了全美炼钢能力的1/4。后来，摩根财团崛起，先后兼并卡内基钢铁公司和梅隆的联合钢铁公司，于1901年组成新的美国钢铁公司，该公司包括从采矿到加工、运输、销售在内的700多家企业，拥资在13.7亿美元以上。在石油工业中，自1859年在宾州钻井成功后，就受到约翰·戴维斯·洛克菲勒的注意，并于1863年与塞缪尔·安德鲁合办了一家炼油厂。1870年，洛克菲勒把其企业改为股份制的俄亥俄美孚石油公司，随后把势力范围从克利夫兰扩大到纽约、费城和匹兹堡，1882年又将该股份公司改组成托拉斯组织，以控股形式控制了全国40多家子公司，到19世纪末控制全美炼油产量的90%。在化学工业方面是杜邦公司称雄，该公司由杜邦家族创办于1803年，在战争中靠火药生产发迹，到20世纪初已合并了64家小炸药公司，同时直接或间接地控制着69家公司。那时火药生产在各类炸药生产中占64%—74%，在第一次世界大战中即大获其利，其资产从战前的7480万美元，上升到1918年的3亿美元。在此期间，汽车工业中的福特汽车公司，电信工业中的贝尔电话公司，它们的企业规模也发展极快。如福特公司自1908年推出T型汽车以后，到1931年其产量已占全美国汽车总产量的一半，并拥有7000家商行。但在世纪之交，最大的美国企业，当数摩根和洛克菲勒。（图9—30）

这个时期的大企业最初称"托拉斯"，第一个采用这种组织形式和名称的，就是约翰·戴维斯·洛克菲勒，他于1882年创办美孚石油公司，所以美孚石油公司成了美国现代经济组织诞生的标志。除此以外，相继建立的著名托拉斯，还有1887年组成的美国烟草托拉斯。到1904年，美国共有工业托拉斯318家，通过合并5300家工厂而成，资本总额已达70多亿美元。老洛克菲勒的成功之道，历来被国内外斥之为"奸诈"。是的，他为了兼并与

9—30
20世纪初美国使用的汽车

之竞争的那些企业,不惜暗中以低于票面价值的价格,或以回扣和别的企业不曾给予的好处,引诱它们购买美孚公司的股份,然后一步一步地将对手吃掉。但是,他也有不同于一般的非凡的经营理念,他认为:"商界是一个极其复杂、范围无比宽广的领域";"你一定要选择那些你感兴趣,并且能发挥你特长的行业",而不能"贸然决定投身于这些行业中";"不要把学习的课程只限于商业经营的专门课程",要"大量掌握那些能够很快使你成为优秀的管理人员的课程";"做什么事都要预先制订计划,在自己所选择的职业范围内,尽量增加一些实际工作经验"。他还认为,创造性才是"商业的灵魂",而"过创造性的生活需要足够的勇气";既要"克服商业冲动",也要"慎重对待诱惑",并记住:"金钱仅是万物的外表,而非核心。"托拉斯英文名为"Trust",其原意本是"信托"的意思。因为在这类经济组织形式中,以前相互竞争的股份公司必须将其股份交给托管会。同时也就把经营权交给了托管会,因而也就丧失了合伙经营的权利,这是一种高度垄断的组织形式。垄断产生于竞争,竞争引起生产集中,必然会导致垄断,因为在此之前美国是一个高度自由竞争的国度,由此引起的集中和垄断的程度也就更高,但并不能因此消除自由竞争。于是就在美国形成了一种反托拉斯运动,并在1890年导致"谢尔曼反托拉斯法"的通过,该法宣布托拉斯本身违宪。

但正如1920年联邦最高法院所宣布的,"谢尔曼反托拉斯法""并不认为仅仅由于规模大或具有未实际使用的实力就是违法",因此该法并不限制大企业的组建和发展。于是,此后"托拉斯"是违法的,但大企业却昌盛起来,所改变的只是组织名称和游戏规则。

垄断组织的发展,在美国经济中发生了哪些变化呢?(1)它可以通过"信托"这种形式来大量吸收资本,即通过大量吸收股份来大量吸收资本,从而空前地扩大了资本和生产的规模。(2)由于股份制度和信托方式的采用,大资本家便可以通过掌握和控制公司股票的形式形成连续的所有权,使大企业可以通过这种连续的所有权掌握更广泛的资本以及它们的生产和销售。(3)由于企业越来越大,在企业内部的管理上开始发生深刻的变化:①会计业务被称为财务会计和固定成本核算两大类;②管理等级制促使管理权与所有权分离,结果在企业组织结构上导致了经理和专业职员阶层的形成。(4)由于操纵股票,一些大资本家就可以不在生产领域,而在股票交换领域中进行投机,产生了一批靠剪息票和分红利的食利者,使投机更加难以控制。(5)由于股份制的发展,一方面它促使了高度的垄断,另一方面又造成了股票的分散,使许多中小资本家、甚至工人们也可以持有股份,形成所谓的"人民资本主义"。在这些变化中,最突出的是经营权与所有权的分离,它表明资本主义生产的社会化程度更深了。

科学管理在美国的诞生

在美国工业化过程中,一个重要而又具有争议的发展,是所谓"科学管理"的兴起。它可以说既是美国工业化的产物,又是美国工业化的特点。说它是美国工业化的产物,是因为它适应了美国大企业发展的需要;说它是美国工业化的特点,是因为它在美国比在其他国家更为突出。美国是现代科学管理的发祥地。

弗雷德里克·W.泰勒(1856—1951),出生于宾夕法尼亚的杰曼顿,父亲是一个出生于贵格会教徒家族的律师,而母亲是一位清教徒,因此得以受到良好的教育。泰勒初入菲利普斯·埃克塞特学院,后又以优异成绩考入哈佛大学法学院,但由于视力问题不得不离开他心爱的法学院,到费城恩特普里斯水压厂当学徒,这期间生活十分艰苦,周工资仅3美元。1878年学徒期满后,他转入该城米德维尔钢铁厂当工人,因为他的聪明才智,勤奋好学,在6年内由工人升为职员、班长、工长、设计室主任、总技师。其间,他晚间在史蒂文斯理工学院学习,并于1883年毕业,最后成了该厂的总工程师。为了解决当时普遍存在的"磨洋工"问题,他从1878年至1890年整整花了12年时间从事工厂管理方面的试验,并利用业余时间到新泽西史蒂文斯技术学院学习机械工程学。

他认为,"磨洋工"有无意和有意两种,也有工厂方面管理不善的问题,以往的管理所凭借的是单纯的经验,应当责怪的是管理部门而不是工人,为了克服"磨洋工"现象,就必须设计好工作,提出适当的激励办法。为此,他对工人的劳动过程进行"动作—时间"研究,其目的是通过这种研究减少工人在操作中浪费的时间,以及多余的动作,并从1881年起开始实行他研究的劳动时间制度。1911年,他又发表了自己的著作《科学管理原理》。这是世界上第一部有关管理的专著,是"科学管理"兴起的标志,因此他提倡的管理制度被称为"泰勒制"。

"动作—时间"研究是"泰勒制"的基础。所谓"动作—时间"研究,就是将每一件工作都分成尽可能多的简单的基本动作,然后把无用的动作去掉,选择出每一基本动作的最快和最好的方法,并把这些动作的时间测量记录下来。泰勒认为,根据这些动作和所花的时间,加上不可避免的耽搁和停顿所需的时间,以及由于"无经验"所需的时间和休息时间,就可以确定工人完成某一工作的大致时间,除了以"动作—时间"研究为基础来确定工资而外,他还提出了"差别计件工资制",以便"把钱给人而不是给职位":未达到标准的雇员只能获得基本标准工资的80%。这一制度的实施,是通过按工人作出的努力而不是按他的工作等级来付酬,以实现工作的个人化。

让未达标的工人少拿工资,对达标的工人给予奖励,这种刺激办法的提出,是基于这样一种考虑:劳资之间存在着共同的利益而不是必然的矛盾,因而不是工人得到的多了,雇主得到的自然就少。基于这种考虑,泰罗不支持雇主们以最便宜的价钱去购买劳动力并尽可能少地支付工人工资,也不支持工人们以最少的劳动来换取他所获得的全部工资,而是主要给"头等工人"以高工资。他认为,每一个部门的目标是:(1)每一个工人都做他的能力和体力能胜任的尽可能高的工作;(2)每一个工人在不损害健康的情况下生产出他自己所属级别的头等工人所能生产的最多的产品;(3)当一个工人以"头等工人"的最大进度生产时,可获得平均工资以外的30%—100%的奖金,即双份工资。

这里的"头等工人"是泰勒提出的新见解,它既是要求工人达到的目标,也是人事部门选拔人才的标准。在泰勒看来,"非头等工人"不是在能力上不适于做分配给他的工作的人,就是不愿意尽其最大努力工作的人,因为他所确定的任何一件工作的定额,都是按"头等工人"在不损害健康的条件下可完成的,不需要工人们在正常进度之外进行突击,也不以紧张劳动为代价。为此,企业的管理部门的任务,就是要雇员寻找最适当的工作,以帮助他们成为"头等工人"并发挥其最大的能力,从而形成了泰勒"任务管理"的概念。所谓"任务管理"是对企业的人事部门而言的,它要求每一个企业的人事部门做到:(1)每天分配给工人具体任务,并附有有关完成这些任务的规定;(2)在规定时间内完成者获得特别高的工资,而超过了规定时间者只获一般工资;(3)任务、方法、工具和原料都是标准化的,这就给管理人员提出了更高的要求和职责。泰勒认为,这些管理人员必须具备智能、教育、专门知识、老练、有干劲、判断力强等。泰勒把管理人员的责任分为"权利职责"和"计划职责",并设置了"班组领班""速度领班""检查员""工作流程管理员"等职务。

但泰勒指出,他提出的科学管理,既不是一种成本核算制度也不是一项新的工资制度,既不是一种计件制度也不是一种分红制度,既不是一种奖金制度也不是一种雇佣方案,而是一种"心理革命"。这就是要使劳资双方都把眼睛从视为头等大事的盈余分配上移开,而把注意力转向增加盈余的数量上来,直到盈余大到没有必要争执怎样分配它时为止。为此,泰勒认为,劳资双方必须在思想态度上发生双重转变:一是用通力合作来代替劳资冲突,一是用科学知识来代替经验法则。

由泰勒开创的一场"管理革命",很快就在美国工厂中推广并转化为强大的生产力,成为推动美国迅速走向工业化的重要因素。

第十讲

世纪之交美国的社会改革

推动社会改革运动兴起的原因

19世纪和20世纪之交的美国社会改革运动,是美国工业化和都市化运动的必然产物,是伴随着工业化和都市化运动而展开的。因为在工业化和都市化运动中,由于大企业的兴起和垄断组织的产生,生产向资本化和社会化进一步扩大和加深,这就必然会产生新的社会矛盾,引出一系列社会问题。

首先,社会的贫富分化加剧。1896年,查尔则·斯帕尔在一项调查中发现,占全美国人口1%的人拥有的财富占全美国财富的一半以上,12%的人共拥有全美国财富的近90%。罗伯特·亨特在《贫困》一书中讲道:"很可能,在相当繁荣的年代,处于贫困之中的人不下1000万。"据他推算,1904年全美国至少有400万人靠救济生活。

工人主要靠工资过活。当时工时的降低远跟不上生活水平的步伐。至1900年,全美国产业工人有70%每天劳动在10小时以上,10年后每天劳动时间为8小时的工人也只占8%。但工人的工资很低,在1880—1910年的30年内,产业工人的家庭收入不足650美元,而农业工人则低于400美元。当时公害严重,事故频繁。例如1907年,仅铁路业中就发生死亡事故1534

人次,伤残事故 87644 人次。1917 年,仅制造业的死伤事故竟达 1374410 人次。童工的使用十分普遍,据统计,1880 年、1890 年和 1900 年,10—15 岁的儿童当雇工的比例,分别高达 16%、18.1% 和 18.2%。

1900 年,在总数为 2900 万的工人大军中,被雇佣的 10—15 岁的儿童竟达 175 万。造成大批学龄儿童不能上学或中途退学,能念完小学的不足 1/3,能完成中学学业的不足 1/10。工人们为了生存的需要,他们开始组织起来与"城市老板"进行斗争。仅 1893—1898 年间,大大小小的罢工全美国就发生了 7029 起,平均每年 1171 起。

农民受垄断之害至深。由于铁路授地过多,影响到更多农民获取土地的机会,尤其是获取好地的机会。据统计,落入土地投机公司、铁路公司和其他垄断组织的土地,总数达 52100 万英亩。到 1890 年为止,虽然按《宅地法》规定有 372659 户申请了宅地,但最终被批准的则不到 1/3 左右,而且很多宅地不是土质较差,就是远离交通线,农民极为不满。所以有人说,1860—1890 年美国人口总数已超过 3000 万,但能受惠于《宅地法》的人尚不足百万。西部农产品的主要市场在东部和欧洲,而东西部之间缺少天然通道,运河的作用由于受河道自然条件的限制也很有限,因此铁路的垄断对农民特别是西部农民就极为不利,因为垄断会引起运费上涨。例如,1869 年时,由密西西比河以西到东部海岸,每蒲式耳货物的运费就高达 52.5 美分,而当时每蒲式耳小麦的售价仅 100 美分左右。换言之,农民收入有一半被铁路公司拿走了。

与工业不一样,农业受自身的影响较大。19 世纪 70 年代自然灾害频繁,连续发生了好几次严重的旱灾。由此引发了将近 20 年的农业危机,使广大农民苦不堪言,因为危机使农产品价格陡降。小麦 1866 年为每蒲式耳 206.0 美分,玉米 1867 年每蒲式耳 78.1 美分,棉花 1864 年时每磅 101 美分。进入 70 年代以后,这 3 种主要产品的平均市场价格走向为:1870—1873 年,分别降至 106.7 美分、41.1 美分、15.1 美分;1882—1885 年,分别再降至 80.2 美分、39.8 美分、9.1 美分;1894—1897 年,分别又降至 63.3 美

分、29.7 美分、5.8 美分。(见下表)

19 世纪 70—90 年代美国市场的主要农产品价格

年份 \ 价格(美分) 品种	小麦	玉米	棉花
1870—1873	106.7	41.1	15.1
1874—1877	94.4	40.9	11.1
1878—1881	100.6	43.1	9.5
1882—1885	80.2	39.8	9.1
1886—1889	78.8	35.9	8.3
1890—1893	70.9	41.7	7.8
1894—1897	63.3	29.7	5.8

由于经济危机，因抵押而破产和失地的农民，不得不靠租佃土地来耕种而维持生活。据统计，1880 年佃农在全美国农户中的比例已达 25.5%，1900 年已增加到 35.3%。而当时无地和不完全拥有土地的农民占总数的 50%，可见并不是所有无地的农民都获得了租地。在这种情况下，他们便被无情地赶入劳动市场，结果在西部 7 个主要谷物生产州中，农业工人在 1888—1890 年间增加了 74%。

至于外来移民情况就更糟，他们中的大多数都流入了城市。为了解决外来人口的居住问题，一种 4—6 层的蜂窝状公寓被广泛采用，以求最大限度地利用空间。但由于通风和卫生条件都极差，大部分变成又脏又臭的贫民窟。19 世纪 90 年代，全美国 16 座最大的城市中，1/10 的居民就拥挤在这类贫民窟中，其中尤以人口为 300 万的东部大都会纽约特别典型，这类贫民窟的人口占该城市 1/2—2/3。

社会风气也坏到了极点。被称为"城市老板"的党魁们，常常用贿赂收买和官职允诺等手段操纵选举和市政。《城市之羞》的作者林肯·斯蒂芬斯写道:圣路易代表着贿赂,印第安纳波利斯意味着来自方针政策上的不义之财,匹兹堡暴露了一个政治和工业的核心小集团;费城显示了文化制度的彻底腐败,芝加哥是改革的假象,而纽约则是好政府的幻梦。至于假货制造商、收回扣者、商业强盗、诈骗推销者、卖狗皮膏药的江湖医生,更是比比皆是。

总之,19世纪90年代,是美国历史上的一个分水岭。在这个分水岭的那一边,主要是一个农业的国家,涣散的社会,遵循着十七八世纪承袭下来的政治、经济和道德的原则;而在"分水岭的这一边,则是一个建设都市化的工业国家,一个高度一体化的国家"。用政治历史学家亨利·亚当斯的话来说:"1900年时的美国,与1860年时已迥然有别,我自己在这个国家全然是个陌生人,对此我无法理解。"

由格兰奇到人民党

在美国,改革运动往往是首先发生在农民之中,而不是像欧洲那样发生在工人之中。这是因为,美国的农民与欧洲的农民有很大差别,欧洲农民背负着沉重的包袱,而美国农民却是新兴力量的代表;欧洲农民关心的是小块土地的私有权,而美国农民所关心的是农产品在市场上的价格,两者有大不相同的斗争目标和价值取向。换言之,美国的农民运动,是商业农民的运动。

这些农民早已卷入市场经济的旋涡,但由于知识的局限和经营模式的特性,他们又不了解市场的需求层次,以为农产品越多就越发达、越富裕,以致因盲目生产造成产品过剩、价格下降。由于他们实际上是在不受保护的市场上出售自己生产的农产品,却要在受保护的市场上购买别人生产的工业品,而同时他们又不了解造成这一情况的真相,于是便把罪恶通通归于"中间商",即铁路公司、工厂厂主和高利贷者,因此当时主要的口号就是"反垄断"。美国的农民改革运动可分为3个阶段:

(1)60年代的格兰奇运动。格兰奇的原文是"Grange",其原意是指古代寺院的谷仓,后演变为指乡绅的会馆,进而指庄园的农场,在18世纪成为农民互济会地方公会的代名词。1867年11月建立于华盛顿,其发起人是美国农业部官员奥列夫·凯利,他本人又是明尼苏达的农场主。1871年年底,农民的互济会遍及9个州,有180多个分会,其中半数以上在爱达荷。1874年年底,其他地方的分会总数已超过2万个,遍及当时37个州中的32个州,但仍集中在中西部。格兰奇运动的目的,是通过宣传教育、合作运动和社会改革来帮助农民摆脱困境,主要办法是筹集资金收购和运输农产品,批发农机具和日用品,建立粮食加工厂和农业银行。1873年7月14日,伊利诺伊的农民代表大会曾发表《农民独立宣言》,提出用和平手段将农民从垄断的暴政下解放出来。1874年,格兰奇运动全体代表在圣路易年会上通过的宣言,集中反映了他们的这一立场和方针。宣言指出:该组织"不是一个政治或党派组织",因而"不讨论政治和宗教问题"。宣言还说:"我们不是资本的敌人,但是我们反对垄断资本的暴政","反对过高的薪金、高利率和商业中的暴利","反对贷款制度、抵押制度","建议共同集会讨论、共同努力、共同购买与销售",以便"在农民与制造商之间建立起尽可能直接和友好的关系"。格兰奇运动的努力还是有成效的,他们在加利福尼亚市区建立了银行,在中西部许多地方兴建了农机制造厂、农产品加工厂。例如,1873年在艾奥瓦兴建的收割机制造厂,到第二年已生产了250台收割机,其价格只有市价的一半。但由于1875年各地方分会活动的失败,大大地挫伤了各地农民对合作事业的信心,从1876年起格兰奇运动开始走向衰落。

(2)70年代的"绿背纸币运动"。"绿背纸币"是内战时发行的一种纸币,内战时由于该货币大幅度贬值,1875年联邦政府制定金本位条例,决定从1879年1月1日起用金币汇兑纸币,并把流通中的绿背纸币减至3亿美元,以紧缩通货提高币值。农民把内战后农产品价格的猛跌归咎于紧缩通货,为了使农产品价格上涨并尽快地清偿债务,农民认为必须实行通货膨胀。1874年,来自纽约、伊利诺伊、印第安纳等7州的工农代表汇集于印第安纳波利斯,提出了"适当地解决货币问题"的要求,并建议建立一个新的"民有、民治、民享的政治组织"。1875年7月,"独立党"即"绿背纸币党"正式成立,明确提出废除1875年1月联邦的恢复金本位的条例。最初的领导人为彼得·库柏。由于其纲领反映了广大农民的要求,绿背纸币党吸引了大批农民加入其组织,包括过去格兰奇运动的相当大一部分会员,其运动在1877年进入高潮。1878年,绿背纸币党和东部的"劳工改革党"联盟参加国会选举,曾获得选票100万张以上,并选出了15名国会参议员。但在1874年11月1日金本位恢复后,物价并没有如人们原来预料的那样暴跌,相反小麦和玉米的价格还有所上升。与此同时,美国农业经济的状况暂时好转,1878年美国小麦出口由1877年的9200万蒲式耳激增到15000万蒲式耳。这就从根本上使通货问题失去了意义,终于导致了绿背纸币运动的衰落。所以,到1884年绿背纸币党就基本消失了。

(3) 80年代的"人民党"运动。如果说70年代的自然灾害主要是大风暴,那么80年代则主要是旱灾。1881年和1882年的连续大旱,给中西部的核心农业区艾奥瓦、内布拉斯加和堪萨斯以沉重的打击,不仅是引发1883年经济危机的重要因素,也是引发80年代农民运动的重要原因。不过,这次农民运动的规模之大,远非以往的历次农民运动可比。这次农民的组织叫"农民联盟",分"北方联盟"和"南方联盟"两大系统。前者1880年10月成立于芝加哥,它在1881—1882年遭旱灾的中西部发展很快,到1890年其成员已有100万之众,最初的发起人是芝加哥《西部农村报》编辑密尔顿·乔治。后者,虽在70年代已有萌芽,但在1880年才正式命名为"南方联盟",到1890年拥有成员300万。北方联盟虽然继承了格兰奇的某些纲领,如社会、经济和教育方面的要求,但它主要关心的是运输问题;而南方联盟的斗争除上述内容外,还要求增加对土地投机者及铁路公司的税收,取缔外国资本控制的土地公司。双方长期未能联合。1891年5月,有1400名代表曾汇聚于辛辛那提,成立了以康纳利为主席的决议委员会,但组党计划未实现。只是到1892年2月,在全国要求建立"第三党"的压力下,才在圣路易城召开了合并大会,并将合并后的组织称为"人民党"。这是美国历史上第一个真正名副其实的"第三党",因为它明确提出了有如下内容的政纲:①剥夺铁路和其他企业的多余土地,分配给真正进行垦殖的人;②实行铁路、电报、电话、邮政国有化;③建立累进所得税制;④按照白银对黄金16:1的比价自由铸造银币。人民党参加了1892年的总统选举,获5个参议院议席和4个众议院议席,还获得了4个州长职位。1896年,人民党与民主党合并。

美国农民运动有3大特点:(1)运动的参加者是商业农民而不是传统农民,所以叫"Farmer's Alliances";(2)有广泛的群众基础,其规模在世界农民史上堪称之"最";(3)缺乏严密组织,其纲领没有越出社会改革的范围。可见,美国的农民运动和旧世界农民起义完全是另一回事,在性质上应属于资产阶级社会改革的范畴。

劳工状况与劳工运动

早期美国劳工主要有两种,其中一种是奴隶工人,另一种是自由工人。而奴隶工人又分两种,其中一种是黑人奴隶,另一种是契约佣工。有人认为,黑奴只是一种"财产",并不是真正意义的工人,然而K.斯坦普在《一种特殊制度》一书中认为,黑人和白人只是肤色上的区别,在本质上都是一样的,都是人。自由工人的来源主要是欧洲移民,内战以前主要来自西欧,内战以后主要来自东欧。

美国内战之前的移民,由于主要由盎格鲁-撒克逊人组成,他们在文化、种族、宗教方面都比较接近,因而基本上没有出现大的矛盾,虽然有个别事件发生,但规模都很小。内战后情况发生变化,东欧移民在种族上差异很大,文化背景和语言习惯也很不相同,而且又多信仰天主教。他们来到美国后,与当地人摩擦不断,但由于他们都属白种人,到第二和第三代时便基本被同化了。

但内战后,工人运动不仅没有消失,反而在更大规模的基础上展开了。这是因为,内战结束后,随着经济的迅速腾飞和工业化运动的发展,美国社会的结构发生了根本性的变化,这就是产业工人的形成。这类新的工人与传统的工人相比究竟有什么特点呢?(1)他们与传统工人不同,主要与大工业相联系,而不是从前的手工劳动。(2)他们与传统工人不同,已经被组织在不同的团体里,而不像过去那样一盘散沙。当然,美国的产业工人队伍,主要是由白人移民及其后裔构成的,而黑人虽然获得了解放,但他们绝大多数还居住在南部,靠租佃原种植园的土地维持生计。美国工人的大多数是由白人构成的,他们由于拥有公民权而在政治上是平等的。因此,美国工人运动主要是经济的而不是政治的,其主要目标是要求保障就业、改善工作条件、缩短工作时间、增加劳动工资等等。

战后美国工人运动的发展,有广泛的工会运动基础。早在内战期间,工人就开始联合起来,按行业组成工会联合会。与此同时,工会运动开始突破地方的局限,逐渐形成一系列全国性工会,到1865年这类工会已达十几个,如铸工工会、矿工协会等。它们当时的主要行动口号是争取8小时工作日。在此基础上,1866年8月20日在巴尔的摩召开全国工人代表大会,第一个全国性工人组织即美国全国劳工同盟宣告成立。大会讨论了与工人运动本身有关的系列问题,包括8小时工作制、金融体制改革、公共土地、合作运动、罢工、债务监禁等问题。1864年国际工人协会成立后,列昂·刘易斯和彼得·福克斯先后被任命为美国通讯书记。1866年3月,国际工人协会宣言和章程由国际委员塞扎·奥尔尼带到美国,不久国际工人协会在美国的第一个支部就在左尔格主持下成立,到1871年国际工人协会在美国的支部已达35个,并在此基础上建立了中央委员会。它们与美国全国劳工同盟有过较密切的联系,对美国工人运动的发展起了重要的推动作用。1869年成立劳动骑士团,1872年成立全国劳工改革党,1876年成立美国工人党,即社会主义工人党。1877年的铁路大罢工,就是在这样的背景下发生的。

19世纪70年代和80年代之交,是美国工人的转折期。一方面,1884年工业比重超过农业,在工农业总产值中占53.4%;另一方面,随着技术的发展和工厂数目的增长,产业工人的队伍不断壮大,在1880年已达270万人。由于经济危机等因素的影响,工人的生活状况十分悲惨,其收入往往在贫困线之下。据统计,1890年时,年收入在5000美元以上的家庭为20万户,1200—5000美元之间的家庭为130万户,在1200美元以下的家庭为1700万户,而工人家庭的平均年收入仅380美元。在这种情况下,美国广大工人对现状的不满日益强烈,名目繁多的实验性的社会主义,如摩门教的乌托邦思想、宗教性的社会主义、基督教的"社会福音"主张,以及马克思的社会主义(以劳动骑士团为代表)、巴枯宁的无政府主义,等等,在广大工人中都得到前所未有的传播,美国进入诺曼·韦尔所说的"革命的年代"。以争取8小时工作日为中心的运动,在纽约、辛辛那提、巴尔的摩、华盛顿、匹兹堡、圣路易、波士顿、密尔沃基等城市展开,大有"山雨欲来风满楼"之势。在1886年5月1日到来的时候,几乎全美国所有的重要工业城市,都举行了和平罢工。这就是有名的"五一"大罢工。

芝加哥是这次运动的中心。早在4月底,城市的铁路工人、瓦斯工人、铁工厂工人、罐头厂工人,以及其他工厂的工人已酝酿着罢工,整个芝加哥都笼罩在激烈的气氛之中。5月1日,芝加哥成为美国五一大罢工中规模最大的城市,且在5月1日以后罢工仍然无终止迹象。5月3日,运动领导人斯皮斯给《工人报》起草了一份通告信,但发表出来时其标题被编辑改为:"复仇!工人们!武装起来!"在通告信的号召下,当晚芝加哥许多地区都举行了集合,并准备于5月4日在秣市广场举行更大的集合。在5月4日的集会上,斯皮斯和珀森斯先后发表了讲演,虽然连市长也看不出会发生什么需要干预的事情,但晚上10点时集会还是遭到180名武装警察的袭击,导致200多名群众和50多名警察伤亡,由此酿成著名的"秣市惨案"。1889年,第二国际为纪念美国工人的英勇斗争,专门通过决议把5月1日定为"国际劳动节"。1886年五一大罢工和秣市惨案后,由于劳动骑士团和社会主义工人党在运动中的失误,这个组织就发生了分裂而逐渐消失。

但这对美国工人运动来说仅是暂时的挫折,不久他们就重新站起来,并再一次把美国的工人运动推入一个新的高潮。1886年12月8日,25个组织的42名工人代表在俄亥俄州哥伦布城举行大会,成立了著名的"美国劳工联合会"(即劳联),并选举龚伯斯为首任主席。劳联的章程要求,"联合所有全国性的国际性工会,以便互相帮助","并且争取通过符合劳动人民利益的全国性立法"。为达到这个目的,龚伯斯把执委会的意图、方针、政策告诉地方工会,劝说和帮助地方工会作为集体会员加入劳联。劳联成立后的一个主要工作,就是争取于1890年5月1日起实行8小时工作日,单在1886年2月22日一天就有240个城市为此举行集会。但劳联并不是一个统一和集中的组织,各地方工会和组织享有很大的自主权,龚伯斯要求劳联的一切活动"服从于工会运动带给工人的一般利益。"1892年,劳联芝加哥大会上通过的纲领,以"义务教育""直接立法"和"8小时工作日"为主要内容,提出"取消土地所有权的垄断制,代之以占有和使用的权利",表明了劳联已演变成一个自由主义组织,此后工人运动虽有所发展,但劳联的作用已降低。

20世纪初,在1893年建立的西部矿工联合会的推动下,一些工人活动家在芝加哥开会讨论改革工运问题。1905年6月27日,来自各地的203名工人代表,代表着51491名成员,在芝加哥布兰德会堂举行大会,决定成立新的工人组织即"世界产业工人联合会"(即产联),主席是社会党人谢尔曼。大会通过的纲领,一方面宣布"工人阶级和雇主阶级毫无共同之处",另一方面又强调工人阶级"在政治上和工业上的平等"只能通过工人的经济组织来实现。这个纲领反映了美国工人运动的基本特点:其斗争目标仍然主要是经济的而不是政治的。

进步主义和改革时代

从1890年到第一次世界大战,在美国历史上被称为"改革时代",其动力来自战后逐步兴起的进步主义思想以及这个时期波澜壮阔的民粹主义和工人运动。如果说民粹主义和工人运动是来自美国社会下层的话,那么进步主义思想和改革则是来自美国的上层,而且以中产阶级和知识分子为主。正如理查德·霍夫斯塔德所指出的:"1900年后原已十分壮阔的农场主抗议运动,因中产阶级对社会和经济改革的热情而有了新的方向和新的发展。"进步主义改革把美国的社会改革运动推向新的阶段,并集中反映着这场持久和壮阔的改革运动的特点。它涉及威廉·麦金莱、西奥多·罗斯福、威廉·塔夫脱和伍德罗·威尔逊四任总统,西奥多·罗斯福时期是这次改革的顶点。

农场主运动以民粹主义为武器,而进步主义改革的武器则是"批判现实论",或者说是"笔杆子"。亨利·乔治1879年出版的《进步与贫困》①,是对工业主义的第一篇讨伐檄文。乔治在书中提出的单一土地税虽然没有引起什么回应,但他对现实社会的敏锐观察和对物质"进步"的有力批判却激起了强烈的反响。乔治指出:"凡物质进步的条件是充分具备的地方——也就是说那里人口最稠密,财富最庞大,生产和交换的机器最发达的地方——我们发现最严重的贫困、最尖锐的生存斗争和最多的被迫赋闲。"对垄断及其危害的直接抨击,始于1881年发表在《大西洋月刊》上的文章《一个巨型垄断的故事》,作者叫亨利·D.劳埃德。1903年,《麦克卢尔》杂志发表艾达·塔贝尔、林肯·斯蒂芬斯等人的3篇文章,由此发起了一个所谓"黑幕揭发运动",这些新闻记者也因此被西奥多·罗斯福称为"扒粪者"

---

① Henry George, *Progress and Poverty*. San Francisco, 1879.

(Muckrakers)。他们的锋芒所及,从石油精炼厂到贫民窟,从红灯区到进行政治交易的旅馆,从保险公司的欺诈行为到铁路公司的管理不善,从科罗拉多对劳工的残酷折磨到南部盛行的种族歧视,所揭示的均是以前从未触动或很少触动过的社会场景。塔贝尔所著,1904年出版的两卷集《美孚石油公司史》是其代表作,他当时正任《麦克卢尔》杂志副编辑。此后,《美国杂志》《世界主义》《芒西》《人人》等几乎每一种发行量很大的杂志,都先后卷入这一"黑幕揭发运动"。此外,还包括像雅各布·里斯的《另一半人如何生活》(1890)、约翰·温瑞安的《最低生活工资》(1906),以及西奥多·德莱塞的《金融家》、弗兰克·诺里斯的《章鱼》、杰克·伦敦的《深渊》等多种文学作品,也都以强烈地批判现实主义的精神推动了这场"黑幕揭发运动"。当时社会舆论的一个响亮口号就是:"社会正义"和"社会进步"。进步政治改革的主要内容是:

(1)政治改革。在市政改革方面,其主要成果是以市政委员会和城市经理制取代过去通行的市长—市政协会体制。前者由德州的加尔维斯顿市首创,市政委员会由超党派行政人员组成,集体承担管理城市的任务(1900—1914年,效法这一改革的城市由100个增加到400个);后者由弗吉尼亚的斯通顿市首创,其办法是先选举产生一个委员会,然后由这个委员会任命的一名经理来管理城市并对委员会负责。在州政改革方面,是在"还政于民"的口号下,实行直接选举及创制权、复议权与罢免权。创制权1898年开始于南达科他,即由选民直接提出法案,选民表决通过即可变成法律;公民直接选举即由人民直接提名候选人,人民拥有可以罢免官员的权利,它首先于1908年在俄勒冈州获得承认,1912年首先实行于密西西比州。在妇女选举权的问题上,早在1861年堪萨斯就允许妇女在学校享有选举权,1869年怀俄明又在法律上正式承认妇女的选举权,并作为第一个男女平权州于同年加入联邦。在政治上的这些改革,即参议员由公民直选和妇女与男子在选举问题上权利平等,于1913年与1920年分别由第17条和第19条宪法修正案予以确认。

(2)经济改革。经济上面临的主要是垄断或托拉斯问题,它是造成贫富差距悬殊、中小企业破产、金融体制混乱的原因。为了抑制贫富差别的扩大,这方面的改革是在 1913 年制定第 16 条宪法修正案①,对任何来源的收入课征所得税,以便把部分负担转嫁给那些最有能力负担的人,并改变联邦的税收和岁入的结构。但对垄断的直接打击,还是 1877 年州际商务委员会的建立,以及 1890 年《谢尔曼反托拉斯法》的通过。为实施反托拉斯法,政府还成立了公司管理局,其任务是调查各公司的财务状况,仅在西奥多·罗斯福总统的两届任期内,就进行了 43 起反托拉斯的控诉。与此相联系的,还有 1903 年由国会通过的《埃尔金斯法》和 1906 年由国会通过的《赫伯恩法》,这些法案禁止铁路公司擅自定价和给大公司优惠,授权州际商务委员会确定铁路最高运费。1912 年设立的一个委员会,对金融垄断所进行的调查发现,投资银行家又成为"我们的金融寡头的主导力量",于是在 1912 年 12 月通过了《联邦储备法》,重建国家银行和货币系统,按地区划分银行体制,以便有效地防止投机活动的蔓延。这个时期,其他重要的经济改革法案,还包括 1906 年的纯净食品和药品管理法,以及肉食检查法。

(3)社会改革。这方面的改革是以创办福利馆开始的,1887 年简·亚当斯在芝加哥创办的赫尔会所是其榜样。创办福利馆的活动发展很快,到 1910 年时美国这类馆所已增长至 400 个,而简·亚当斯也在 1909 年当选为美国慈善救济与教养协会的主席。继之而来的是所谓"模范公寓"运动,为

---

① 联邦所得税政策的确立曾三起三落。国会于 1861 年 8 月 5 日通过征收联邦所得税的第一个法案,对收入在 800 美元以上者征收 3% 的所得税。1862 年和 1865 年通过的修正案将税率提高,收入在 600—5000 美元之间的税率为 5%,5000 美元以上者税率为 10%。但根据 1870 年 7 月 14 日通过的国内税收和关税法,国会又终止了该所得税法。1894 年,根据威尔逊—戈尔曼关税法的一项条款再次征收所得税,对收入在 4000 美元以上者征收 2% 的所得税,但第二年在波洛克诉农民信贷公司案中,该条款又被宣布违宪。1913 年的第 16 条宪法修正案,是国会第三次通过所得税法。

此纽约还在1901年通过了新的"公寓法",其目的是从"环境主义"出发"对城市环境进行有益的控制","以诱发美好的行为"。但社会改革面临的最大难题,还是劳资关系、童工问题和妇女问题。为此,从1902年起,联邦政府开始出面调停劳资纠纷,1903年又设立了商业与劳工部,1913年又将劳工部从商业与劳工部分出,并赋予劳工部长以调解劳资纠纷之权。1914年制定的《克莱顿法》进一步宣布罢工为合法。后来还成立了美国调节事务局。此外,在福利救济和社会保障等方面,还有工伤补助、老年退休金、救济无人抚养的学龄儿童、给寡妇发放抚恤金、建立母亲津贴等,这些虽然大多是地方政府作出的,但各州也都基本响应。而联邦政府也不是毫无作为,如在公共工程、政府雇员、铁路员工中实行8小时工作制,就是由国会立法认可的。至于童工,一般规定不得低于14岁。

19世纪末和20世纪初的进步主义改革,是美国继民粹主义改革之后的第二次改革高潮,是现代美国社会保障制度的起步阶段,领导这场改革的是新兴的中产阶级。其主要成果体现在第16、17和19条宪法修正案中,这3条修正案是继前10条修正案和第13、14、15条宪法修正案之后,对宪法的第3次带有实质内容的修正,从而把美国的民主制度推进到一个新阶段。这说明,进步主义是新时期美国历史发展的动力。

西奥多·罗斯福及其进步党

在进步改革中,西奥多·罗斯福的成就最为突出,甚至在某些方面超越了进步主义本身的局限,尤其是他关于自然资源保护的思想和计划。

西奥多·罗斯福(1858—1919),生于美国当时最大的商业金融中心纽约市,1880年从哈佛大学毕业后又进入哥伦比亚大学攻读法律。此后他就开始从政,1882—1884年当选为纽约州议会议员,1889年被哈里逊总统任命为文官委员会委员,1897年又被麦金莱总统任命为海军部副部长,曾在古巴服役。1901年他当选为麦金莱总统的副手,在1901年9月14日总统去世后继任总统。1904年又当选为美国的第26任总统。他集博物学家、文人和军人于一身，曾利用从政之余从事写作，在1886年出版四卷本《牧场主的狩猎》。西奥多·罗斯福的改革主要集中于以下3个方面：

(1) 打击由少数金融和工业大亨制造的垄断。西奥多·罗斯福认为，当时国家面临着两大危害：一是暴民，二是富豪，并提出了"制服托拉斯"的口号。当然，他并不认为所有的财主都是坏的，托拉斯也有"好"和"坏"之分，需要制服的只是那些"胡作非为的大财主"。为了"制服托拉斯"，他上台后的一个重要建议是设立"商业部"，并对大公司的业务进行一次彻底调查，这两个建议均被国会采纳。在1903年设立的内阁级"商业和劳工部"中，就有一个专门负责调查各州际公司的经营和活动行为的公司局。他还在1902年亲自下令总检察长对北方证券公司提出起诉，该公司由希尔·摩根名下和哈里曼名下各条铁路组成，尽管该公司派人专程到华盛顿进行堵拦，但最高法院最终还是以5票对4票的裁决，支持了政府一方。这一裁决使华尔街为之震动，它意味着工业大亨再也不能逍遥法外。

(2) 扩大政府对经济和生活的调控权。西奥多·罗斯福认为，为了有效地打击垄断，就必须适当扩大政府的调控权。他指出："集权化已经出现在企业中，如果为了公众的利益想要控制这些不负责任的外在权力，那么只有一种办法能够控制它，即把充分的控制权给予一个有能力运用这种权力的主权体——联邦政府。"政府调控权扩大的首要突破，是把监督的范围扩大到劳资关系。在这方面，一个突出的事例就是为了解决工人过冬取暖问题，1902年罗斯福打破常规出面调停无烟煤矿工人罢工问题，最终竟以接管煤矿相威胁迫使资方同意和解。除此之外，有关政府雇员的《工作人员补偿法》以及《工厂检查法》和《童工法》的制定，都是扩大监督权的表现。政府调控权扩大的另一项突破，是对铁路公司垄断行为的直接打击。一个重要的表现就是在1906年制定《赫伯恩法》，此法第一次使对收费标准的调节成为可能，并把这种调节扩大到货物的栈存、冷藏、车站和车厢等；1910年以后，又将调控扩及电话公司和电报公司。调整扩大的第3项突破，是将政府的监督扩及食品和药物。因为当时发现许多罐头食品和食物成品掺杂和加用防腐剂。为此,1905年罗斯福要求国会采取行动,国会不顾饮料商协会与各药品专卖商的阻拦,于1906年制定了《纯净食品和药物法》,并禁止滥贴骗人的药物商标。总之,政府的调控作用已涉及国民经济生活的几乎所有领域,它所改变的与其说只是政府与经济之间的关系,不如说是百多年来美国经济发展的模式:用"管理资本主义"取代"自由资本主义"。

(3)对自然资源与环境的保护。资源和环境的保护或许早已有之,但把它上升为一种政府行为并完全按现代观念来行事,在世界历史上西奥多·罗斯福还是第一人。推动他作出这一决策的,自然是由于工业化所造成的对自然资源的破坏。据估计,美国原有原始森林8亿英亩,但到罗斯福当总统时已不足2亿英亩,而且4/5的森林还掌握在私人手里,其中10%归铁路与木材公司所有。虽然1891年国会制定了一项《森林保护法》,但从哈里森、克利夫兰到麦金莱3位总统,总共只收回了林地4500万英亩。西奥多·罗斯福在自然资源保护方面的突出之点在于:①他第一个把这种保护从森林扩大到整个自然资源,包括水道和矿产,水土流失与土地灌溉等问题。②他认为,自然资源不会再生,"并非用之不竭",应当实行"有计划有秩序地开发","保护及适当利用"自然资源是一个根本问题,国民生活中几乎每一个其他的问题都要以它为基础。③他第一次在政府内部成立委员会,来负责全国自然资源的调查与保护。为此,罗斯福做了许多事情:他利用1891年法令,把3.5亿英亩尚未出售的政府林地划作国有森林保留地;1907年,他委派一个内陆水道调查团,研究河流对土壤和森林的关系;1907年,组建全国委员会,专门负责全国自然资源的清查;在他任内,共建立了5个国家公园、9个猎物保留地以及50多个野生鸟类保留地。西奥多·罗斯福被称为"全面理解自然资源保护问题"的第一人。(图10—31)

1908年从总统职位上卸任后,西奥多·罗斯福先是到非洲行猎,后又到欧洲各地巡游,于1910年6月返回纽约。由于继任其总统职位的共和党人塔夫脱的政策日益向右转,放弃甚至反对他的进步主义改革,以西奥多·

10—31
南达科他州拉什莫尔山花岗岩上的雕像：
华盛顿、杰斐逊、西奥多·罗斯福和林肯

罗斯福为首的进步派逐渐与以塔夫脱为首的保守派发生冲突。在1912年共和党代表大会上，罗斯福派为278人，而塔夫脱派只有46人。为了重振进步主义改革，进步派于1912年8月5日在芝加哥召开了第一次代表大会，正式成立了"进步党"，并再次提名西奥多·罗斯福为总统候选人，其纲领包括了反托拉斯立法、参议员直选等所有进步主义改革的内容。但由于共和党的分裂，民主党候选人伍德罗·威尔逊得以当选总统，西奥多·罗斯福恢复进步主义改革的理想终归失败。但西奥多·罗斯福的失败并不等于整个进步主义改革的失败,因为伍德罗·威尔逊虽然是来自不同党派,但他提出的"新自由"口号及其实践,不失为这种改革的继续和发展。从某种意义上说,改革已成为一种时代潮流,是不能逆转的。

第十一讲

美国海外殖民体系的建立

马汉及其"海权论"

1893年,历史学家F.特纳说过:"扩张力是美国人固有的一种力量","如果有人一定断言,美国生活中的扩张性现在已经完全停止了的话,那么,他一定是一个冒失的预言家"。

特纳的这一预言不久就被证实了。在他说此话之后不到5年,震惊美国朝野和世界的美西战争便爆发了,这是美国扩张活动由大陆转向海外的一个标志,也是美国人"固有的"扩张力的一种表现。主张美国海外扩张的理论家是艾尔弗雷德·塞耶·马汉(1840—1914),因为是他提出了著名的"海上实力论"。马汉,1840年生于纽约州。他之所以能成为美国海外扩张的理论家,是有其原因和条件的。

1859年,马汉毕业于安那波利斯美国海军军官学校,稍后即参加了1861—1865年的美国内战。重要的是,1886—1889年和1892—1893年,他曾两度担任罗得岛新港海军学院院长之职,还担任过1899年美国出席第一次海军会议的代表。因此,他既有海军方面的理论修养,又有军事方面的实战经验,还有从1885年起在海军学院讲授海军史和海军战略的教学实践,这为他提出"海上实力论"提供了多种的准备。

马汉一生著述等身,不亚于一位专业的著作家,其主要著作有:《海上实力对历史的影响,1660—1783年》(1890)、《海上实力对法国革命和帝国的影响,1793—1812年》(1892)、《纳尔逊生平——英国海上实力的化身》(1897)、《亚洲的问题》(1900)、《国际条件中的美国利益》(1910)、《海上权力中的美国利益》(1911)。其中,最重要的一部是1890年出版的《海上实力对历史的影响》,这是他1886年关于海战史的讲稿,先后经过了4年的讲授、修改和补充。他著名的"海上实力论"(即"海权论"),就是在此书中正式提出来的。

在马汉看来,"海权"(Sea Power)问题的研究之所以重要,从根本上来说是要使本民族在海上斗争中获得"更大商业好处"。他写道:"即使不能说是全部至少也是在很大程度上,我们可以认为,海权的历史乃是国家之间的竞争,相互间的敌意以及那种频繁地在战争过程中达到顶峰的暴力的一种叙述。海上商业对于国家的财富及其实力的深远影响,早在这些千真万确的原则昭然于天下之前,就已被明察秋毫,而正是这些原则指导着其增长与繁荣。为了使本国民众所获得的好处超过寻常的份额,有必要竭尽全力排斥掉其他竞争者,要么通过垄断或强制性条令的和平立法手段,要么在这些手段不奏效时诉诸直接的暴力方式。"①而为了获得这种"海权"即制海权,就必须拥有"海上实力"。

"海上实力"这一概念,在传统的军事思想中,主要是指海上军事力量,即海军。而马汉却把这一概念的内涵扩大到一切"蕴涵着使得一个濒临于海洋或借助于海洋的民族成为伟大民族的秘密和根据"。换言之,他的"海上实力",不仅包括了强大的海军,而且还包括商船队、海外殖民地和军事基地,甚至连国家制度、民族性和生产力也被纳入其范畴。这就赋予这一概念以明确的政治和经济的内容。19世纪末,美国正处于工业化运动的关键

---

① 马汉《海上实力对历史的影响》,中国言实出版社,1997年版,第2页。

时期,一个现代的强大的工业国正在取代传统的农业社会,其政治经济实力空前增强。马汉对"海上实力"这一概念的解释和扩大,一方面是美国当时日益增强的政治经济实力在思想上的反映,另一方面也是美国企图凭借其实力向海外扩张的表现。

马汉认为,海军的主要活动领域是战争,而不是和平时期的海上贸易,所以海军不仅需要对殖民地的整个航程进行保护,而且在战争期间需要把这种保护扩大为武装护航。但海军还有一个极为重要的作用,就是在国防事务中起一种经常性的"威慑"的作用,海军应成为"进攻的武器"。为此,马汉进而提出,必须改变过去以建造巡洋舰为主的老信条,而应建立以主力舰为主体的远洋进攻性海军。"只有用武力控制海洋,长期控制贸易的战略中心,这样的打击才会是致命的。"那么,一个国家的"海上实力"为什么还要把"商船队"和"殖民地"纳入其中呢?马汉认为,为了在国际竞争中取胜必须控制水域,而对水域的控制"主要依赖于占有那些具有决定意义的地点",这样殖民地就成了一个国家"海上实力"的必要组成部分;作为联系宗主国与殖民地的纽带,商船队不但可以为海军提供必要的供应和补给,在战时还是海军的直接的后备力量。总之,海军、商船队和殖民地,乃是一个国家海上实力的三大要素,缺一不可。

马汉不仅提出了"海权"的概念及理论,而且制定了获取"海权"的具体战略。他认为,当时在欧洲只有英国和德国有着望尘莫及、协调得当的力量,这体现在它们的富有、它们的工商业体制的有效以及英国或德国陆军的强大上,因此其他国家只能站在英国或德国一边对它们之间的平衡发挥作用,而不可谋之。美国欲成为一个海上强国,并准备在国际竞争中获得"更大商业好处",其政策对象应是那些政治与社会前景尚不确定的地区,这样的地区有如东半球的中华帝国、土耳其亚洲部分及波斯,还有西半球的墨西哥湾和加勒比海的古巴和牙买加这两个被视为战略要点的岛屿,而就其位置、力量和资源上的优劣而言,古巴又明显地绝对地处于上风。而美国当前的主要利益焦点是中国,它幅员广大又处于动荡之中,在中国四周还有其他陆上的或海上的富庶地区,它们构成了从爪哇到日本的东亚地区。为了普遍的利益,必须使中国对欧洲和美国的生活和思维方式开放,必要时可以使用武力。他明确提出:"在处理中国问题之时,首要的目标是防止任何外部国家或国家集团处于政治上的绝对控制地位","向中国施加思想上的影响远胜于仅仅给予它商业实惠"。

马汉的"海权论"一提出,立即得到了美国政界、军方和舆论的欢呼。在任总统西奥多·罗斯福在《海上实力对历史的影响》一书出版后仅几天就发信给马汉,吹捧该书为"非常好的书""绝妙的书",堪称"经典著作"。美国各军兵种总部迅即下令大量订购马汉的著作供在职军官阅读。马汉本人被聘为海军作战委员会的5名成员之一,1899年又被任命为出席海牙和平会议即国际裁军会议的美国海军代表,1906年被晋升为非现役海军少将。后还被任命为改组海军部的报告起草委员会的主席之一。马汉的理论实际上已成为美国海外扩张的指路星辰。

1889年,马汉的密友特拉西出任海军部长后,立即出台了他建造20艘战列舰、60艘快速巡洋舰的庞大计划。1890年,一个由6名海军军官组成的专门研究海军发展问题的海军政策委员会,又提出了建造200艘现代化军舰的更庞大的扩军计划。20世纪初,以美国钢铁公司为首的垄断组织,发起成立了以发展美国海军为目的的海军协会。1901年西奥多·罗斯福上台后,马汉的主张立刻得到从未有过的重视,提出建立一支"其效率与世界上任何一支海军相当的"舰队。到他卸任时,美国海军的实力已跃居世界前列,仅次于头号海上强国英国。

扩张由大陆转向海外:美西战争

美西战争是马汉"海权论"的第一次实践,也是美国的扩张由大陆转向海外的标志。

西班牙是老牌殖民帝国,在世界各地曾拥有过广泛而众多的殖民地。

虽然它的最大的殖民地拉丁美洲在19世纪20年代的民族独立战争后摆脱了它的控制,但在世界许多地方仍保留了一些不可忽视的殖民据点,其中两个较早的殖民地就是:大西洋上的古巴和太平洋上的菲律宾。它们均在马汉的"海权论"中占有重要的地位,成为美国海外扩张的必争之地。

但美西战争的爆发,又与古巴和菲律宾两地的形势有某种联系。在古巴,早在1868—1878年就发生过大规模起义,以反抗西班牙对该岛的统治。之后,1894年美国通过《威尔逊关税法》,对蔗糖征收高额进口税,由于当时美国是古巴蔗糖的主要出口国,古巴经济陷入严重困境。于是,1895年年初,古巴再次爆发大规模起义,而遭到西班牙当局的血腥镇压。在这种情况下,美国政客和报纸都以为有机可乘,极力主张趁机插手古巴问题,要求政府对西班牙宣战。在菲律宾,由A.博尼法西奥领导的秘密革命团体"卡蒂普南",于1896年8月发动反西班牙的争取民族独立的武装起义,失败后,起义领导以"叛国罪"遭甲米地市市长E.阿奎纳多枪杀。为了平息菲人民的不满,西班牙给E.阿奎纳多40万比索让其流亡中国香港,同时许诺在菲律宾实行民主改革,但并未兑现。这就为美国日后的干涉埋下了伏笔。

于是,美国开始寻找干涉的借口,新闻界对西班牙虐待古巴人的行为,经常广泛地进行耸人听闻的报道。古巴人民第二次独立战争爆发后,参议员亨·卡·洛奇在1896年2月20日参议院演说中,就打着支持古巴人民独立的幌子,以承认古巴起义者的交战国地位为掩护,要求当时的克利夫兰政府放弃"中立"和"不干涉"的政策,声称"美国应该通过斡旋结束古巴岛上目前的悲惨状况的时刻已经到来"。在一片呼声中,1896年4月4日美国国务卿理查德·奥尔尼照会西班牙驻美公使,要求西班牙殖民当局实行所谓"改革",并正式表示美国政府愿出面斡旋,但又暗藏杀机:把古巴人民起义称为"叛乱"和"破坏"。是年6月4日,西班牙卡诺瓦斯政府答复说,古巴自"发现"之日起一直属西班牙所有,同时表示在"叛乱"平定之后即着手改革,实际上拒绝了美国"斡旋"的建议。此后,美西之间一来一往,外交交涉频繁而紧张,一直找不到解决办法。

1898年2月15日，机会终于出现，当时停泊在古巴哈瓦那港的美国战舰"缅因"号，突然神秘地爆炸沉没，导致260名美国船员遇难。虽然事故原因一直未能查清，但西班牙却因此涉嫌遭受谴责，为避免矛盾升级西班牙于4月9日宣布休战。但美国为介入古巴问题执意扩大事态，终在4月25日向西班牙宣战，战幕立即在大西洋和太平洋上同时拉开。在太平洋，在海军准将G.杜威率领下，美国太平洋舰队驶入菲律宾马尼拉湾，于5月1日全歼一支庞大的西班牙舰队。两个月后，在W.梅里特将军统率下，约1.1万美军抵达马尼拉湾，并在阿奎纳多领导的菲律宾起义者的支持下，于8月13日占领马尼拉城。在大西洋，从5月到7月，一位美国海军少将率领的大西洋舰队，将塞韦拉率领的西班牙舰队封锁在古巴圣地亚哥港内，与此同时由W.R.谢夫特率领的美国远征军1.7万人于6月14日在古巴代基里登陆，然后向圣地亚哥挺进。7月1日，美军分别夺取圣地亚哥的制高点和附近的凯特尔山，使西班牙舰队难以突围，终遭全歼，该城守军也不得不于两周后投降。1898年12月10日，两国签署《巴黎和约》，美西战争结束。

美国在美西战争中的最大收获，是夺取了具有重要战略地位的菲律宾。这个群岛被美国参议员艾伯特·贝弗里奇称为"我们逻辑上的第一个目标"。但由于西班牙并不愿轻易放弃其对菲律宾的主权，美国政府当初也未敢提出整个菲律宾的归属问题，在1898年8月12日签署的美西两国的"议定书"中，只说在正式和约签字前美国将占领和拥有马尼拉城市区、海湾的港口。不过，美国朝野决不会同意把美国的控制权仅限于马尼拉。《纽约商报》声称，不拥有菲律宾将是"一个难以相信的愚蠢行为"。《华尔街日报》认为，美国夺取整个菲律宾，不仅是在亚洲水域取得海军基地的需求，也是美国"保护其与远东目前贸易"的需求。铁路大王詹姆斯·丁·希尔甚至认为："谁控制了东方，谁就掌握了全世界的财富。"亨·卡·洛奇参议员说得更明白："在和平条约中，(菲律宾)必须是我们的。"在这种情况下，1898年10月26日国务卿约翰·海便在麦金莱总统授意下，训令美国代表在谈判中提出占领整个菲律宾的要求。最后美国终于如愿以偿，仅以

2000万美元的代价,就迫使西班牙将整个菲律宾群岛的主权放弃了。1901年威廉·塔夫脱被任命为美国首任菲律宾总督。

关于古巴的地位问题,美国的态度从一开始就非常明确,西班牙放弃对古巴的主权和所有权,是美西1898年8月12日草签的议定书的主要内容。1898年10月1日,麦金莱总统派谈判代表前往巴黎,古巴问题也是其首要议题,而且西班牙早在8月份已有意退出古巴。然而,西班牙的这一表示却为美国所拒绝,因为西班牙在古巴背着4亿美元的债务,若美国正式接受西班牙的转让,就必须替西班牙偿还那些债务。所以,美国在处理古巴问题时,采取了不同于处理菲律宾的做法,宁愿对它进行实际控制而不顾及名义。正因为如此,在1898年12月10日的《巴黎和约》中,虽然确定了美国对古巴的军事占领,却未对古巴的未来地位作出决定。1900年11月5日,美驻古军事长官伦纳德·伍德在哈瓦拉召开古巴制宪会议,根据美陆军部长的指示纳入宪法的内容也只是:(1)古巴不得同外国缔结侵犯其独立的条约;(2)美国有权在古巴设立海军基地,等等。之后,这些条款和内容,在1901年3月2日美国国会通过的《普拉特修正案》中得到确认,而修正案反过来又被美国单方面强行附在古巴宪法之后。这样,古巴作为名义上"独立"而实际上为美国殖民地的地位,就在法律上被确定下来了,这是美国推行新殖民主义的一个典型范例。1903年,美国借古巴关塔那摩和翁达湾为海军基地,同时又和古巴缔结《美古永久条约》,规定进入美国的古巴商品降低关税20%,而进入古巴的美国产品降低关税20%—40%。

在美西战争之前,美国在太平洋已占领了一系列岛屿,如豪兰岛(1857)、贝克岛(1857)、贾维斯岛(1857)、金门礁(1858)、约翰斯顿(1858)等等。在美西战争之后,美国在夺取古巴和菲律宾的同时,又以不同方式夺取或控制了众多地盘。例如,1878年美国与萨摩亚签约获得领事裁判权,1890年英、美、法三国宣布它为保护国,1899年取消保护后美国取得东萨摩亚。1899年,美国吞并位于关岛和夏威夷之间的威克岛。1900年,美国国会通过的法令规定,波多黎各岛和关岛的总督等的任命须经美参议院同意。

1903年,美国先策划巴拿马脱离哥伦比亚独立,然后从巴拿马共和国手中夺得运河开挖权并"永久租借"该运河区;1922年哥伦比亚被迫承认巴拿马独立,美国占领合法化。1917年,美国又从丹麦手中获得维尔京群岛。

这样,在美西战争之后,美国的海外殖民体系就基本形成了。如果我们把大陆扩张时期的"自由帝国"称为一元帝国,那么由于海外殖民体系的形成这个帝国就演变成二元帝国:既是陆上帝国,也是海上帝国。必须指出,这些殖民地虽然在行政和外交上由美国政府管辖,但它们始终未以"州"的身份加入联邦,并享有一个联邦的成员应享有的权利与义务,至今仍以美国的海外"领地"(Territory)称之。根据20世纪初岛屿诉讼案(Insular Cases)所确定的原则,作为合众国"属地"的领地分为已合并和未合并两种:已合并领地的公民是合众国公民,并享有宪法规定的全部基本权利和法律程序权;而未合并领地的公民则只享有宪法所规定的基本权利和国会授予的其他权利。

由此可见,我们既不能把这些美国的属地视作像夏威夷那样的领土,也不能把它们等同于旧殖民制度下的殖民地。

门户开放与大棒政策

对菲律宾的兼并和对古巴的占领,不仅是美国海外殖民体系形成的重要标志,也是美国进一步展开其全球战略的前进基地,"门户开放"政策的出台和大棒政策的实行,就是其全球战略得以展开的突出表现。

(1)对中国:"门户开放"。

在美西战争之前,中国和亚洲广大地区,一直是欧洲列强的势力范围,美国除了与之有一些商业往来以外,并无插足之地。所以,当时美国只能采"合伙"方针,旨在与列强"分取杯羹"。1862年3月6日,美国国务卿威廉·亨利·西沃德在给驻华公使蒲安臣的训令中指出:"英国和法国在中国出现的不仅是它们的外交代表,而且还有支持这些外交代表的陆海军力量。不幸的是,你并没有。就我的理解所及,我国在华利益和上述两国一致。"这段话正是美国"合伙"外交方针的明证。

然而,内战之后,随着工业化的顺利进行、综合国力的迅速提高,以及由内陆扩张向海外扩张的转变,美国的外交态势也开始发生变化。1880年,美国国务卿威廉·埃瓦茨表示:"我们应该有一个独立的(对华)政策,不应单纯地依附英国。"与此同时,中日甲午战争后,列强在中国的争夺形势也发生了变化,中国东北落入俄国之手,山东成为德国的势力范围,长江流域及云南的一部分为英国所控制,福建、台湾则处于日本控制之下。这使美国感到,如果容忍列强瓜分中国的势头蔓延,"我们就会失去……世界上最大的市场"。

在这种情况下,当时的国务卿约翰·海通过美国驻外使馆向各国政府发出如下照会:"每一个国家,在其影响所及的相应范围内,第一,对其在中国的所谓'利益范围'或租借地内的任何口岸或任何既得利益,不得以任何形式进行干涉;第二,对于进入上述'利益范围'除自由港外的一切口岸的一切货物,无论属于任何国,均通用中国现行约定税率,其税款概由中国政府征收;第三,在此种'范围'内之任何口岸,对进出港之他国船舶,不得课以较本国船舶为高的港口税。"这个照会的实质,在于以承认列强在华势力范围和均势,来达到保护美国在华利益,从而确立了美国的对华外交政策:门户开放。

对于美国提出的这一"门户开放"政策,除俄国沙皇尼古拉二世表示了强烈不满而外,当时在华势均力敌的各国都很难提出异议,因为它们当时还没有一个国家可以独占中国。不过,此时发生了一个最大的可以动摇这一政策的事件,这就是爆发于1900年的义和团运动。首先,义和团提出的"扶清灭洋"的口号,是彻底地反对任何帝国主义的,因而从根本上说与所谓"门户开放"相矛盾;其次,义和团运动声势浩大,遍及中国北方广大地区,列强已经组成"八国联军"开始干涉中国内政,从而对中国的主权和独立构成巨大威胁,这就使美国"门户开放"政策的客观条件从根本上发生了动摇。在这种情况下,美国国务卿约翰·海不得不于 1900 年 7 月 3 日再次向列强发出照会,以所谓确保中国的"完整"来确保美国对华政策的成功。所以,约翰·海的第二次照会主要强调两点:①声称要保持中国的"领土与行政实体";②要求中国遵守已签订的不平等的条约的各种规定。由于照会不要求列强作书面答复,只要不明确表示反对就意味着默认,从而使美国的"门户开放"政策得以最终确立。

对美国的"门户开放"政策,舆论的反映和评论不一,虽然有人把它说成是美国历史上的"伟大基石之一",但也有人认为它不过是一种"过时"的政策,被视为所谓"帝国主义的反殖民主义"。但有一点是明确的,即美国是企图利用美西战争的成果,以新获得的殖民地菲律宾为跳板,向中国乃至整个东亚作战略挺进,在"门户开放"的口号下把以往的追随英国的政策转变为积极扩张的政策,是其外交走向独立政策的重要步骤。因此,它从来没有考虑到所谓中国领土的"完整"问题,而约翰·海在事实上也根本没有使用过这一概念。

(2) 对拉美:挥舞"大棒"。

19 世纪末和 20 世纪初,随着美国综合国力的增强,以及由大陆扩张向海外扩张的战略转变,特别是在 1898 年美西战争中的胜利,美国对拉美的外交政策也发生了变化。

在此之前,美国对拉美的外交政策,已提出了"门罗主义"。门罗主义提出于 1823 年 12 月 2 日,当时是针对所谓的欧洲神圣同盟对拉丁美洲的武装干涉而发的,主要包括"不再殖民""不干涉"和"美洲体系"3 个原则。这些原则是由当时的美国总统詹姆斯·门罗在致国会的咨文中提出的,但该咨文的实际起草人是国务卿约翰·亚当斯。后来查明,当时神圣同盟根本没有武装干涉拉美的任何具体计划和准备,但神圣同盟对拉丁美洲独立的威胁却不能说不存在。因此,门罗宣言虽然有美国在拉美进行扩张的长远考虑,但在客观上仍有在拉美抑制旧殖民主义的作用。由于 19 世纪上半叶美国扩张的主要方向还在大陆,对门罗主义的重视和实施都很不够。

美西战争后,对古巴的占领成为美国拉美政策的转折点,使之有可能开始真正实行在"门罗主义"幌子下的实际计划,即把"美洲是美洲人的美洲"变成"美洲是美国人的美洲",而推行这一政策的手段就是武力威胁,用西奥多·罗斯福总统的话来说,就是:"说话温和,但带根大棒。""大棒政策"的突出表现,是"租借"巴拿马运河区。巴拿马原属哥伦比亚。1846年和1869年美、哥两国曾就修建运河问题签订过一项条约,美国获得了运河工程区为期100年的租借权,但未得到哥伦比亚国会的批准。1879年,哥伦比亚把修建巴拿马运河的权利授予法国,但由于后来法国运河公司破产,美国决定加快夺取运河区的步伐,在维护1846年条约权利的旗号下,在1856—1903年间曾多次对运河区实行军事占领。终于在1903年1月22日,签订《海—埃兰条约》,从哥伦比亚手中获得建造、控制和防守运河区的权利,该运河区宽6英里,租期为99年。作为报偿,美付给哥方1000万美元,及每年25万美元的年金。但由于哥伦比亚国会认为它侵犯了该国主权,仍拒绝批准条约。在此情况下,美策动法国新巴拿马运河公司代表菲利普·让·比诺—瓦里亚发动巴拿马政变,将巴拿马从哥伦比亚分离出来,于1903年11月3日成立了"巴拿马共和国"。11月18日,约翰·海和比诺—瓦里亚签订条约,美国终于得以"长期租借"运河区。

西奥多·罗斯福在推行"大棒政策"之时,是以出于门罗主义的需要和给拉丁美洲以"保护"为幌子的。1904年12月6日,在当时风传英国和德国将干涉多米尼加的情况下,西奥多·罗斯福在一项政策声明中声称:"西半球国家的恶行,可能要求某个文明国家出面干涉",美国出于门罗主义的需要,不得不在西半球"行使国际警察权利"。这就是西奥多·罗斯福对门罗主义的一个重大引申和发展,使门罗主义从此安上了"军事利爪",在历史上被称为"罗斯福推论",或曰"罗斯福主义"。

总之,由于"门户开放"政策和"大棒政策"的出台和推行,美国得以以菲律宾和古巴为基地,实施对中国和拉美大陆的扩张计划,中国和拉美迅速成为美国海外扩张的两大中心,其态势已具备了全球扩张的性质。美国正在发展成为一个世界大国。

大战中争夺世界领导权的尝试

普法战争后,面对日益高涨的民族运动和工农运动,1873年德、奥、俄三皇曾于柏林会晤并组成"三皇同盟",商定缔约国若受到进攻或发生革命,三国应就共同的行动方针进行协商。"三皇同盟"之所以能暂时维持,是因为当时法德矛盾起着决定作用。

但从19世纪90年代开始,由于德国以"世界政策"取代"大陆政策",决定进行海军扩张和修建"三B铁路",这就直接威胁到英国的海上强国地位,英德矛盾于是迅速上升为欧洲的主要矛盾。在这种情况下,"三皇同盟"走向解体,并以英国和德国为中心分别组成两大军事集团,即英法俄三国协约、德奥意三国同盟,并最终走上了世界战争的道路。第一次世界大战爆发于1914年7月28日,以奥匈帝国对塞尔维亚宣战为标志,其导火线是发生于1914年6月28日萨拉热窝的奥匈帝国皇太子遇刺案。大战爆发的这种历史背景决定了这场战争的主要战场是在欧洲。

美国最初对交战双方采取的是"中立主义"。1914年8月19日,美国总统伍德罗·威尔逊在给国会的咨文中说:"美国不仅必须在名义上,而且必须在事实上保持中立。"美国采取中立立场的原因很多:①当时战争刚开始,还看不出交战双方孰胜孰败;②美国羽毛尚未丰满,还不足对交战双方产生影响;③在传统上,美国对欧洲事务一贯采用孤立主义,90%的民众不愿把自己牵涉到大战中去;④美国当时仅有26.4万常备军,在军事上远未做好参战的准备。

但是,美国从来只把"中立"当做手段而不是目的,中立还是参战必须服从于美国的整体利益。在大战中,美国在"中立"的幌子下,得以和交战双方大做生意,它将炸药输往各交战国家,大力生产用于制造枪炮的钢铁,大量向交战国家特别是协约国投资,向处于困境的国家的企业贷款。

从1917年2月1日起,德国宣布恢复无限制潜艇战,这就威胁到美国的所谓"中立国"地位,从而给美国提供了参战的良机和借口。1917年3月,俄国发生"二月革命",如果俄国单独与德国媾和而退出战争将对协约国不利,也将影响到美国对俄贷款的偿还。更重要的是,到1917年,交战双方都已元气大伤,美国虽然倾向于协约国一方,但也不希望德国因失败而被毁灭,以致英国过于强大。这一切,特别是德国无限制潜艇战的威胁,终于迫使美国在1917年4月6日对德宣战。威尔逊的口号是:"以战制战。"

从1917年5月18日起,美国自内战以来首次实行义务兵役制,规定凡21岁至30岁的男性公民均应服兵役,至1918年11月大战结束时,美国武装力量总数达480万人。组织赴欧美国远征军司令部,任命约翰·珀辛为远征军总司令,首批远征军于1917年6月26日在法国圣纳尔泽登陆,赴欧远征军陆续增加到200万人。与此同时,美国第一海军驱逐舰分队,于1917年5月4日抵达爱尔兰昆斯顿,巡逻于大不列颠群岛海域。为了增强美国的海军力量,美国加紧建造大小舰只,仅参战期间(19个月)建造的舰只就达857艘,大战结束时,美已拥有大小舰只2000艘,水兵人数达50万,超过了英国。美国是飞机的发明国,早在1896—1903年,威尔伯·赖特就进行过滑翔机的飞行试验,1903年他曾使一架动力飞机第一次成功地飞上天空,1909年创办美国赖特飞机制造公司,其产品成功地通过了军用飞行试验。但直到1918年6月12日,美国空军才首次执行轰炸敌方阵地的任务,从而使大战第一次在历史上成为真正的"总体战"。总之,由于美国的参战,世界战争的性质发生了重大的变化。

1916年9月25日,威尔逊总统曾在一次演说中宣称:"和平而体面地征服国外市场,是美国合理的雄心壮志。"这一点在大战结束时是做到了。据统计,从1914—1917年,美国的军火出口,从600万美元增加到8亿多美元;化工产品、染料和药品等的出口,从2200万美元上升到1.81亿美元;钢铁的出口,从2.51亿美元增加到11亿美元;肉类和小麦面粉的出口,由2.31亿美元增加到6.53亿美元,其外贸顺差达到创纪录的35亿美元。至

1919年,美国的对外投资在70亿美元以上,协约国借美国的战债累计在100亿美元以上,美国由战前的债务国转变成为债权国,相反有20个国家先后沦为美国的债务国,美国的黄金储备占了全世界的40%,从而根本上改变了世界力量的对比。美国一跃而成为世界上最大的经济强国,美国在几十年内走过的这一历程,在世界历史上是罕见的。

但如果以为,美国只是想通过大战征服国外市场,满足于充当世界的经济霸主的角色,那就错了。当美国决定参与世界大战前后,它并没有忘记它在拉美和远东的既得利益,一有机会它就千方百计巩固和发展它在那些地方的既得利益。在拉美,美国曾在1914年8月扶植卡兰萨夺取墨西哥政权,后又派约翰·珀辛率"远征军"进入墨西哥境内追赶墨西哥农民武装,并与卡兰萨政府军发生冲突,甚至企图派军队对墨西哥北部地区实行占领。在1915—1917年间,美国以各种借口,派海军陆战队实行登陆,或对该国内政进行横加干涉的,就涉及海地、多米尼加、尼加拉瓜和古巴等国。在远东,当日本企图把覆灭中国的"二十一条"强加于中国的时候,美国政府先是指示它的驻华公使"劝告中日两国政府忍耐和相互宽容",后又公然在1917年11月2日签订《兰辛—石井协定》,宣布"美国政府承认日本在中国,特别是在中国与日本属地接址之部分有特殊利益"。它唯一坚持的,只是要求日本政府"永远遵守所谓'门户开放'或在华工商业机会均等的原则"。

但自参与战争以后,美国的外交重点显然稍稍发生变化,开始从拉美和远东转到欧洲这个主战场,而这个主战场上两大军事集团的较量,从根本上说,乃是争夺世界领导权的斗争。果然在第一次世界大战即将结束之际,1918年1月8日美国总统威尔逊就在国会提出包括"十四点"原则的咨文,后又印成小册子在各地散发。"十四点"主旨何在?它有3个重要条款:(1)取消秘密条约;(2)强调民族自决;(3)提出建立"国联"。显然,"十四点"的主要目标是要在美国主导下,重建战后世界新秩序,其中"国联"是实现其目标的主要工具,为此它就要通过民族自决来瓦解旧的殖民体系,设法打破欧洲列强现有的国际政治结构。正因为如此,英法虽然在理论上对

"十四点"表示赞成,但在大多数实质性问题上并不让步。1919年1月12日,在巴黎召开的和会并没有按威尔逊提出的原则达成协议,不仅英国要求接收德国的海外殖民地,法国要求收回在普法战争中失去的阿尔萨斯和洛林,意大利也要求占领特兰梯诺、南台洛尔及亚得里亚海沿岸,甚至日本也获准接收德国在中国山东的权益,而威尔逊居然弃其"十四点"主张于不顾而表示同意。威尔逊把这种妥协称之为:"像一个母亲一样,不得不把自己年幼的独生子拿去喂狼,以拯救自己的长子。"他说的那个"长子"便是指"国联"。

结果,《凡尔赛和约》是签订了,国际联盟后来也建立了,但美国国会却拒绝批准和约,因而也终于未能参加国联,威尔逊争夺世界领导权的计划受挫。这表明,美国企图建立世界霸主地位的条件暂时还不成熟。历史学家称之为:"赢得战争,失去和平。"

威尔逊的"新自由"及其改革

威尔逊虽然在外交上"失去和平",但在内政上搞的"新自由改革",在历史上仍值得一提。

伍德罗·威尔逊(1856—1924)出生于有浓厚文化传统的弗吉尼亚,祖、父两代均是苏格兰长老制教会牧师。早年在普林斯顿大学求学,1879年毕业后在亚特兰大开办律师事务所,后又进入约翰·霍普金斯大学学习政治学和法学,并于1886年获得博士学位。此后,曾先后任教于布林马尔大学、韦斯利恩大学和普林斯顿大学。从1902年起任普林斯顿大学校长8年,后又当过新泽西州州长。威尔逊是一位出色的学者,1885年完成的博士论文《议会制政体》(*Congressional Government*)至今读来仍觉有价值,著有《美国人民史》。在当大学校长期间,他对普林斯顿大学做了很多改革,立志把它办成一所集各种现代学科为一体的综合性大学,办成"美国的牛津和剑桥"。这一背景使他成为美国史上第一位有博士学位的总统,并决定了他的进步主义倾向。

威尔逊作为民主党人一上台,就带给美国人一种不同于以往的新感觉。1913年3月14日,他在总统就职演讲中说:"这个国家现在试图起用民主党,其目的是不会有任何人误解的。目的就是要利用民主党来证明,这个国家的方案和观点有了改变。"接着,他便以典型的进步主义者的语言,揭露工业化在推动国家经济现代化的同时,给社会和生活带来了多么大的灾难。他说:"我们一直是以我们在工业上的种种成就自豪的,却至今不曾充分有思想地停下来计算一下所付出的人的代价,有多少生命被扼杀,多少精力被过度消耗和损折,许多年来这一切不堪忍受的重压和负担全都无情地落在他们肩上的那许多男人、女人和儿童,他们付出了多少可怕的体力代价和精神代价。"在威尔逊看来,关税、托拉斯和银行体系已成了美国的"三重特权壁垒","为我们所热爱的伟大的政府经常被利用来为私人自私的意图服务,那些利用它的人却遗忘了人民"。因此,他在3月14日的总统就职演说中发誓,要使一般人从大商业和高财政的剥削中解放出来而重新获得自由。所以,威尔逊的改革在美国历史上被称为"新自由"改革。

关税政策,是不同利益集团长期争论的焦点,也是当时美国社会极为敏感的一个问题。因为共和党作为工商业资产阶级利益的代表,一直坚持高关税以保护东北部制造商和某些原料生产者的利益,这在经济上还处于英国的殖民地地位,并急需建立自己独立的民族经济的建国之初是完全必要的。但到19世纪末和20世纪初,美国经济已经获得迅猛发展,其工业产值已跃居世界第一位,这时美国急需提高其产品的竞争力,以便在世界上开拓新的市场。在威尔逊看来,"现有的关税制度切断了我们与世界各国的联系","使联邦政府成为私人利益集团手中的便利工具",因而必须进行改革。为此,威尔逊总统决定采取断然举措,于1913年4月8日亲临国会发表演说以推动关税改革,终于使《安德伍德—西蒙斯关税法》得以顺利通过。按此法,一般商品关税降低10%,免税商品达958类,增税商品只有86类,但也有307类商品税率不动。为了弥补因降低关税而带来的国家财政的空缺，威尔逊总统又根据1913年2月通过的第16条宪法修正案，主持通过了科德尔·赫尔提出的累进所得税条款，决定向除收入不足3000美元的未婚者和收入不足4000美元的已婚者外的美国公民征收累进所得税，税额为1%—6%。

威尔逊上台时的银行体制，是根据1864年的《国民银行法》建立的。因在此之前美国没有中央银行，各银行可以自行发行货币和债券，妨碍了国家财政公债的发行。所以1864年通过的银行法，要求各州银行须向财政部登记方可转为国民银行，国民银行发行的证券要由联邦债券担保并统一印制，且只能向发行银行和财政部兑换法定货币。威尔逊认为，它控制过死不够灵活，"只适合于集中现金和限制通货的要求"，而现在，需要的是能对信贷随时作出灵活反应的货币，因此现行银行体制必须改革。为此，当关税法案还在讨论之时，1913年6月23日总统就再次亲临国会，敦促进行银行和金融体制改革，提出新的金融体制的控制权，"必须属于公众而不属于私家"，即"必须授予政府本身"。1913年12月19日通过的《联邦储备法案》，将全国划分为12个区，各区设一联邦储备银行，但它属于各会员银行所有，会员银行须以其资本的6%入股，这些储备银行实际上是银行家的银行。据统计，不出10年，全美国银行的1/3已成了联邦储备系统的会员，占全国银行业财力的70%，联邦储备银行既有储备和管理的功能，同时各会员银行也可以信誉良好的商业票据作担保得到贷款，而这些商业票据又成为发行联邦储备券的基础，这就使通货有了弹性，达到了改革的目的。

在反托拉斯方面，面临着更为复杂的局面。一方面，在民主党为威尔逊竞选所制定的纲领中，认为："私人垄断乃是无理无据而又不可容忍的"，"要求制定可能十分必要的附加立法，使私人垄断在合众国不可能存在"；另一方面，早在1896年国会就制定了《谢尔曼反托拉斯法》，但在执行中又遇到许多实际问题难于处理。因此，反托拉斯什么，又如何反才更有效，分寸并不那么容易掌握。1914年1月20日，威尔逊为反对垄断问题又再次亲临国会讲演，提出了5个专项立法的建议，如禁止各企业建立连锁董事会，授权州际商务委员会对铁路财政进行调控,明确规定各项反托拉斯法的意图,建立一个全联邦的商务委员会,对违反托拉斯法的个人而不是企业实行刑事处罚。威尔逊显然是想把反托拉斯的事情办得有成效,更为深入。但在 1914 年制定的两个反托拉斯法,即《克莱顿反托拉斯法》和《联邦商务委员会法》中,前一个法案并没有怎么执行就暗中停止了。由总统任命的 5 名委员组成的联邦商务委员会,按照该法关于不公平的竞争手段即为"非法"的规定,受权对违犯反托拉斯法的情况进行调查,只要发现了犯罪行为即可命令该企业"停业"。但威尔逊最初坚决不答应工会和农会在按反托拉斯法起诉中享有豁免权,这就分散了他集中打击垄断的目标。

总之,威尔逊以"新自由"为口号,在政治上和经济上提倡自由主义,在施政中表现了较强的进步主义倾向,在关税、银行和反托拉斯方面均有重大举措,把进步主义改革推到一个新的阶段,但对妇女问题、劳工问题则不那么关心,其政策带有更多的理想主义色彩。在这一点上,和他在外交方面的政策是一致的。

第十二讲

文化民族主义之形成

从英国的达尔文到美国的摩尔根

内战后美国经济的腾飞,迅速使美国跻身于世界强国之列。它在意识形态领域内的第一个反应,就是进化论在美国的生根。

进化论的创始人,是英国生物学家达尔文(1809—1882),其代表作是《物种起源论》,发表于1859年。达尔文认为,一切生物都是由简单到复杂不断进化的,其进化都要受自然环境的制约,遵循适者生存的规律。这种生物进化论,沉重打击了中世纪上帝创造世界的神学观念,给当时的学术界和思想界以极大震动,从此"进化""发达"的观念和思想风靡全球。其影响所及,涉及自然科学、社会科学以及整个文化人类学。把达尔文主义运用于人类社会、文化的研究,以重构人类文化史,便产生了社会进化论或人类学。第一个把进化论引入人类学,并取得了成功的是英国人爱德华·泰勒,他是"人类学之父"。

泰勒受当时的实证科学精神的影响,认为人类及其思维、意志、行为都是自然的一部分,人类文化的发展也遵循一定的客观规律。他1871年出版的《原始文化》一书的目的,就是要复原以人类情感及模糊语言、数的观念、神话、宗教、礼仪等为核心的原始世界观起源发展的面貌与轨迹,他的这种复原工作是以人类精神一致性为前提的,因而把文化的一般进化看做前进的发展过程。根据他的研究,尤其是对诸民族文化的比较研究,追寻远古人类文化进步的脚步的因果关系,认定人类社会经历了蒙昧、野蛮、文明3个阶段,成为单系进化论的代表人物。在他看来,人类宗教始于相信灵魂及精灵存在的"万物有灵论",正是这种观念导致了多神教的产生,进而又发展成只相信一个最高神的一神教,这就是人类文化普遍发展路线所留下的图式。他的研究和看法第一次提供了有关人类文化学的经典理论。

但第一个从进化论立场出发,对人类史展开宏大的综合研究的学者,当属美国学者刘易斯·亨利·摩尔根。摩尔根(1818—1881)是法学家,1818年生于纽约州一个农民家庭,1840年毕业于联邦学院,后又专习法律并于1842年取得律师资格,曾任铁路公司法律顾问。由于经济萧条,他利用业余时间参加社团活动,先是加入一个由一批激进青年组织的文化社,后又转入一个研究印第安人的学会,即"大易洛魁社"。该社的宗旨,在于促进美国白人对印第安人的感情,协助印第安人解决他们自身的问题。在此期间,他曾受纽约大学的委托,替一家博物馆采集印第安人的物质文化资料,由于有一个受过一定教育的叫做帕克的印第安青年的帮助,他出色地完成了自己的任务。与此同时,由于对人类学的兴趣,他屡次访问印第安人的居留地,在北美东海岸易洛魁人中进行实地调查,观察他们的生活方式,探询他们的风俗习惯,研究他们的组织结构,并于1807年被塞内卡族收养为成员。根据这些实地调查,摩尔根先后发表了《易洛魁联盟》(1851)、《人类家庭的血亲和姻亲体系》(1870)、《古代社会》(1877)以及《美国土著居民的家庭与家庭生活》(1881)等著作,其中《古代社会》是他最重要的著作。

摩尔根对印第安人的调查,最初关注的是易洛魁联盟的组织结构,以及易洛魁人的宗教信仰和风俗习惯,其结果载入了他1851年出版的《易洛魁联盟》一书。此后,他把自己的注意力集中到亲属称谓问题上,发现不仅易洛魁人的亲属称谓同自己的习惯有很大差异,而且易洛魁人的"奇特的"亲属称谓在美洲许多不同方言的土著中普遍存在。为了证明这种普遍性,他精心设计了一份详细的调查表,并把它分寄给美国各地在印第安人中传教的牧师,以及远在太平洋各岛屿、远东、非洲等地的一些人,请求他们帮助调查各地土著居民的亲属称谓,他自己也从1859年开始每年都外出调查一次,跑遍了美国西部许多地方,结果证实各种不同方言的部落竟有一种基本类似的亲属制度。由此,摩尔根发现了人类早期的某些共同的或普遍的社会组织原则和发展规律,并把这些发现写入了《人类家庭的血亲和姻亲体系》一书。

在发现人类早期的某些共同的社会组织原则和发展规律以后,摩尔根的研究对象便不再限于美洲印第安人,而转到整个人类的原始社会方面来了。他企图从进化论出发来复原人类史的综合图式,为此他还特地赴欧洲作了一次旅行,以便开阔自己的眼界。正是在这个基础上,1873年他才得以出版他一生最重要的著作《古代社会》。此书所涉及的范围,不仅是印第安人,还包括了阿兹特克人、希腊人、罗马人,以及苏格兰人、爱尔兰人、日耳曼人、希伯来人、中国人、斐济人等等。全书分为4编:(1)各种发明和智力发展;(2)政治观念的发展;(3)家族观念的发展;(4)财产观念的发展。他在书中把亲属称谓的研究与氏族制度的研究相结合,基本上界定、排列了文化进化的阶段及其次序。他宣布:"人类出于同源,在同一发展阶段中人类有类似的需要,并可看出在相似的社会状态中人类有同样的心理作用。"具体而言,人类文化的进化大体可分为3个阶段:蒙昧阶段、野蛮阶段、文明阶段。每一阶段可分为早、中、晚3个时期。人类历史始于蒙昧时代早期,蒙昧时代早期始于渔猎及火的使用,晚期始于弓箭的发明。野蛮时代早期始于陶器的发明。东西半球呈现了不同的进化状态,东半球始于家畜的饲养,西半球始于玉米及灌溉植物"栽培",晚期则是从炼铁及铁器的使用开始的。文明时代以文字的发明、使用为标志,一直延续到当代。摩尔根的人类进化论,是以重要的技术和发明为标志,对文化进化的阶段进行基本量化,同时阐述与进化基本阶段相关的婚姻、家族、亲族制度、财产所有制、社会组织和政治组织。这种人类社会进步与生产技术发展相联系的观点,为科学地展开人类学的研究奠定了基础。

摩尔根的学说带有"单线进化"论的痕迹。他认为:"人类历史的起源相同,经历相同,进步相同","他们在各个大陆上的发展状况虽有所不同,但途径是一样的",在人类进步的道路上,各个进步阶段是"顺序相承"的。因此,当旅行家、未来的原始社会历史学家,以及比较法学家加入到人类学的研究队伍以后,摩尔根的某些假说便发生了动摇,甚至被无情地推翻。美国社会学之父莱斯特·弗兰克·沃德在其1883年出版的《动态社会学》中甚至认为,达尔文的进化论仅仅在自然领域才是正确的,而在人性领域内则不具权威性,因为环境或自然虽然左右和改变着动物世界,人却能左右和改变自然。他主张并号召建立一门社会学,这种社会学既承认进步是可望成就之事,又坚信须依靠教育和政府作为手段方能成就之。但摩尔根的基本观点,他给原始社会历史研究所建立的系统,却始终是有效的。

实用主义之形成:皮尔斯、詹姆士和杜威

19世纪40年代,托克维尔在写作《论美国的民主》之时,尚认为"美国人没有自己的哲学学派"。但由于进化论在美国的传播,美国人也开始形成他们自己的哲学,这就是实用主义哲学的兴起。因为正是由于进化论的传播,人们才逐渐放弃植根于18世纪浪漫主义的先验论,而代之以一种工具主义或实用主义著称的新哲学。实用主义是地地道道的美国哲学。

但这并不是说,在实用主义哲学诞生之前,美国人不信仰任何哲学,也不是说他们没有任何哲学讨论。早在1743年,本杰明·富兰克林就在费城创建"美国哲学会";1860年代,德国移民亨利·布罗克迈尔和教育家威廉·哈里斯也共同创建过圣路易哲学学会。但在实用主义形成之前,美国人的哲学思想主要来源还是欧洲哲学,以约翰·洛克为代表的自然哲学在美国尤受重视。托马斯·杰斐逊起草《独立宣言》时,借以作为反英独立革命武器的,正是这种主张"人权"是人的自然权利的哲学。一般来说,在很

长一个时期内,在哲学以及文学和其他各种社会学领域内,情况都差不多。它证明,美国人在文化上还是不独立的。美国实用主义哲学的创始人主要有3位:

(1)查尔斯·桑德斯·皮尔斯(1839—1914)。皮尔斯1839年生于马萨诸塞州剑桥,1859年毕业于哈佛大学,同年进该大学劳伦斯科学学院,1863年在化学专业毕业,1867年被选为美国艺术和科学研究院研究员,其研究领域遍及自然科学和哲学领域。1870年,他已发表8篇有关逻辑学方面的论文和小册子,时年仅31岁。1879—1884年他赴约翰·霍普金斯大学讲授逻辑学。1877—1878年,他发表在《大众科学月刊》上的连载文章《科学逻辑的说明》,提出了他的"实用的主义"的哲学,成为美国"实用主义的创始人"。① 虽然正式使用这一概念,是1902年的事。② 在皮尔斯看来,我们的信念实际上就是行动的准则,要弄清楚一个思想的意义,我们只需断定这个思想会引起什么行为。因此,我们思考事物时,如要把它完全弄明白,只需考虑它会有什么样可能的实际效果,即我们对于这些无论是眼前的还是遥远的效果所具有的概念,就这个概念的积极意义而论,就是我们对于这一事物所具有的全部概念。威廉·詹姆士指出,皮尔斯的这个原理,"也就是实用主义的原理"。

(2)威廉·詹姆士(1842—1910)。詹姆士1842年生于纽约一个神学家家庭,先后就学于哈佛大学和德国赫尔姆霍兹、冯德等大学,得以熟悉当代哲学和心理学,1872年起任教于哈佛大学,先后任生理学、心理学和哲学教授,1884年发起组织"美国心灵研究会"。詹姆士的著作很多,代表作是1907年出版的《实用主义》一书。在詹姆士看来,实用主义与其说是一种独立的思想体系,毋宁说是对哲学问题的思考方法,真理并不是一种绝对而只是一项社会成就,是每一个社会和每一个个人都得要为自己去造成的东西。

---

① 威廉·詹姆士《实用主义》,商务印书馆,1989年版,第6页。
② 1902年,皮尔斯在鲍德温主编的《哲学与心理学辞典》中首次使用"实用主义"概念。

他说:"一种思想的真,并不是那种思想所固有的一个静止的特性。'真'是出现于一种思想的。它是逐渐成为真、通过种种事件而被造成为真的。"因此,真理的检验要在结果方面才能找到:"某一真理究竟意味着什么,其最终的检验乃在于它所指使或激发的那种行为。"詹姆士有一句名言:"彻底经验主义。"虽然他本人声称实用主义与经验主义"没有任何逻辑性的关联",但两者之间的内在联系看来还是存在的。

(3)约翰·杜威(1859—1952)。杜威1859年出生于佛蒙特州,1879年毕业于柏灵顿大学,1884年获约翰·霍普金斯大学哲学博士学位,同年获密歇根大学哲学和心理学讲师教席,1889年起先后任明尼苏达大学、芝加哥大学和哥伦比亚大学哲学、心理学或教育学教授,于1915年参与创立美国大学教授协会并任第一任会长,1938年被选为美国哲学协会终身名誉主席,曾到日本、中国、土耳其和墨西哥等地讲学。其代表作有《实用心理学》(1889)、《学校与社会》(1899)、《民主与教育》(1916)、《哲学的改造》(1920)等等。他在皮尔斯、詹姆士理论的基础上,进一步发展了实用主义学说,系统地提出了工具主义的认识论和方法论,并将其应用于教育学、历史学等领域。杜威的"实用主义",标榜以科学和民主精神为核心,认为科学和技术是"促进人类福祉之根本的手段",认为"自由主义对实验过程的信奉包含了对与社会关系变化密切相关的个性与自由观念进行不断改造的意图","个人绝不是固定的、给予的、现在的。它是某种达成的东西,不是在孤立状态下达到的,而是在一定环境——文化的与物质的环境,这个'文化的'不仅包括科学与艺术,而且包括经济、法律与政治制度——帮助与支持下"达到的,而"民主与教育之间的关系是一种相互交织、相互依存的关系","民主本身就是一项教育的原则,一项教育的措施与政策",如果离开了教育,"民主就不能维持,更谈不上发展",但一个人只有在有机会从自己的经验出发作出某种贡献时,这个人才能真正受到教育。

人们对"实用主义"有很多误解,常常把它列入"主观唯心主义"的范畴,其实它是和先验论和教条主义相对立的。据考证,"实用主义"(pragmatism)一词来源于希腊语的 πραγμα 一词,其本意是"行动"即"实践"的意思,强调"实验"和"结果"对人的认识的重要性。在实用主义者思想中,特别是在杜威的哲学思想中有一个突出之点,就是反对笛卡儿以来近代哲学的心物二元论,强调人所面对的、生活于其中的、作为认识对象的世界是人的视野(经验)中的世界,是经过人的作用和改造(人化)的世界,而不是人以外的世界本身。它对人以外的世界的自在地存在并不否认,只是认为它一旦成为人的生活和经验的对象,就必然为人的生活和经验所制约,也就是被人化,失去了其自在性。① 因此,实用主义者特别是杜威主张哲学所应关注的,不是去论证唯物主义所说的物质世界或唯心主义所说的精神世界如何自在地存在,而应是去揭示人(主体)与世界(客体)之间的相互依存和相互作用的关系。这就离不开人的生活和经验,即人的实践。因此,生活和实验的观点是实用主义哲学的基本观点,这就使它超越了现代哲学思维方式的界限,而更加接近于现代科学的精神。

杜威的教育思想,不仅是他的实用主义哲学在教育方面的重要体现,而且在很大程度上继承了托马斯·杰斐逊的民主思想。他不仅强调实验和经验在教育中的重要地位,而且认为,公民没有普遍的必要的教育,民主制度是得不到保证的。杰斐逊有句名言:"任何政府,如果单单托付给人民的统治者,这个政府就会败坏。因此,唯有人民自己才是政府可靠的受托者。为了使他们完全可靠,他们的心智必须予以相当的陶冶。这虽然不是教育的唯一目的,但却是教育必需的任务。"②杜威认为:"在这句话中,他表示了民主,特别是政治民主的含义。"③

与西欧各国不同,美国不是在传统社会中成长起来的,而是在处女地上新建立起来的,其现代化进程是伴随着西部的拓殖而展开的。因此,这种不

---

① 孙有中等译《新旧个人主义——杜威文选》,上海社会科学出版社,1997年版,第178页。
② Thomas Jefferson, *Writings*, New York, 1984, pp. 245-246.
③ 孙有中等译《新旧个人主义——杜威文选》,第24页。

断的拓殖及其经验,构成了美国传统乃至心灵的核心内容,在美国人的物质生活和精神生活中无处不在。如果说实用主义可以算作是一种被称为"美国哲学"诞生的标志的话,那么说这种哲学应当与美国人这种独特的经历有关,这大概是不会有人怀疑的。因为只有它才是具有原则性的美国思维模式。美国实用主义哲学的总的发展趋势是:"从演绎向归纳转变,从直觉向实验转变,从形式向功能转变,从范型向程序转变,从静态向动态转变,从原则向实践转变。"带有很强的美国特色。

语言和文学的"独立":
从爱默生、惠特曼、马克·吐温到门肯

语言是人类交往的工具,而文学则是生活的反映。内战后美国经济的腾飞,由工业化所带来的民族经济的壮大,不能不在语言和文学上反映出来。其突出的表现就是,文学创作由浪漫主义向现实主义的转变。

在早期,反映北美殖民地生活的文学著作,主要是英国人写的关于美洲的日记、游记与宗教方面的作品。这些作品一般是在英国出版的。它们虽然从各个不同侧面反映了殖民地的社会面貌和风土人情,但大都从"大英帝国"的立场出发,不是为英帝国海外扩张与探险献计献策,就是为其殖民主义的业绩歌功颂德,甚至把屠杀印第安人的人当英雄来赞扬。只有独立革命时期的富兰克林、潘恩和杰斐逊的散文,才散发出美国人的革命气息,并在思想上迅速地与英帝国分道扬镳。

美国的独立,标志着一个新的民族兴起于世界的西方,它的文化渊源于西欧,但越来越具有自己的特色。休·亨利·布雷肯里奇的小说《现代骑士》写的是美国的现实生活,邓拉普的戏剧《安德烈》以独立革命为自己的题材,罗耶尔·泰勒的喜剧《对比》对比的是美国作为新兴国家的"纯朴"和英国腐朽的"文明"。美国的历史传说、风土人情、自然景色、革命故事、西部开发和印第安人,等等,都成为新时期文学的素材。但资产阶级上升时代

的理想与热情,特别是对刚刚摆脱了英帝国殖民统治的这个新兴国家的热爱,使独立后的作品充满了浪漫主义的情调。他们或者美化英国的过去和传统,如欧文笔下的殖民地社会中的懒汉和库柏笔下的猎户;或者颂扬作为民主制社会基础的个人和个性,如爱默生和梭罗散文中宣扬的个人意志和绝对自由。到19世纪50年代中期这种浪漫主义文学更是达到登峰造极的地步,以至产生了如惠特曼的《草叶集》这样的作品。惠特曼把"草叶"当做正在发展的美国的象征,当做一种最普遍、最具有生命力的东西来宣扬,实际上是宣扬美国"强有力的民主制度"。惠特曼被称为美国资产阶级民主的"最伟大也是最后的歌手"。

内战后,一方面,随着奴隶的解放、大西部的开垦、先进技术的采用、各种矿藏的开采、全国铁路网的建立,以及大量移民、资本和技术的引进,工业化进程加快进行;另一方面,随着投机活动的加剧,资本集中的步伐加快,政府腐败现象日益突出,中小企业破产,社会矛盾日益尖锐化。在这种情况下,内战前关于美国民主、自由的理想和颂扬,渐渐被某种破灭感所取代,文学和艺术活动开始由浪漫主义转向现实主义。"现实主义"文学的首倡者是威廉·豪威尔斯(1837—1920)。豪威尔斯生于俄亥俄州,他父亲是一个贫苦但受过良好教育的印刷工人,1852年豪威尔斯进入《俄亥俄日报》工作并开始写作,1861年因帮助林肯竞选总统成功而被任命为威尼斯领事,回国后被聘为《大西洋月刊》编辑,1909年任美国文学艺术院首任院长。其代表作有《现代婚姻》(1882)和《塞拉斯·拉帕姆的发迹》(1885)等,作品内容涉及西部生活、社会男女问题和宗教问题。他认为,"在现实生活中、没有一件事情是没有意义的",要"你照相似地再现肉眼所能看得出的"生活,主张写作要"不多不少"地忠实于所描写的对象,而对象就是"日常的平凡的事物"。除了威廉·豪威尔斯外,可以列入现实主义作家的,还有马克·吐温(1835—1910)、亨利·詹姆士(1843—1916)、赫姆林·加兰(1860—1940)、伊迪丝·华顿(1862—1937)、斯蒂芬·克兰(1871—1900)、杰克·伦敦(1876—1916)、法克兰·诺里斯(1870—1902)以及西奥多·德莱塞

(1871—1945),等等。其中最著名的是马克·吐温,他既是当时最伟大的现实主义作家,也是美国民族文学的伟大代表。

马克·吐温原名塞缪尔·郎荷恩·克列门斯,马克·吐温(Mark Twain)是他的笔名,原意是"水深二浔",是密西西比河上测水员用的术语,1863年开始作为写作时的笔名出现于报纸杂志,这与他的出生和经历有关。马克·吐温1835年生于密苏里州的佛罗里达村,4岁时随父迁居汉尼拔(Hannibal),该镇就位于密西西河西岸。气势磅礴的密西西比河,来往不断的船只和木筏,黑奴们的苦难生活,船夫们的精彩故事,西部人的诙谐与幽默,以后都成为他创作的丰富源泉,使之成为美国最伟大的幽默作家。他从对民主的理想出发,用幽默、讽刺的手法揭露和批判了当时美国社会的丑恶,其作品所体现的丰富的思想内容和独特的艺术风格,深受国内外读者的欢迎。不过,由于他父亲去世很早,马克·吐温12岁就开始了独立的劳动生活,先后当过印刷学徒、送报人、排字工人、水手和舵手。在内战期间,由于密西西比河航运萧条,他曾到西部的内华达找矿,但辛苦了几年一无所得,后在内华达弗吉尼亚城《事业报》和加州旧金山《晨报》当记者,才开始了大量通讯报道和幽默小品的写作。他最初的一批札记,就是在他当记者时写的,主要记述他在东部和西部的旅行,以及沿海城镇和矿区的那种杂乱无章的生活。

他的第一部长篇小说,是与人合作的《镀金时代》,发表于1874年。它讽刺和批判了内战后美国政治上的腐败现象和像瘟疫一样弥漫于全国的"投机"风气。小说主人公之一塞勒斯,是一位幻想发财的小市民,以为"整个空气里都是钱"。另一个主人公是参议员狄尔沃绥,他是企业家兼政客,一面谈为"公众的利益"服务,一面做着买卖选票的勾当。1876年发表的《汤姆·索亚历险记》,是一部儿童探险小说,写内战前一个小镇上汤姆·索亚不满意枯燥的生活环境,去追求传奇的冒险生活的故事。作者用对比的手法,以生气勃勃的儿童心理同陈腐刻板的生活环境相对照,使心理描写成为其创作的特色,这是他的第一部成名作。1883年,他发表了另一部作品《在密西西比河上》,这是作者重访密西西比河的随笔,以抒情的笔调描绘了这条母亲河的自然风光,以及对早年他当舵手的那段生活的有趣回忆,其中包括了有关舵手协会组织和斗争的情况,字里行间充满了作者对于自由的向往。1886年发表的《哈克贝利·费恩历险记》,描写了这样一个发生在南北战争前的故事:黑奴吉姆听说女主人要卖掉他,于是逃离主人前往北部自由州,在路上遇到为躲避父母责打的小孩子哈克,在密西西比河上他们一起逃亡时,在相互依赖中结成深厚友谊。但他们找不到通往自由的卡罗镇,却碰上自称"国王"和"公爵"的两个骗子,吉姆险些被卖掉。在小说中,吉姆在思想上始终是独立和自由的,否认奴隶制的"天然合理"性,寄托着马克·吐温的民主思想。这部书因此成为他的代表作。此外,马克·吐温还写过一些重要作品,如《王子与贫儿》(1889)、《傻瓜威尔逊》(1900)和《赤道环游记》(1897)。后一作品中包含着反对帝国主义的内容。他的最后一部重要著作,是他于1907年开始撰写的《自传》。

内战后兴起的"现实主义"文学,深刻地揭露了美国资本主义的社会矛盾,但它并不是和内战前浪漫主义的作品完全对立的。或者说正是这两者从不同的角度揭示了这个新兴的国家,以及它所实行的资本主义制度的本质和特征,并共同构建了美利坚民族文学的大厦。因为从文学思潮上讲,可以分为浪漫主义和现实主义,但二者都可以作为表达民族意识和感情的手段。拉尔夫·W.爱默生是浪漫主义者,同时又是一位著名的爱国主义者。他发出了这样的呼声:"这里有新的土地、新的人、新的思想。我们要求有我们自己的工作、自己的法条和自己的宗教。"并断言:美国"对外国学识的漫长的学徒时期"即将告终,"千万民众绝不能永远靠外国宴席上的残羹剩菜来喂养"。同样是浪漫主义者的诗人瓦尔特·惠特曼,也认为"在评定第一流的诗歌时充分的民族性一般是第一要素",并把自己的《草叶集》看成是"只能在民主的美国"才能产生的"民族战争的产物"。而作为现实主义伟大代表的马克·吐温,更是美国民族文学的重要推动者,是他第一个完全采用美国方言进行创作,以"美国的母亲河"密西西比河流域为主要背景,并赋予美国文学以独特的幽默风格,美国文学也第一次通过他的名字跻身于世界文学的宝库。

19世纪末和20世纪初,当美国文学在现实主义文学思潮推动下,逐渐成熟而形成独具特色的民族文学的时候,终于使得美国语言学家们有了这样一种可能:思考、研究和总结美国英语与英国英语的区别和特点。于是,由H. L. 门肯主编的《美国语言》便在1919年应运而生。在这本厚达2500页的书中,门肯作为主编在《序言》中庄严宣布:在"对不同民族的特征及思想方式进行了深入的探索"之后发现,"英国本土的英语与美国人讲的英语,无论在遣词造句上,在成语的含意与使用习惯上,乃至在通常谈话的语法结构方面,都存在着明显差别",在语调上英语显然比美语可取,而在拼写上美语则无疑更佳。在门肯看来,美国英语的这种发展和走向,是缘于一种所谓"美国精神"的驱动,而这种精神便是"公然独立"的精神。为此,该书被有人称之为美国语言的"独立宣言"。尽管自1919年以来,在众多的对L.门肯的评述中,迄今没有发现"独立的美语"的字样,但它毕竟是1828年诺亚·韦伯斯特所编美国英语词典对美国英语进行全面纵览以来,这个国家对美国英语进行研究的主要权威著作之一,并"反映了当时民众要在精神上再次摆脱英国的独立的心态"。我们从"美语"(The American language)这一概念的使用中,不是也能看到这种"心态"吗?①

特纳"边疆假说"的提出及其主题

在美国文化民族主义形成过程中,特纳"边疆假说"的提出占有突出的地位和作用,因为它一改传统史学把美国制度和文化之源归之于欧洲的理论和作法,而把目光转向新大陆本身,特别是转向西部边疆。

---

① 1930年,辛克莱·刘易斯成为美国第一位获得诺贝尔文学奖的文学家,瑞典皇家科学院发言人在其授奖词中,就把他使用的"美国语言"称为"新的语言"。

美国的传统史学的主要代表是乔治·班克罗夫特(1800—1891)。班克罗夫特出生于文化之乡马萨诸塞,1817 年毕业于哈佛大学,后赴法国学习并于 1820 年获得哥廷根大学博士学位,1822 年回国执教于哈佛大学,以法国为榜样进行教育改革,遭反对而被解聘,后自办学校教书。其代表作为 10 卷本的《美国史》,从 1834 年开始出版,到 1876 年方才出齐,历时 40 余年。该书一改前人重史料的编体写法,第一次全面地论述了从美洲殖民到独立建国的美国历史,被誉为"美国历史之父"。其著述贯穿了 3 条主线:(1)是把北美拓殖视为继往开来的事业;(2)视合众国的建立为世界走向自由的标志;(3)宣扬美国人对于人类的历史使命感,因而高度评价美国的立国精神。

19 世纪末,美国史学中的一个重要趋势是专业史学家逐渐取代非专业史学家的地位,历史学逐渐成为一个独立的学术领域,成为一门独立的学科。主要有 3 个表现:(1)1876 年,约翰·霍普金斯大学设立历史研究生专业;(2)1884 年,美国历史学会正式成立;(3)1895 年《美国历史评论》创刊。在这些措施影响下,历史学成为各大学都设置的重要教席,历史研究之风盛行于整个人文社会科学界,一些重要历史学家和历史学著作应运而生。在第一代专业史学家中,涌现了 3 位重要代表性人物,即执教于哈佛大学的亨利·亚当斯、执教于哥伦比亚大学的约翰·伯吉斯、执教于约翰·霍普金斯大学的赫伯特·亚当斯。这些人都曾留学于德国,深受德国史学泰斗 L. 兰克(leopold von Ranke)史学思想的影响,而以制度史的研究为主,被称为"制度学派"。在解释美国制度和文化的来源时,这个学派把盎格鲁·撒克逊人的制度和文化作为其"生源"(germ),而执教于约翰·霍普金斯大学的赫伯特·亚当斯,就是这种"生源论"的积极倡导者。他在《新英格兰诸城镇的日耳曼起源》和《美国的诺尔曼警史》等著作中,研究了新英格兰早期殖民据点的土地关系和政治组织,论证了那里存在着农村公社的某些残余,土地常常被宣布为农村公社的公共财产,并且指出在美洲组织起来的清教会社和古代日耳曼人的"公社自治"有着某种"种族的共同性"。

然而,也正是在这个时候,一些年轻的历史学家,开始冲破传统史学对美国史的藩篱,寻求新的出路。而弗雷德里克·杰克逊·特纳(1861—1932),就是新派历史学家中最杰出的代表,他用以和制度学派相对立的就是所谓"边疆假说"。这一假说,见于1893年他在芝加哥"美国历史协会"召开的年会上宣读的论文:《边疆在美国历史上的意义》。他在这篇论文中指出:"以前研究美国制度史的学者们过分注意寻找日耳曼根源的问题,而对于美国本身的问题却注意得十分不够";为了解决美国制度的根源问题,应当把学者们的注意力转移到美国的"边疆问题"上来,因为"只有把视线从大西洋沿岸转向大西部,才能真正理解美国的历史"。他指出:"直到现在为止,一部美国史在很大程度上可以说是对于大西部的拓殖史。一个自由土地区域的存在及其不断的收缩,以及美国定居地的向西推进,可以说明美国的发展。"这就是著名的"边疆假说"。不难看出,所谓"边疆问题",乃是一个美国制度和文化的根源问题。这个假说的实质,在于强调美国制度和文化的不同于欧洲的特点,并把它的形成和发展的主要原因的思考和解释,从欧洲方面转到新大陆上。

特纳提出这一假说的背景是什么?为什么正好是特纳而不是由别人来提出这一假设呢?其中的一个直接的原因是,1890年美国人口调查局在其报告中第一次宣布:"直到1880年(含1880年),我国本有一个定居的边境地带,但现在未开发的土地大多已被各个独自为政的定居地所占领,所以已经不能说有边境地带了。"这里所说的"边境地带",就是指正在拓殖而又未完全被拓殖的地带,即特纳所说的"边疆"。这使特纳得出结论:"这一简略的官方说明,表示历史上一个伟大的运动已告结束。"这就给历史学家提出了一个问题:"如何认识和总结这一拓殖运动的历史经验及其在美国历史的地位和作用?"特纳抓住了这一机会。但更深层的一个原因还在于经过内战后几十年的突飞猛进的发展,特别是由第二次工业革命所推动的工业化运动所取得的发展使美国的综合国力发生了根本性变化,即在经济上已跃居世界首位,这使美国人的民族自豪感空前增强,因而更加重视美国人自己的历史、经验及其特点,而西部的拓殖和开发的过程贯穿了美国的整个"成年时期",涉及6.5倍于美国独立前的领土面积,2倍于原13州的新州和领地,其意义不可小视。此外,19世纪和20世纪之交,随着美国综合国力的增强,美国在世界经济、政治、军事和外交的较量中面临新的机遇,它正处于由大陆扩张向海外扩张过渡的转折点。对此,近一个世纪的对边疆的拓殖运动于此有何启发呢?这也是有待历史学家给予回答的重大问题。这就是特纳提出其"边疆假说"的历史和社会背景。

在特纳看来,"边疆是一条极其迅速和非常有效的美国化的界线",因为"移民的人受到荒野完全的控制"。他写道:"在荒野里发现,移民的人穿着欧洲的服装,拥有欧洲的工业,运用欧洲的工具,表现欧洲的旅行方式和思想。他从火车车厢里出来,钻进一只桦皮船里。他脱下了文明的外衣,穿上打猎的衬衫和鹿皮靴。他寄身在契洛克人和易洛魁人居住的四周围着栅栏的木头小房子里。不要很长时间,他就习惯于种植玉蜀黍和用一根尖木棍犁地了;他叫喊厮杀,也剥人的头皮,跟地道的印第安人完全一样。一句话,边疆的环境对这个移民的人来说,影响是太大了。他必须接受环境所提供的一切条件,否则他就会灭亡,因此他只有适应印第安人开辟出来的地方,照着印第安人踏成的路走。渐渐的他改变了荒野,但是改变的结果不是变成旧欧洲,也不单单是日耳曼根源的发展,甚至从最新的形象来看,它也不是一种仅仅恢复日耳曼标志的情形。事实是,这里有了一种新的产品。起初边疆是大西洋沿岸,真正说起来,它是欧洲的边疆。向西移动这个边疆才越来越成为美国的边疆。正像一层一层的堆石是由冰河不断地流过而积成的一样,每一次的边界都在它的后面留下了痕迹,而一旦形成定居地以后,这块地方仍然保有边界的特点。因此,边疆不断地向西部推进就意味着逐渐离开欧洲的影响,逐渐增加美国独有的特点。"因此,特纳认为,"研究这一进程,研究这些情形下成长起来的人们,以及研究由此而产生的政治、经济和社会的成果,就是研究真正的美国史"。不妨说,特纳对美国社会经济政治变迁的这种深入观察和深刻分析,以及他在这些观察和分析基础上提出的新历史观,乃是19世纪末和20世纪初美国"文化民族主义"兴起及整个"精神独立运动"的最基本也最重要的基础和解读。

特纳常常被指责为"地理环境决定论者",这不是完全没有根据的,他说的美国的民主"来自美国的森林",就是这方面的一个重要证据。但实际上他并不完全否认美国制度和文化中的欧洲根源,因为他说过,"边疆"的不断向西推进,只是"意味着逐渐离开欧洲的影响",而不是企图根本否认这种影响。他说"在美国的开拓中,我们看到欧洲生活方式如何打进这个大陆,也看到美国如何改变和发展了这种生活方式,反过来又影响了欧洲"。事实上,他在提出其"边疆假说"之时,就给自己的论点加了两个重要的限定词:一是"直到现在为止"(up to our own day),即在时间上限于1893年之前的美国史;二是说"在很大程度上"(in a large degree),而不包括全部的美国史,从而给自己留下了回旋的余地。

然而,有一点很值得注意,正如特纳在他的"边疆假说"中指出的,在美国"民族主义的兴起"过程中,美国人的这种气质"是在不断的扩张中养成的",而这种扩张力又是"美国人固有的一种力量,它自始至终地刺激社会各阶级",因此,"除非这种训练对一个民族没有影响,否则,美国势必继续要求一个更加广阔的领域,以便发泄他们旺盛的精力"。由此是否可以说,当特纳努力从边疆的拓殖中去揭示"说明美国的发展"的内在因素之时,也向世界指出了某种不祥之兆呢?所以,当有人指责特纳"边疆假说"的提出"适应了"帝国主义的需要的时候,人们就很难为之辩解了。这里只能划分的界线是:是自觉的还是不自觉的?

美国法学的演变:由自然法学到社会法学

托马斯·潘恩有句名言:"在专制制度中国王便是法律,同样的,在自由国家中法律应该成为国王。"这一思想为独立后的美国政体定下了基调。在美国,法律对各个方面的生活始终发挥着关键作用。正如托克维尔所说:

"在美国,出现的政治问题,很少不是或迟早的作为一个司法问题解决的。"

在19世纪和20世纪之交,美国意识形态领域中最后一个重大转变乃是法学的转变,即由自然法学转变为社会法学,这种转变也与进化论和实用主义的传播有关。实用主义强调社会经验对于法学的重要性,强调法律制定的原则要受实践检验,因而成为这种转变的动力。甚至有人说,在所有各个社会科学领域中,对进化论和实用主义响应最坚决果敢的,就是法律研究了。

在很长一个时期内,美国的法学是以自然法为准绳的。还在独立革命爆发之前,自然法就成为美洲人与英帝国斗争的手段,在殖民地与英国议会的斗争中所提的一个中心口号,就是"无代表不纳税",从而提出了殖民地的"权利"问题。独立革命爆发后,为北美独立鸣锣开道的还是自然法,关于这一点已在杰斐逊起草的《独立宣言》中讲得很明白。《独立宣言》指出,美利坚民族之所以要与英国分离而独立,是"依照自然法和自然神法";而按照自然法,"下面这些真理是不言而喻的:人人生而平等,造物主赋予他们若干不可剥夺的权利,其中包括生命权、自由权和追求幸福的权利"。然后,杰斐逊把人权原则推及民族而得出民族平等的原则,从而为美国独立的正当性作了有力的辩护。通过《独立宣言》,自然法的原则和精神不胫而走,深入人心,以致围绕着联邦宪法的批准问题,人们对"权利法案"的关注从来没有那样广泛。可以说,"权利法案"的最后通过,就是自然法原则的胜利。虽然这一精神在以后几十年里长盛不衰,但在进化论和实用主义兴起之后,越来越多的法学家认为,法律真理如同一般的真理一样,是要通过实际经验来发现的,因此法学不能再以自然的原则为核心,而应当将人置于法学的中心地位。社会法学的积极倡导者有两位代表人物,即奥利弗·温德尔·霍姆斯(1841—1935)和罗斯科·庞德(1870—1964)。

霍姆斯1841年生于波士顿,1861年毕业于著名的哈佛大学,内战时期曾加入联邦军,1864年以上尉军衔退伍,后再进哈佛法学院,1867年取得律师资格,1870—1873年任《美国法律评论》编辑。1873—1882年在几家律师事务所从事律师业务。1870—1882年受聘到哈佛法学院、波士顿洛维尔研究所讲授普通法。1882年被任命为马萨诸塞州最高法院长官,1899年任首席法官。1902年被西奥多·罗斯福总统任命为联邦最高法院法官,并连任30年。应该说,他不仅有高深的法学修养,而且有丰富的实践经验,所以他在最高法院的法官中,被认为是最有成就的法学家。他之所以成为社会法学的积极倡导者,很可能与他跟实用主义哲学家查尔斯·皮尔斯、威廉·詹姆士等人的密切交往有关,以至深受实用主义的影响。其代表作有1873年主编的《美国法律评注》和1881年发表的著名论文《习惯法》。霍姆斯认为:"法律的生命向来不在于逻辑,而在于经验。时代的种种为人们亲身感受到的必然需要——流行的道德理论和政治理论,公开承认的或不自觉地对公共政策的直觉认识,甚至法官公开与同胞共有的种种偏见——对于确定治世律人法则都要比三段认论法史有关系得多。法律体现着一个民族许多世纪以来的发展实情,因此不能够把它当做只不过包含着一卷教学书中的许多定理来加以对待。"

庞德是植物学家兼法学家。他生于内布拉斯加州,最初学的是植物学,1889年才进入哈佛大学攻读法律。此后,他先后在西北大学、芝加哥大学和哈佛大学任法学教授,1916—1936年升任哈佛法学院院长,二战后一度曾参与中国台湾司法制度的改组工作。其著述甚多,不下14部,最重要的有《法学讲义提纲》(1914)、《不成文法的精神》(1921)、《法律的新道路》(1950),以及5卷本的《法律学》(1959)。他认为,法学应"适应于它所要指导的人性思想,而不是适应于那些初始原则"。他主张,法学应"将人的因素置于中心的地位,而将逻辑降到它实际应处的作为工具的位置上去"。从利益法学观念出发,他在1943年提出宪法解释的重要任务,就是"权衡和平衡部分吻合或业已冲突的各种利益,并合理地协调或调解之"。他说:"宪法不是辉煌的政策便览。宪法重要原则的适用应成为社会在法律政治意义上进步的起点。宪法可以规定确切而简明的规则,例如,那些精确的公文术语和公共官员分担责任的规定。但是宪法不得拘泥于文字来解释和适用。解释宪法原则是把理性原则合理地运用于具体的时空。"

其实,对社会法学的兴起起了推动作用的,除了霍姆斯和庞德这两个代表人物外,还有一位重要法官本杰明·卡多佐。他强调司法程序的"社会效果",认为司法判决"必须在更大程度上取决于会因此损益的各种社会利益的不同意义或价值"。他说:司法"经常所遇到的都是平衡社会利益……即使有时是半公开的,经常不可避免的还是合法行为与其社会价值之间的关系。我们在审判中无时不在平衡、协调和调解"。

查士丁尼说过:"自然法则是上帝神意制定的,因此始终是固定不变的。"①而社会法学的倡导者则强烈呼吁,立法和司法应面对社会、面对事实、面对经验。对于一个正在迅速崛起和发展变化的国度来说,究竟哪一种法学更适应它呢?美国此后的立法与司法实践表明,这个国家越来越多地接受了社会法学的理论,但并没有完全放弃自然法学的传统,二者从而可以并行不悖地发挥其优势和作用。

---

① 〔古罗马〕查士丁尼著:《法学总论》,商务印书馆,1997年版,第11页。

第十三讲

1930年代危机与F.罗斯福"新政"

由空前繁荣到空前危机

由于威尔逊"赢得战争而失去和平",遭到共和党人联合反对。在1920年的总统竞选中,共和党候选人沃伦·G.哈定(1865—1923),以61%以上的选票当选,从此开始了共和党长达12年的执政,在历史上被称为"共和党的10年"。继哈定之后的共和党总统,一个是卡尔文·柯立芝,一个是赫伯特·C.胡佛。

这次共和党人的胜利,在本质上是保守主义的胜利,它充分地体现在哈定总统关于"恢复常态"的呼吁中。其实质,是打着"重建、调整和恢复"的旗号,放弃20年来由民主党人实行的进步主义改革,改革前宣布的罢工的合法性也被卡尔文·柯立芝视为是对"公众安全的危害"。吏治腐败,内政部长艾伯特·福尔在海军部部长登比默许下,同多赫尼财团和辛克莱财团勾结,让两公司取得了有巨大价值的海军石油资源储备地的控制权,如把位于加利福尼亚的埃尔克山资源储备地租让给了多赫尼的公司,把位于怀俄明州的蒂波特多姆资源储备地租给了辛克莱的公司,福尔从两财团手中获得了至少40万美元好处费。三K党于1915年在佐治亚复活,复活后的三K党势力扩张很快,不仅由南部扩展到中西部、西南部和远西部,而且逐渐由社会领域深入到政治领域，打入民主党和共和党两大政党的内部，在 20 年代夺取了 3 个参议院席位和至少 4 个州州长位置，三 K 党人用暴力对付他们心目中的敌人，主要是天主教徒、犹太人和黑人群众，教堂火刑、私刑处死、残体截肢、鞭笞拷打，是其惯用的手段。"原教旨主义"流行，曾作为市政改革先驱的威廉·布赖恩，这时已演变成为代表宗教正统的十字军领袖，南部有好几个州在他的领导下制定法律，公然禁止在州立学校中讲授进化论，1923 年俄克拉荷马议会通过法案禁止中小学教科书采用"达尔文创世说"，1925 年田纳西州中学生物教师约翰·斯科普斯因讲授进化论受到审判。

第一次世界大战后，美国虽然在政治上出现了保守的倾向，但在经济上却迎来了一个繁荣时期。据统计，美国的国民生产总值，1919 年大约只有 742 亿美元，但到 1929 年已增加到 1031 亿美元，10 年内增长了 28.4%。从国民总收入上看，1921 年时仅为 594 亿美元，到 1929 年增长到 872 亿美元，8 年内增长了 31.9%。就人均收入而言，1900 年时仅有 480 美元，到 1929 年已增加到 681 美元，增长了 28.9%。1929 年时，美国工业产值占全世界工业总产值的 48.5%，超过了当时世界 3 个主要工业国家英、法、德的总和。20 年代的经济繁荣以汽车、电机和建筑三大产业为其支柱，但其他产业发展也很快。例如化学工业，这个部门兴起于 19 世纪，到 20 世纪 20 年代末已发展成一个庞大的工业部门，总产值在 40 亿美元以上，其中包括人造纤维、石油化工和汽油提炼，以及橡胶这样一些重要的产业。收音机等家电工业也获得巨大发展，1921 年还是新产品的电冰箱，在 8 年内其产量已增加到 90 万台；收音机的产量，在 1923 年至 1929 年间，从 19 万台猛增到近 500 万台，约增加了 24 倍。在公用事业方面也毫不逊色，1920—1928 年间 35 家公共事业公司的资产，从 64 亿美元一跃而为 170 亿美元，其营业额的年增长率达 15.9%。其中，美国电话电报公司，几乎控制了全国绝大部分电话业，其资产达 420 亿美元。

20 年代繁荣的直接原因，首先是大战的巨大影响。因为战争增加了军需直接订货,刺激了粮食和食品的生产,由于战时对外投资的增加,美国由过去的债务国变为债权国。但造成20年代空前繁荣的主要因素,是大规模生产在工业生产中的采用,这方面主要以1913年由亨利·福特首创"传送带生产线"即"流水装配线"为标志,(图13—32)自动化、标准化和流水线是进行大规模生产的三大要素。亨利·福特,1863年7月30日生于密歇根,从小就着迷于机器,曾在底特律爱迪生照明公司当主任工程师,1899年

13—32
福特汽车生产流水线

起开始做自动汽车试验,1903年投资10万美元与人合办福特汽车公司并任总经理,由于首创"传送带生产线"而大大提高了生产的效率,使他的T型汽车系列产量大增,到1927年已达1500万辆,被称为"汽车大王"。20年代,大规模生产方式逐渐由汽车行业传播到其他工业领域,成为制造业等相关产业中的主要生产方式。这种大规模生产,由于需要更多的资本投资和更科学的组织管理和指挥系统,大大推动了汽车、电力、石油、橡胶、钢铁、煤炭、服装等领域的企业联合,以适应生产力的发展的需要。当然,除此之

外，分期付款办法的普遍采用，"推销员"(Saleermer)和"促销员"(Promoter)制度的建立，以及1911年泰勒"科学管理"概念的提出，都对20年代的繁荣起到了不可忽视的作用。

然而，在20年代的空前繁荣中，早已埋下巨大危机的种子：首先是资本的高度集中造成了财富分配的不均。在1922—1929年期间，工业生产指数几乎上升了50%，国民收入增加了约23%，但商业职工的人数却没有增多，交通运输职工实际还有所减少，而每小时的工资的增加还不足一美分。占全美国人口5%的人，竟占了全国个人总收入的1/3；其次是农业长期处于萧条状态。第一次世界大战后，由于农业技术的提高，农业劳动生产率约提高了26%，但农业的总收入在1920—1921年间却从160亿美元减为105亿美元，到1924年才超过120亿美元，此后一直增加很少。1929年，全国人均收入为750美元，但农业的人均收入却只有273美元。基本消费者收入低下直接影响到消费市场的发展；第三是分期付款赊销孕育着不良后果，因为分期付款赊销造成对消费品市场的人为膨胀。据统计，在1924—1929年期间，分期付款销售额从20亿美元增加到35亿美元，其增长率高达75%。小汽车、收音机、家电等耐用商品的销售一度大大增加。但它也造成了这样一种事实，即如果不增加信贷的供应，消费品市场就可能急剧萎缩；第四是股票投机的盛行给人们虚假繁荣的假象，因为股票交易活动毕竟是在流通领域内进行的。从1928年3月起，证券市场出现了哄抬股票行市的情况，进入1929年以后这种趋势有增无减，到该年9月3日股价竟上涨到最高点。在此期间，通用电气公司的股票，每股从128美元上涨到396美元；问题严重性在于，官方对早已隐伏的危机几乎毫无察觉，而对经济繁荣的估计却过于乐观。早在1928年8月的总统候选人提名演说中，胡佛就宣称"贫困从我国消失将指日可待"。不到半年，在1929年3月4日的总统就职演说中，他便公开宣布："总的看来，我们达到了世界上前所未有的慰藉和安全，从普遍的贫困中解脱出来后，我们得到了空前的个人自由。"他完全不了解，危机的最初征兆在1929年夏已经出现，当时住宅建筑业收入已下降10亿多美元,各企业库存货物已增加了两倍,消费额增长率下降了4/5。

1929年10月23日(星期三),纽约证券交易所股市行情急转直下,10月24日,凌晨一些银行家在摩根有限公司开会,商定共同筹资按高于市场价格收购股票,以稳定市场秩序。但这天接着又出现了一阵空前猛烈的抛售风,一天之内共有1200多万股易手,迫使行市进一步惨跌,到中午已濒于崩溃的边缘。接下来的星期五和星期六,虽然股市情况稍有稳定,但根本情况并无任何好转。而这时胡佛在一份总统文告中竟宣布:"美国主要工商业以及商品的生产和销售,形势很好。"由于政府没有采取任何措施,导致股市在第二个星期一再度惨跌,到星期二(10月29日)终于迎来了最糟糕的时刻:大户不计行市高低,在市场上大抛特抛股票,一天之内共抛售1640万股,达到了创纪录的水平。这样,金融危机便形成不可逆转之势。星期二灾难性风暴之后,股市行情一直是下降趋势,到11月50种热门股票的平均市价,已比9月份最高市价下降50%左右。正如文学评论家埃德蒙·威尔逊所说:"宛如地裂天崩,到了世界末日。"在此后3年内股市价格继续下滑,以致纽约股票交易所上市的各类股票的价值,总共下降了450亿美元左右。股市是整个经济的晴雨表,股市的危机不能不波及其他经济领域。首先受影响的是美国各家银行,它们因借贷方无力还债而陷入困境,因作为贷款担保的证券价值又往往低于贷款。在30年代头3年内,因这种损失而倒闭的银行达5100家,而储户的损失亦达几十亿美元。美国农业在这次大危机中更是雪上加霜,虽然1932年农产量实际上比1929年提高了,但农产品价格却下降了56%,以致当年工农业产品的平均价格比率只有100:58。由于农产品价格下降,农民实际收入也逐渐减少,在1929—1932年期间,农场平均收入从962美元减少至288美元。工商业所受打击也很沉重,1929年全美国公司的利润大约是100亿美元,而1932年时不仅没有赚钱,反而亏损了近13亿美元。由于大多数企业难于赚钱,企业的倒闭率在此期间上升了50%。对直接劳动者的影响更为明显,产业工人平均周工资,1929年时还有大约25美元,但到1932年只剩下了17美元,约降低了1/3。由于许多人找不到工作,或者即使能找到工作,但每周工作只有几个小时,其危机的影响便可想而知。据统计,1932年全美失业人数为1200万,相当于全国劳动力的24%。而对于黑人来说,则总是:"最后受雇,最先解雇。"

尽管1929年开始的危机已波及国民经济的各个领域,但胡佛总统对危机的性质和程度仍严重估计不足。甚至在1929年的10月23日在股价已发生暴跌的情况下,他依然声称美国经济的形势"基本上是好的",并提议说可把"危机"一词改为"萧条",以免吓坏了人。1930年危机进一步深化,有1352家银行倒闭,失业人数也有增无减,而每户获得的救济不足2.39美元。这年10月,胡佛总统才任命了一个紧急就业委员会来指导和协助地方救济工作,其主席是阿瑟·伍兹上校。但当阿瑟·伍兹企图使救济工作从地方转到联邦,向胡佛提交了一份联邦公共工程方案时,却被胡佛驳回而愤然辞职。在这种情况下,胡佛不得不撤销紧急就业委员会,于1931年另组失业救济局,改由沃尔特·安·吉福德任局长。从1930—1933年,联邦对各州在公路修筑方面的年度补贴,从8600万美元一跃而为1.72亿美元,一座名为"胡佛水坝"的工程也于1930年在科罗拉多河动工。国会还不顾总统的否决,通过了一项有关退役军人退役金的法案,同意他们预领1924年决定发给他们的退役金的一半。为了提高银行的信贷能力,在1931年12月召开的新国会会议上,根据胡佛的建议决定,向联邦土地银行拨款12.5亿美元。后又在胡佛的亲自敦促下,于1932年7月建立国内信贷银行系统,其资本为12.5亿美元。但这些措施尚不足以根本治愈病根,1931年和1932年之交美国经济形势继续恶化。1932年工业生产水平比1930年下降51%,失业人数剧增为约1000万,先后有2294家银行倒闭,其存款额将近17亿美元,银行倒闭数月均达200家。为此,胡佛又决定采取两大措施:(1)是加强信贷工作的力度,于1931年底提出建立复兴金融公司的计划,1932年1月获国会批准正式成立,其贷款的主要对象是银行和信托公司。(2)是于1932年7月通过紧急救济与建设工程法,允许复兴金融公司贷款给各州以供救济失业之用,增加对自负盈亏的公共工程的贷款以增加就业机会。

但胡佛的反危机政策和措施,其目的和方法常常自相矛盾。他一再召集企业界领袖们开会敦促他们稳定物价,但他却只在私下提意见而不愿公开干预。他一面要求州长们加快工程建设,另一方面又告诫他们在行动时"须谨慎从事"。尽管他坚决认为美国的麻烦根源在于国外,但又对树立保护主义堡垒的《霍利——斯穆特关税法》表示同意。为了维持产品的价格,联邦农业局给植棉州长打电报,"劝告立即将现尚在田的棉株每三行犁去一行",但他却不肯批准对种植面积加以控制。他声称"作为一个国家,我们必须防止我们的人民之中那些确有困难的人挨饿受冻",但又不允许联邦政府直接出面予以救济,只强调由私人慈善机构去解决问题。他虽然提出对各州的公共工程提供联邦补贴,但又坚决主张和维护传统的预算收支平衡原则。总之,在整个反危机过程中,他常常不得不用自己的一只手,去收回他的另一只手所给予的东西,以致使自己的某些责任和承诺变成一纸空文。根本的原因在于,他认为"政府的干预会毁了美国人的那种创新精神和特殊个性"。

F.罗斯福上台:"唯一所恐惧的就是恐惧本身"

20世纪30年代初,大危机向纵深发展,美国社会开始了激烈的动荡。

在城市,由于失业人数不断增加,社会矛盾和冲突日益尖锐。在激进派的鼓动下,于危机前成立的城市失业理事会,在各地发动了一系列示威和游行,1930年二三月份他们先后冲击费城、洛杉矶、纽约、哥伦布等市政厅,其中有的(如俄亥俄的示威者)还提出更激进的口号:必须夺取政权,建立工农共和国。3月6日,在共产党和工会统一同盟组织下,失业工人举行全国性示威,在纽约、芝加哥、底特律、匹兹堡、密尔沃基、费城、克利夫兰等城市同时展开,参加人数不下125万,其要求包括失业救济、失业保险等,中心口号为:"不要饿死——起来战斗。"这年7月,在芝加哥召开的工人代表会议上，成立了全国失业理事会，失业保险、以工代赈、免费入学等被确定为该理事会的斗争目标。在失业理事会领导下，分别于1931年和1932年组织了两次向华盛顿的饥饿进军。

在乡村，本来20年代以来农业就一直很不景气，这次大危机对农业的打击更是严重。1931年，全国农民同盟领袖约翰·A.辛普森说："我感到资本主义制度是必然要灭亡的。它的基本原则是：残忍、阴险和贪婪。"密西西比州州长说："在密西西比，有许多人正准备领导暴动。"威斯康星农民同盟主席也警告说：当前的情况是，这里的农民"时刻准备着，不管采取什么手段，也要纠正不平等情况"。美国农业合作社联会主席也表示："除非给美国农民想点办法，不然的话，不出一年，农村就要起来闹革命。"事实上，他们不仅在艾奥瓦、内布拉斯加等州，在公路上布置农民纠察队，以阻止粮食、牛奶等农产品进城，还在堪萨斯等州直接采取行动，强行夺回被取消赎回权的土地。

这种情况决定了1932年举行的总统选举不仅对如何消除大危机问题至关重要，而且两党和各种势力之间的斗争也异常激烈，因为美国人面临着许多新问题。拉尔德·约翰逊在《当代史》上写了一篇评论，题目是"普通美国人与大萧条"，谈到当时美国民众对企业界领袖们的态度。他这样写道："企业界的巨头一讲话，中产阶级美国人就以近乎1928年的那种崇敬心情去听，这样的事短时间内是不会再有的。现在，我们认识到他们并不是巫师。在发生真正危机的时候，他们像我们一样无能为力，一样茫然不知所措。"但正因为如此，对于各总统候选人来说，这次选举确实既是一种挑战也是一次机会，关键在于如何应对。

这次总统竞选，H.胡佛与F.罗斯福①对阵，前者代表共和党出阵，后者

---

① F.罗斯福（1882—1945），即富兰克林·罗斯福，其妻子是第26届总统西奥多·罗斯福的侄女。F.罗斯福1900年入哈佛大学，毕业后又进入哥伦比亚大学法学院学习，1901年当选纽约州参议员，1913年任美国海军部助理部长，1928年当选纽约州州长。

由民主党提名。选举揭晓时，F.罗斯福以2280万票对1575万票大获全胜，即使在选举团里F.罗斯福也以472票对59票的优势，囊括了宾夕法尼亚州以南和以西的各州。他比以前当选的任何总统候选人赢得的县份都多，其中包括了过去从未支持过民主党的282个县。F.罗斯福获胜的奥秘，首先是美国选民对胡佛已经失望，在需要政府采取有力措施来处理危机的时候，胡佛却死抱住自由主义和不干预主义的传统不放，以致丧失了挽救经济危机的大好时机。他对人民缺乏同情心和友善态度，对退役军人发放补助金的正当要求不仅不予理睬，反而动用武装力量来对付这些曾经为国效劳的人，而他们"唯一过错是贫穷"。他与其说是自信，不如说是傲慢，当危机已到了无法控制的地步的时候，他还在国会面前宣称："检验我们的决策是否适当，应该看我们是否保持了和促进了繁荣。"

但更重要的是，F.罗斯福使处于危机中的美国人看到了希望，没有这一点即使他们抛弃了胡佛，也不见得会接纳F.罗斯福，更不会有那么多的人投他的票，这是因为F.罗斯福决心在美国实行"新政"。关于这一点，他在1932年7月2日接受总统提名的讲话中作了有力的声明："我向你们保证，我对自己立下誓言，要为美国人民实行新政。"并坚决地表示："新政绝不是一种政治游说，而是战斗号令。"其实，F.罗斯福这次对总统提名代表大会的讲演，本身已经是一种打破常规之举。因为按照惯例，候选人要在几个星期内假装不知道这件事，直至许多星期后正式通知他时为止。罗斯福意识到自己面临的任务的紧迫，决心勇敢地直面危机带给他的挑战，决定立即出席总统候选人提名大会，并坦率地表达他准备改革的计划。

应该说，美国人民接受F.罗斯福，并不仅是他保证要实施"新政"，还在于他们对他所说的"新政"并不陌生。美国人当然了解，罗斯福出身名门世家，先后就读于哈佛大学和哥伦比亚大学，还当过威尔逊执政的海军部副部长和纽约州议会参议员，早已是政绩累累。自1929年就任纽约州州长以来，在该州做了大量社会改革方面的工作，他在任内建立了第一个全面的失业救济制度，发起了广泛的产业福利计划，通过扩大艾尔·史密斯在资源保护和国营电力方面开创的工作赢得了西部进步派的支持,支持由州政府管理公用事业。在这次总统候选人提名竞选中,他又多次讲出了改革者们的雄心壮志,在阿尔巴尼他为"处于经济金字塔底层的被遗忘的人们呼吁",在圣保罗他强调"富于想象力和目的坚定的计划"重要性,在奥格尔索普大学他宣布"这个国家需要进行大胆的、坚持不懈的试验"。所有这些,都赢得了美国选民的心。所以,F. 罗斯福的当选,乃是预料之中的事。但他受命于危难之际,其肩负的任务并不轻松。

F. 罗斯福了解问题的严重性,但他更懂得取得成功的条件。所以,在1933年3月4日的总统就职演说中,他把寻求人民对他的支持放在首位,其办法是努力以自己坚定的信念去感染听众,他说:"此刻最宜说的是真话,完全坦白而大胆的真话。我们必须退却,而要诚实地面对我们国家今天所遇到的形势。这个伟大的国家将坚持下去,并将获得新生和繁荣。因此,首先请允许我表明自己的坚定的信念,即我们唯一所恐惧的就是恐惧本身。"F. 罗斯福当然知道,为了取得成功、战胜危机,仅有人民的信任和支持是不够的,还必须有对付危机的有力手段,这就是高度集中的权力,以便这个国家"像一支训练有素的"军队一样行动。为此,他在就职演说中,在一般地说明了克服危机的措施后,表示:"我将向国会要求应付紧急状况的最后手段,这就是对紧急状况作战的广泛的行政权力,像我们真正遭到外敌侵略时所赋予我的权力一样大。"十分清楚,他要求的是以往任何一位美国总统不曾拥有过的权力,这是他作为政治家的务实的表现。

他的阁员基本上是所谓"新政派"。田纳西州的科德尔·赫尔当了他的国务卿,此人虽原是威尔逊派的民主党人,但他有32年的国会工作的经验,并是联邦所得税法(1913)、所得税法修正案(1916)和联邦财产与继承法的提案人。被挑选为财政部长的威廉·H. 伍丁,是来自宾夕法尼亚州的工业家和金融家,对新政初期有效地解决银行危机很有帮助。农业部长亨利·A. 华莱士,虽是哈定当总统时的农业部长之子,但他本人是进步共和党人和农业专家。进步共和党人哈罗德·L. 伊克斯,被 F. 罗斯福任命为内政部长,曾在共和党推行改革政策过程中起过重要作用。而劳工部长弗朗西斯·珀金斯,是一位来自纽约的社会工作者,她成了美国第一个任内阁阁员的女性。此外,司法部长霍默·S.卡明斯,商业部长丹尼尔·C.罗珀,陆军部长乔治·H.德恩,也都是一些很有经验的人物,他们都对"新政"抱支持的态度。

为了使自己的决策正确无误,F.罗斯福为自己设置了一个"智囊团",其组成人员是总统的重要顾问,但又不属于政府官员之列,这在美国史上是一大创举。A.伯利是其中的一个重要成员,此人来自美国资本主义的发祥地马萨诸塞州,1916年毕业于哈佛法学院,后进入波士顿一家律师事务所,是纽约州自由党和美国人争取民主行动组织的领袖,著有《现代公司与私人财产》(1932)一书,对财富的积聚与分配问题、大企业的控制问题有系统研究。[①] "智囊团"的另一个主要人物是R.莫利,他长期从事政治学的研究,主张国家对经济进行计划调节,结束那种既无明确目标又缺乏冷静思考的自由状况,是国家干预经济的倡导者之一。智囊团的第三个著名人物,是经济专家R.塔格威尔,他认为所谓"自由经济"只是给了一小部分人以"自由",只有国家控制的经济才能给每个美国人以自由,主张实行统一的经济合作和由国家控制经济,并提供了一整套改革社会经济的计划。H.约翰逊是这个智囊团的第四个重要成员,他1903年毕业于西点美国陆军军官学校,第一次大战时曾任军事工业局的军方代表,后又脱离军队进入私人企业工作,有丰富的统筹方面的尤其是综合企业管理的经验,主张计划经济必须与私人企业合作,而不能由国家垄断取代私人垄断,否则会引起经济动荡。不难看出,这些智囊人物有几大特点:(1)均有较高的学位和学问;(2)均有丰富的社会工作经验;(3)均倾向于对经济实行国家干预。因此他们是F.罗斯福"新政"的有力支持者,对"新政"的提出和实验都起了重要作用。

---

① Adolf A. Berle and Gardiner C. Means, *The Modern Corporation and Private Property*, Brace & World, Inc, 1932.

F. 罗斯福行动迅速果断。危机在什么地方爆发，整顿措施首先就从什么地方开始。就在他就职的第一天夜里，他就指示财长威廉·伍丁起草紧急银行法案，并且要他在5天内完成。为使伍丁有时间草拟法案，为保护国家日益减少的黄金储备，罗斯福动用其总统权力，在1933年3月5日下午批准发布了两项总统令：一项是要求国会于3月9日举行特别会议，另一项是根据1913年与敌国通商法停止黄金交易，并宣布全国银行休假一天。由此开始了他的"百日维新"。3月9日，国会特别会议在危机的气氛中召开，送交会议讨论的法案草案还最后一分钟用铅笔修改的字迹，此法案规定由政府向私营银行家提供帮助，以使他们的银行有能力早日重新开业，并不似人们早先担心的那样会被国有化。当然，法案也同时确认了总统业已采取的紧急行动，并授予他完全控制黄金流向的权力，核准发行新的联邦储备货币和重新改组银行的权力等等。结果，众议院只花了38分钟的辩论，便一致欢呼通过了这项法案，成为美国立法史上前所未有的纪录。在经参议院批准后，当夜8时36分法案即经总统签署。事后，据说一位国会议员抱怨道："3月4日，总统把货币兑换商赶出了国会，而9日他们又都回来了。"

银行整顿的成败事关整个"新政"的大局，F. 罗斯福总统对此可以说是全力以赴。为此，3月12日星期日夜间，F. 罗斯福第一次向全国人民发表"炉边谈话"，在谈话中他用热情感人的声调向他们保证，现在把积蓄送回银行是安全的，估计至少有6000万人在收音机旁收听了他的谈话。效果果然不错，次日上午在12个设有联邦储备银行的城市，当银行开门时人们不是来提款而是来存款，表明公众情绪已发生急剧的转变，正如艾格尼丝·迈耶所指出的："人民相信这个政府，恰如他们过去不相信它一样；这就是整个形势的奥妙之处。"所谓"炉边谈话"，就是通过无线电广播，直接向全国民众发表谈话，令民众坐在家里炉旁就可听到，乃是总统与人民沟通的一种方式。在罗斯福在任期间，这样的"谈话"不下35次。

与此同时，F. 罗斯福总统还在3月10日向国会提交了他的第二个咨文，要求把退伍军人的补助费砍掉4个亿，同时把联邦雇员的薪金减少1个亿。对此,有人曾表示,这个提案迎合了华尔街削减工资的要求,而对处于困境中的退伍军人来说又太残忍;也有人说,这个法案有利于"强有力的大金融骗子",而对美国的残废军人简直是"屠杀"。对此,F. 罗斯福的回答是:"随意花钱的政府在松弛的财政政策的石上撞毁的事,在近代史上是屡见不鲜的。"

对改变国家面貌的重要举措,可能莫过于4月7日生效的取消《禁酒法》。这个法案2月份就开始酝酿,3月13日F. 罗斯福总统要求国会履行民主党早日结束禁酒的诺言,一个星期内啤酒法案在两院通过,3月22日由总统正式签署。取消禁酒这一天,人们像过节一样开怀大饮,几年来的沉闷空气为之一扫,整个国家就像变了个样。

但无论怎么说,由于《紧急银行法》的实施,银行与金融秩序恢复了正常,经济大危机第一次得到了控制,"新政"初步显示了它的威力。正如F. 罗斯福的智囊R. 莫利以后所指出的:"资本主义在8天之内得救了。"这是他的前任胡佛总统在4年中想做,但又始终未能做到的。

恢复和救济工作全面展开

银行的停业与重开,虽只是F. 罗斯福整个恢复工作的第一步,但有了这一步的经验与成功,以后工作就有条件展开了,因为金融系统是整个经济的纽带和基础。

F. 罗斯福的救济和恢复工作,是从3月12日建立民间资源保护队开始的,其目的是给青年人提供就业机会,要求他们从事垦殖、建设国有公园和森林。约有25万青年参加了这类劳动。他们每周可领取工资30美元,但其中25美元须寄给家庭。为了对这类工作进行管理,5月12日建立了联邦紧急救济署,署长是哈里·L. 霍普金斯,他是社会工作方面有经验的专家,在F. 罗斯福任纽约州州长时,就是该州救济署署长。该署有5亿美元的联邦拨款,作为启动经费。与救济工作直接有关的,还有1933年6月13

日制定的《房主贷款法》，它授权房主贷款公司发行 30 亿美元公债，以帮助那些因取消赎回权而失去房屋的房主。据估计，当时每天有 1000 多所住宅被取 消赎回权，费城每月有 1300 起司法当局举行的拍卖。

以上是对城市市民的，而与农民有关的救济，则开始于 1933 年 5 月 12 日通过的《农业调整法》。该法决定成立专门的农业调整局，并授权它以小麦、棉花、玉米、水稻、烟草、猪和其他产品的生产控制权，主要办法是给那些自愿限制种植面积和牲畜头数的农民发放现金津贴，补贴款项来自农产品加工税。此外，该法还授权联邦给农民发放贷款，以便让他们把农产品暂时贮存起来等待时机，或者由联邦政府直接收买农民的剩余农产品。这些方法的目的，主要是等待需求赶上供应，促进农产品价格的上扬，但实际收效如何，则很难估定。不过，由于该法涉及面广，农业又是整个经济恢复的基础，所以当视为第一个重要的复兴法。

与农业有关的另一项立法，是有关开发田纳西河流域的。早在 4 月 10 日，F. 罗斯福总统就提请国会考虑设立田纳西河流域管理局问题。按设想，这是一个既有官方权力，又有私营公司灵活性的国营公司，拥有建造多种用途的水坝的权力，该水坝既可作为水库控制洪水，也可发出廉价充裕的电力。同时，管理局还可生产化肥，开凿从诺克斯维尔到帕杜卡的全长 650 英里的航道，从事水土保持和森林更新。田纳西河流域的开发，涉及 7 个州区 41000 平方英里土地，不仅对该流域的农业是一大推动，也会为这一地区工业的发展提供难得的动力，惠及河流两岸 300 万城乡人口。因此，尽管有人反对，F. 罗斯福的这一提议和设想，很快在国会变成正式的法律。5 月 18 日，F. 罗斯福正式签署田纳西河流域管理法，根据此法建立的田纳西河流域管理局，最初只有国会拨付的 7.5 亿美元资本，但到 1954 年已建起 20 座水坝，1000 多公里长的水路，发电量达 680 万千瓦，使流域民众的生活完全改观。

大约在执政两个星期后，F. 罗斯福总统给豪斯上校写了一封信："尽管事情表面上看起来很美妙，我深知迄今为止，我们实际上做的多是紧缩通货而不是膨胀通货,但我们必须实行通货膨胀,这的确是不可避免的。"正因为如此,金融领域里的改革也逐渐被提上日程。4月17日,参议院以不超过10票的多数,通过蒙大拿州参议员伯顿·惠勒提出的自由铸造银币的修正案。同时有过半数的众议院议员签名请求采纳一个发行纸币的法案,19世纪末绿背纸币党的要求再次死灰复燃。4月18日,参议员埃尔默·托马斯倡议的一个关于农业法的修正案交到了F.罗斯福面前,这个修正案明显带有引发通货膨胀的性质。在各方压力下,F.罗斯福不得不一方面接受托马斯的倡议,另一方面又要求对修正案进行修改,它最终授权总统重新用白银铸货币,印刷纸币或改变美元的含金量,以此来扩大通货。4月19日F.罗斯福向记者们宣布,美国已决定放弃金本位制。这一历史性决定,不仅受到农业州的广泛欢迎,也得到像摩根这样的家族的支持,因为它满足了发展公用工程事业对资金的大量需求。到1934年6月,终于制定《白银购买法》,确立了以白银为通货发行基础的方针。

与金融有关的还有一项重要立法,这就是1933年5月27日通过的证券法。该法涉及引发大危机的根本问题,目的是控制证券交易中过分的投机行为,保证证券交易的正常秩序。为此,该法仿照英国公司法,授权联邦贸易委员会监督新证券的发行,要求每次发行新证券时必须附有有关财务信息的说明书,并规定公司的董事们在提供假信息时负民事和刑事上的责任。对这部法律,一直存在两种看法:进步主义派认为,华尔街在经济方面掌握着过多的不受约束的权力,为了防止他们运用这种权力引发新的危机,必须对金融巨头加以遏制,因而对该法的通过持欢迎态度;而主张政府与企业界合作的人则认为,此法谋求恢复小企业在竞争中的权利,无助于他们喜欢的国家计划的实行,是倒退到19世纪。但该法的实施约束了金融大亨的权力,保护了中小企业的自由和利益,在经济的恢复和发展中的作用无疑是积极的。但该法没有包含管理证券交易的条款,还有不完善之处。

"百日维新"的最后一项立法,是1933年6月16日通过的《国家工业复兴法》。该法从5月10日就开始起草,一个星期后就向总统提交了法律草案,它在很大程度上是一种妥协的产物,因而在内容上照顾了各方的利益:(1)企业界得到政府授权草拟不受反托拉斯法约束的法规协议,只要企业主遵守这些法规就可以根据反托拉斯法而起诉,只是生产将受到限制。(2)该法第七条第一款规定,工人可以和雇主进行集体谈判,并将作出最低工资和最高工时的规定,从而使劳工获得了某种保护。(3)计划人员提出的由政府为企业发放执照的要求也得到满足,只有遵守了产业法规的企业的产品才有资格贴上"蓝鹰"标志。制定该法的根本目的,在排除产业界的不正当竞争以谋求企业的安全和复兴。

6月20日成立了国家复兴管理局,由经验丰富的H.约翰逊任局长,由他来拟定的再就业协定效果显著,到10月份已有近300万人实现了重新就业。根据《国家工业复兴法》设立的公共工程局,有33亿美元的政府拨款作为启动基金,对美国基本建设作出了重要贡献。据统计,从1933—1939年,它资助建造了全美国70%的新校舍,65%的政府办公楼、市政厅和河水处理厂,35%的医院和公共卫生设施,以及其他许多全美国著名的工程,在铁路建筑、桥梁建造、航空母舰建造等方面,也成就巨大。

总之,从1933年3月9日至6月16日,在国会特别会议召开的100天内,F.罗斯福总统像一个老练的战地主将一样指挥着整个作战行动,先后向国会山提出了15件咨文,因而有15项历史性法律在国会被通过。这些法律兼具恢复、救济和改革之功用,但以恢复和救济为主要目标,基本上遏制了美国经济的进一步崩溃,为以后的进一步改革准备了条件,史称罗斯福的"第一次新政"。

把重点转到社会经济改革上

在"新政"实施的第一阶段,为了遏制大危机的恶化,F.罗斯福总统采取的措施均带有紧急和暂时的性质,属于恢复和救济方面的较多,而属于社会、经济改革的不多,因此一些引发危机的根本问题则很少触及。

根据《国家复兴工业法》成立的公共工程局,虽然拥有 33 亿美元政府拨款作为启动基金,但由于由比较谨慎的内政部长哈罗德·伊克斯兼任局长,公共工程进展十分缓慢。而这时,《国家工业复兴法》的缺点已逐渐暴露出来,99% 的大企业都不遵守有关法规,中小企业和工人抱怨政府偏袒大企业和资方。1934 年 2 月 9 日,F. 罗斯福被迫成立全国复兴检查委员会来调查该法执行情况和违法行为,但作用不大。早在 1933 年 9 月,春夏的虚假复兴已经结束,千百万家庭在即将到来的冬天已无就业之望。在这种情况下,根据哈里·霍普金斯的建议,F. 罗斯福不得不另设民政工程局并以霍普金斯为局长,又从公共工程局拨出 4 亿美元供其支配,以期扩大就业。霍普金斯领导有方,不足 4 个月已开办了 18 万项、几百种不同类型的工程,但花费不足 10 亿,民政工程局成就非凡。在它领导下完成的工程,包括兴建和扩建学校 4 万所,铺设污水管道 1200 万英尺,建造和扩建飞机场 469 个和 529 个,修建公路 25.5 万英里,兴建和整修操场 3700 个,雇用各类教师 5 万人。

然而,随着危机的缓解,"新政"的许多措施遭到大资本家的反对,而广大失业工人虽然获得了不少重新就业机会,但这些人在整个失业大军中的比重还是太小,实际上仍有千百万人处于失业状态。在这种情况下,以休伊·朗为代表的左翼激进派在 1934 年 1 月成立全国性政治团体,以"财富共享"的口号为号召,一度把追随者扩大到 750 万。《国家工业复兴法》在执行中暴露出来的问题也愈来愈大,尽管 F. 罗斯福在 1934 年 9 月成立由资方、劳方和公众代表组成的全国复兴委员会,并放宽了某些法规和某些固定价格的规定,但仍不能弥合和平息各方面利益的冲突,以致该法最终被联邦最高法院判为"违宪","新政"严重受挫。唯一让 F. 罗斯福感到欣慰的是,民主党在 1934 年 11 月中期选举中仍大获全胜,民主党与共和党在众议院中的席位为 322 对 103,参议院的议席民主党更是独占了 2/3 以上。选举结果,只留给了共和党 7 位州长,和不到 1/3 的议席。它表明,美国民众对 F. 罗斯福及其"新政"仍抱有希望。所以,F. 罗斯福决心继续推进"新政",

并在1935年元月4日致国会咨文中发出了他的信息:"要复兴,就必须改革。"他认为,新的改革不能以鼓励物价上涨为主,而应着力提高社会的购买力,以期用高工资形式把利润渗透到雇员之手。由此开始了他"新政"的第二阶段。

新的改革的头一个立法,是1935年元月17日通过的《社会保障法》。该法规定:(1)对失业者、老人、病人和无丈夫的母子户,每年发给最低救济金;(2)由联邦按雇主支出工资额征税,所得款项作为失业保险基金;(3)同意建立保险制度的州,可抽取这笔税款的90%供其支配;(4)由工人和雇主各付工人工资的1%,构成工人的老年保险金,到65岁以后可领退休金。但关于该法争论很大,直到8月份也未正式成为法律,而从1月到5月几乎没有形成任何重要立法,这和当初的"百日维新"形成强烈反差,其原因何在?原来,当时国会和内阁中分为两派:一派以美国商会全国代表大会为中心,企图继续维持前一阶段以大企业的利益为转移的政策,要求政府与企业界联合;另一派以总统新的顾问团为中心,反对与大企业合作,主张以恢复竞争性小企业和通过政府财政赤字来谋求复兴。对这些纷争,F.罗斯福总统最初举棋不定,直到4月底和5月底全国商会代表公开谴责"新政",5月27日最高法院最终判决《国家工业复兴法》违宪,他才终于采纳以路易斯·布兰代斯为首的新派顾问的意见,下决心改弦易辙,加大力度,推进改革。

正因为如此,进入五六月份以后,先后就有3个重要机构建立:(1)工程振兴局(5月6日建立),主要目的在于扩大就业和提高购买力;(2)农村电气化管理局(5月11日建立),目的在以低息贷款来发展农村供电系统;(3)全国青年管理处(6月26日建立),目的在帮助学校创立各种工作机会以便把青年人留在学校里。这些机构在扩大就业、增加购买力方面做了许多工作,惠及工人、农民、青年以及作家、艺术家和演艺人员。农村电气化事业取得长足进展,当私营电力公司拒绝架设电力线路,甚至向它们提供低息政府贷款也不干的时候,农民在煤油灯旁投票通过向政府借款数十万以至数百万美元的法律,以把电线接到乡村。据估计,到1941年,美国农场已有

2/5装上了电灯。以至有人说:"在罗斯福时期建立的事业,也许没有哪一件比这更直接地改变了人民的生活方式。"

F. 罗斯福认为,纳税负担应根据纳税能力重新分配,对巨额个人收入、遗产、赠款征收高额税有助于财富的再分配,根据纳税能力纳税的原则应适用于公司,为此他于1935年6月向国会提出了一个关于修订税收的特别咨文。但由于激进派参议员休伊·朗及其"分享财富会"的反对,体现罗斯福建议的财产税法直到8月30日才获得通过,而许多人都认为此法是一种敲富人竹杠的计划,也是对那些与政府分道扬镳的大企业的惩罚。因为按此法的规定,对个人所得所征收的税,数额愈大税率愈高,所得收入超过500万美元的,征税高过75%。财产税也有所提高,公司过高利得税的税率是:利润在10%以上的,征6%;利润在15%以上的,征12%。公司所得税则分级征收,税率从12.5%—15%不等。

1935年8月23日通过的银行法,是"新政"第二阶段最重要的改革之一。这个法案的起草人为马里纳·S. 埃克尔斯,此人属于非正统的银行家之列,其经济思想与凯恩斯主义有些类似,认为只有通过政府财政赤字才能使经济从萧条中走出来,早在1934年11月就被任命为联邦储备委员会主任。一般认为,在此以前的联邦储备系统,其主要问题是受纽约银行的控制太大,而新通过的银行法为了改变这一状况,首先把联邦储备系统的董事(7名)的任命权授予总统,同时规定地方银行的主要官员的任命必须得到这个新的董事会的同意。此外,新的银行法还授予新董事会以控制储备银行再贴现率的更大权力,将公开市场证券交易的权力转移到政府手中,并把所有的大的州银行置于该董事会管辖之下,这些银行必须在1942年7月1日之前加入联邦储备系统。总之,新的银行法确立了国家对货币和信贷的管理。

对大企业的攻击,来自《公用事业控股公司法》。控股公司是一种垄断公司,它通过金字塔式的结构和连续所有权达到财富和资本集中的目的,其经营带有很大的欺骗性。F. 罗斯福认为,这类公司"越出美国法律和企业传统",它们应当限期提出自己存在的理由,否则就必须予以解散。由科恩和科科伦起草的控股公司法草案,把这个期限定在1940年元月1日,以致这一期限被人称为"死刑"条款。但由于该草案在众议院被否决,不得不把要控股公司提出证明其应当存在的理由,改为要求证券交易委员会对解散控股公司的命令说明理由,因此众议院的法律文本仍然是一个严厉的立法,"只是以争取终身监禁的机会代替死刑"。总统于8月26日签署的公用事业控股公司法,虽然没有达到完全取消控股公司的目的,但取消了所有凌驾于营业公司两层以上的控股公司,也可称是罗斯福"新政"的一大胜利。

新时期的重大改革立法,还有1938年6月25日通过的《公平劳动标准法》。该法谋求最后确定每小时40美分的最低工资和每周40小时的最高工时,加班增加50%工资,禁止雇用16岁以下的童工。

"新政"在美国历史上的地位: 国家成为经济的发动机

关于"新政"以及有关的政策和措施,一些人(如胡佛)把它说成是"极权主义",另一些人(如大企业主)则把它说成是"社会主义"。其实,在大危机爆发后,或者说在"新政"实行之前,美国经济和社会动荡不已,倒确实存在着向上述两个方向发展的可能性。一些人,如查尔斯·E.库格林神父就曾鼓吹:"在我们中间,希特勒的政策、墨索里尼的建议和斯大林的教条,比华盛顿和杰斐逊的思想更受到尊重",胡说"新政"是犹太人纲领,甚至提出要"用枪弹"消灭罗斯福。而另一些人,如激进民主派的休伊·朗,则提出要消灭超出一定数额的所有个人财产,鼓吹实行一种所谓"财富共享"的假社会主义。

F.罗斯福的"新政"当然不是什么社会主义,因为他提出和实施的那些常常是"自相矛盾的改革法案","即使是那些最打破前例的'新政'计划,也反映了资本主义思想,并且尊重企业界的感情",更谈不上触动资本主义的根本,即资本主义财产和私有制本身,"'新政'派的改革者们没有向私人利润制度发起决定性的挑战。"但"新政"及其全部做法,也不是什么极权主义或法西斯主义,因为法西斯主义依靠的是超越法律的恐怖和暴力,而"新政"的每一项重大举措都有立法作根据,并无滥用暴力的现象。人们不应忘记,当希特勒企图把法西斯主义强加于各国人民的时候,正是 F. 罗斯福毅然担当起领导民主国家反法西斯的重任。

但有一点是清楚的,正如威廉·洛克滕堡所指出的,在"1933—1938 年这 6 年,标志着美国制度上的剧变"。这可以从以下 3 个方面来看:(1)通过缓慢通货膨胀或政府的积极经济干预,以实现经济复兴和充分就业;(2)通过社会保障及收入的再分配,来改革资本主义的结构;(3)通过创办政府事业或公共工程,来修正从前的自由企业体制。总之,F. 罗斯福企图把福利国家政策硬加在资本主义的基础上,以此来建立一个比以前更为公正的社会。但为了实现这些制度化的剧变,就必须在某种程度上改变美国固有的权力结构,赋予总统和政府部门更大的权力。其结果是:国家从此成为经济的发动机和企业创立者。

根据美国宪法,美国中央政府内部的立法、司法和行政三权互相独立又相互制衡,是不容许其中某一种权力过分凌驾于其他权力之上的。但为了实施"新政",不得不对这种传统的权力结构进行调整,以适应处理紧急事务和危机的需要:(1)F. 罗斯福通过向国会提出特别咨文、写信等方式,把过去破例向国会提出立法草案的做法,变成了一种经常性行政活动,从而扩大了总统的立法职能;(2)为了创办和管理新建的大量国家事业或公共工程,F. 罗斯福不得不临时增设许多新的独立机构和附属机构,从而扩大了政府的行政职能。结果,F. 罗斯福总统作为行政首脑的职能,大大超过了历史上的任何一位总统。有人估计,自 1930 年以来,单单联邦官僚机构就扩大了 5 倍;在从 1933 年以后的 10 年内,仅总统发布的行政命令就达 3556 项。与此相对应,立法部门和司法部门的权力受到削弱,"三权鼎立"的格局第一次面临失衡。

受总统和行政权力扩大影响的,还有作为美国基本制度的联邦制。按美利坚合众国宪法,在参议院的组成问题上实行"州权平等"的原则,在中央和地方权力划分问题上,凡没有明确列为中央行使的权力,均须保留给地方政府和人民,各州可以独立行使权力而不受侵犯。但在 F. 罗斯福时代,由于联邦权力急剧膨胀,从前属于州权范围的一些权力,如教育、卫生、社会福利、工业管制、劳资关系等等,均受到总统和联邦政府的干预。这样,在地方和中央权力关系问题上,就由一种所谓"合作联邦制"取代了传统的"两元联邦制"。但在联邦和地方"合作"之时,实际上拨款和政策制定之权均在联邦,而州和地方政府只有执行和管理之权,甚至在州权范围内也有了联邦插手的现象。

人们一般认为,F. 罗斯福"新政"的理论基础是凯恩斯主义,但实际情况是,凯恩斯的大作《就业、利息和货币通论》1936 年才发表,而 F. 罗斯福的"新政"是开始于 1933 年 3 月,甚至在其当州长时已有此萌芽。凯恩斯强调"财政赤字"在促进就业和繁荣中的决定性作用,而 F. 罗斯福虽然有时也实行有限通货膨胀的政策,但他显然更重视政府在协调各种商业和利益关系中的作用。诚如 F. 罗斯福 1932 年 12 月 10 日在《自由》杂志上发表的《释"新政"》一文所言:"代表着各种人口与利益的美国经济生活,可以通过华盛顿政府英明公平而适中的全国性领导,达到和谐之境。"文中还说:"劳动与工业不能以牺牲农业为代价来得到好处;不同时让劳工享受更多合法的繁荣成果,资本也不能达到真正的繁荣。任何一种被忽视的集团,不管是农业的、工业的、矿业的、商业的或者金融的,都可以感染整个国家的生活,并产生广泛的苦难。"正如丹尼尔·曼斯菲尔德所指出的,F. 罗斯福清楚地懂得,"私营企业——个人利润经济不应消灭,应当保留。可是,这种经济的营运,并不总是有利于或总是促进普遍福利。因此,只要是必要,这种营运就必须由各州和联邦政府作出努力,加以改进和补充。"这可能是对"新政"及其思想的最好的解释。

正因为如此,我们可以得出结论说,所谓"新政"就是在大危机危及资本主义制度的根本利益的情况下,扩大和利用总统和国家行政的权力,采用有限通货膨胀、兴办国家和公共工程、增加个人和企业所得税和利得税,建立社会安全保障体制,抑制大资产阶级和垄断集团过分扩张的权益,对各种产业关系和利益关系进行大幅度调整,来确保充分就业、经济繁荣和社会安全的方针政策和制度,这就在很大程度上改变了美国传统的自由企业制度,把资本主义推进到国家资本主义的阶段。

总之,F.罗斯福的"新政",为资本主义注入了许多新的因素,不仅在克服20世纪30年代大危机中起了重要作用,从长远来看也在很大程度上延长了资本主义的寿命。

第十四讲

美国登上世界霸主的宝座

从孤立到参战

在美国历史上,没有哪一次战争像第二次世界大战那样,对这个国家的影响如此之大。

第二次世界大战,是轴心国家与民主国家的战争,始作俑者是西方的德国和东方的日本,直接导源于德国对《凡尔赛和约》强加于它的苛刻条件之不满,急于收复失地、扩张领土,以及日本企图在占领中国东三省后占领整个中国,进而建立所谓"大东亚共荣圈"的迷梦。但从深层原因上看,则是民主主义与法西斯主义的斗争。1931年日本入侵中国东三省,实际上已揭开了这场战争的序幕,但那是不宣而战。在希特勒的阴谋策划下,1935年德国重新武装莱因兰,继而于1938年吞并奥地利,次年又侵占捷克斯洛伐克。与此同时,墨索里尼统治的意大利,先是征服埃塞俄比亚,后又占领阿尔巴尼亚。战争就这样逐渐展开,终于演变成全面的世界大战。

美国自从在国联问题上失误之后,孤立主义一度重新甚嚣尘上。在华盛顿体系中,它"参与其中而不负责任",继而带头提出所谓"非战原则",甚至在中国东三省发生日本制造的"九·一八"事变之后,美国国务卿史汀生也只发了个"不承认"的声明,以致法西斯国家得以得寸进尺,终于酿成世界大战。正因为如此,著名外交史家 F. 杜勒斯认为,欧战以后美国本应对世界秩序的稳定负起责任,但孤立主义使它在行动上软弱无力,对 30 年代世界秩序的崩溃是有责任的。第二次世界大战爆发后的几年,以往美国执行的政策基本未变,在 1935—1937 年间接连通过几个"中立法案",声称要避免"重犯"上次欧战时的错误,禁止向交战国提供贷款、出售军火等。甚至为了避免卷入冲突,不惜放弃传统的贸易权利。

但希特勒德国的侵略活动,渐渐使美国觉察到对其自身安全的威胁,开始意识到美国的命运与欧洲相联系,根本不能完全置身于事外。于是,出于这种"自身利益"(selfinterest)的考虑,美国在 1939 年开始修改中立法,取消过时的"军事禁运",转而实行"现购自运"(cash and carry)。当时德国支付和运输的能力均较英法为弱,因此这种"现购自运"政策于英法有利。但此时美国仍不打算直接卷入战争,修改后的中立法虽取消了军事禁运,仍禁止美国人搭乘交战国的船只,等等。只是大约到了 1940 年,战争形势急转直下,德国先后入侵挪威、丹麦、荷兰、比利时、卢森堡、法国;这年 9 月 27 日,日军侵入印度支那,接着又公布日德意三国同盟条约,把矛头指向了美国,才使美国人在心理上有所觉醒,认识到摆脱孤立主义之必要,包括罗斯福总统本人在内。1937 年 7 月,日本在中国发动卢沟桥事变之时,罗斯福曾发表著名的"隔离演说";而在 1940 年 5 月巴黎陷落后,罗斯福却不得不公开表示:"民主制度已经遭到了危险",英国及其舰队成为"横梗"在西半球和纳粹侵略之间的唯一障碍,美国应当成为"民主国家的伟大兵工厂"了。这无疑是美国改变其"中立"政策的重要信号。正是在这种背景下,美国先是于 1940 年 9 月与英国签订《驱逐舰—海军基地协议》,即由美国向英国提供驱逐舰,英国向美国提供大西洋海军基地;后是在 1940 年 3 月签署"租借法案",决定向盟国提供援助并拨款 70 亿美元,以作建立和运输租借物资之用。这样,美国就由中立国变为非交战国,实际上站到了交战的一方。这时的美国,按照 F. 罗斯福在 1941 年 1 月 6 日致国会的年度咨文中的想法,似乎已经做好了缔造一个新的世界的准备,而这个新的世界必须建立在如下四项人类基本自由的基础上:(1)"言论和发表意见的自由";(2)"每个人以自己的方式崇拜上帝的自由";(3)"不虞匮乏的自由";(4)"免除恐惧的自由"。这"四大自由"有鲜明的反法西斯主义的特征。从美国思想发展上看,其中所提"不虞匮乏的自由",也是对《独立宣言》关于"追求幸福权"、联邦宪法关于使子孙万代"永享幸福"、林肯提出的"民有、民治、民享"政府的深化和发展,因为它把解决民众的贫困问题变成了一个政府的责任,其提法从来没有如此明确过。

但当时美国并没有打算直接卷入战争。这是因为:(1)美国认为,欧洲战争,在1941年6月22日苏德战争爆发后,德国受到来自东(苏联)、西(英国)两方面夹击,苏联对德国的抵抗将较任何人预测的为长,这将最终有助于美国,也许会使美国不至于卷入;(2)美国认为,在亚太地区,虽然美日矛盾难免一战,但双方都还未真正准备充分,尚可以通过谈判来拖延时间,况且这种谈判自1941年3月以后,就一直在秘密进行;(3)就美国国内来说,国会内存在一个强大的孤立派,美国人民对一战时威尔逊的失误记忆犹新,直到这时民意调查表明反对参战者仍不下70%,尚未对参战做好心理准备。不过,罗斯福总统这时显然已看到了最终卷入战争的必要,暗中加紧了参战的物质和精神的准备。早在1940年8月和9月,他就促使国会通过一项兵役制法案,规定21—35岁男子均在选征之列。是年底,他又成立以威廉·努森为首的生产管理局,以协调军用与民用生产。1941年春,当纳粹德国把战区扩大到格陵兰、冰岛和丹麦海峡后,罗斯福立即决定将中立巡逻延伸至大西洋西经25度,并在格陵兰建立海空军基地。1941年6月22日苏德战争爆发后,总统立即宣布将苏联排除于中立法之外,以便美国船只能驶往苏联港口。7月又删去上年兵役法中禁止派遣入伍者到西半球以外地方去的条款。不久又派霍普金斯前往莫斯科与斯大林作了长时间会谈。1941年8月,美英两国首脑会晤于纽芬兰的大西洋海面上,发表了著名的包括8点内容的《大西洋宪章》,宣布了反对侵略扩张、保护国家主权、解除侵略国的武器、确保战后和平、建立普遍安全等原则。9月24日,苏联宣布

"同意《大西洋宪章》的基本原则",一个反法西斯联盟终于形成。

与此同时,德国、日本与美国的矛盾和摩擦迅速升级。1941年9月4日,美国驱逐舰格里尔号在追逐德国潜艇时受到攻击,罗斯福立即利用这一"挑衅"事件在广播讲演中宣布,这是纳粹企图控制大西洋、准备进攻西半球计划的组成部分。10月16日和17日夜间,美国驱逐舰卡尼号又遭到德国潜艇攻击,11名美国水兵丧生。10月31日,德国潜艇又击沉美国驱逐舰鲁本·詹姆斯号,致使115名水兵死亡。同年12月7日晨日机从6艘航空母舰上起飞,分两批袭击珍珠港。7时55分,由183架飞机组成的第一批日本机群偷袭珍珠港成功,1小时后,第二批171架日机再次对珍珠港目标狂轰滥炸。日军偷袭珍珠港前后历时1小时50分,共击沉战列舰4艘、重创1艘、炸伤3艘,此外炸沉、重创巡洋舰、驱逐舰和各类辅助舰只10艘,击毁美机188架,毙伤美军官兵4500多名(其中炸死3300多名)。美太平洋舰队的主力除了3艘航空母舰以外几乎全军覆没,其中航空母舰企业号当时正在从威克岛的返航途中,原定7时30分驶抵珍珠港,但因途中遭遇恶劣天气,耽误了航时,以致没有按时返港泊位,得以死里逃生。在这种情况下,12月8日美国向日本宣战,11日德国向美国宣战,同日下午美国也对德宣战。经过几年的拖延和准备,美国终于被迫卷入大战。

之所以说美国的参战是"被迫"的,因为:(1)美国公众长期受孤立主义影响而不愿卷入;(2)在此之前它已有很多机会宣布参战,但美国没有这样做;(3)虽然美国最终是参战了,但首先对美国宣战的是日本和德国。

终于登上世界霸主的宝座

说美国这次参战是"被迫"的,但并不等于说它是毫无准备的,更不能说它没有自己的战略考虑,仅仅是为了帮助民主国家而已。恰恰相反,和参与上次欧战一样,这次美国对参战的时机的选择不无自己的考虑,这就是争取世界霸权的战略目标问题。在英美首脑发表的《大西洋宪章》中,虽然罗斯福用"普遍安全体制"代替了丘吉尔提出的"有效的国际组织",但仍然令人想起当年威尔逊提出的"国联"。

如果说"普遍安全体制"的设想是美国夺取世界霸权的灵丹妙方,那么只有答应苏联提出的开辟"第二战场"的要求,才能找到通向世界霸权的道路和方向。因为希特勒进攻苏联,是企图以"闪电战"迅速解决东线问题,然后好腾出手来解决西线问题。如果这一战略得以实现,那么整个西方民主战线就会土崩瓦解,最终会危及美国自身的安全。这一点,罗斯福在制定"租借法案"之前的"炉边谈话"中已讲得很清楚:"我们必须十分迅速地把充足的武器送给他们(英国等),这样我们自己和我们的儿孙就不会遭受别的人一直在被迫忍受的苦难。"正因为如此,在珍珠港事件后,尽管美国不得不把战略重点放在太平洋,但最终还是在1942年11月8日首先与英国一起发动"北非战役",然后又在1944年6月6日与英国一起在法国诺曼底海滩登陆,开辟拖延已久的"第二战场"。但也因此,才能使美国真正踏上争夺世界霸主的道路。

如果说战争是政治的继续,那么政治便是战争的归宿。所以,尽管"第二战场"的开辟一再推迟,但对战后的安排问题,即美国在世界舞台上的角色问题,始终是历次外交谈判中优先考虑的问题。1941年7月,F.罗斯福在派霍普金斯前往弗吉尼亚和莫斯科之前,他曾私下要求丘吉尔向他保证,"没有就战后和平时期的领土、人口和经济等问题作出承诺"。在1943年11月22日第一次英、美、中3国首脑开罗会议举行前,美外长先说服英、苏外长发表《普遍安全宣言》,这是要引起各大国对美国所关注的问题的注意。在同年11月28日举行的3国首脑德黑兰会议上,为了增加美国抗衡英国和苏联的力量,罗斯福决定支持中国作为四强之一参加战后国际组织,因为当时中国已在美国的极大影响之下。与此同时,在美国的策划下,1943年11月成立了以美国牵头的"联合国救济总署",其署长是美国海外救济署长赫伯特·莱曼,由美国提供了该署40多亿资金中的27亿,而且总部也设在华盛顿,它被认为是第一个"联合国组织"。在此之前,如果说罗斯福考虑的还是让美、英、苏、中"四警察"各管一片的话,那么现在他已开始承担全球的"领导责任"了。这是美国从实力出发,企图从经济上控制联合国组织,进而在政治上控制联合国组织的初步尝试。

以经济实力为后盾,夺取世界霸权的重大步骤,发生于布雷顿森林会议。这是一次"联合国货币金融会议",其倡导者是美国财政部长亨利·摩根索,1944年7月1—22日在美国新罕布什尔州的布雷顿森林举行,有28个国家的代表与会。在此之前,英国经济学者凯恩斯曾建议建立一种国际新货币体系,但这次会议的倡导者却在给F.罗斯福提出的计划中,建议成立一个新的国际金融组织以促进美国对外贸易,防止1929年经济大危机的重演。结果,在会议通过的"最后决议书"中规定:35美元等于一盎司黄金,各国货币与美元保持固定汇率;各会员国虽然有一次不超过10%的汇率波动,但以后的波动必须取得基金组织的同意。从而建立起以美元为中心的国际货币体系,解决了1929年大危机以来一直悬而未决的国际货币问题,这个国际货币体系后来就被称为"布雷顿森林体系"。为了贯彻这一体系,会议决定创建"国际货币基金组织",参加该组织的成员国的货币均可按照与美元的汇率与其贸易伙伴自由交换,该组织拥有100亿美元的资本,其中一半来自美国。按规定,该组织可以向外汇暂时短缺的成员国提供贷款,在必要时它有权要求这些国家改变其经济和贸易政策。世界银行即国际开发银行,作为国际货币基金组织的附属机构,从事发放长期贷款的任务,以增进私人投资和国际贸易的增长。这一次,不仅建立了以美元为中心的国际货币体系,美国还在人事和资金上控制了这两个机构,它认了世界银行91亿美元总资本中的31.75亿,并拥有该基金组织的1/3表决权。这为美国在战后夺取世界霸权提供了重要条件。

根据前几次首脑会议的决议,1944年8—10月,美、英、苏和美、苏、中外交代表先后在华盛顿敦巴顿橡树园召开会议,讨论建立联合国组织问题。这次会议通过的《关于建立普遍性国际组织的建议案》,规定了"联合国组织"的宗旨和原则,以及联合国大会、安全理事会和秘书处等主要机构的组成和权责。联合国大会实际上是个立法机构,安全理事会是它的执行委员会,其中常任理事国为美、苏、英、法、中五大国,安理会在解决国际争端时可以动用武力。在否决权问题上美苏两国发生分歧,苏联要求常任理事国的绝对否决权,而美国则认为作为当事一方的常任理事国不能否决有关讨论和决定。为了防止美洲集团和英联邦的专权,苏联要求接纳它的16个加盟共和国为联合国成员。这些分歧,经1945年2月雅尔塔首脑会议讨论,最终获得妥善解决:苏联放弃绝对否决权,常任理事国只对实质性问题拥有否决权;苏联撤回在联合国大会上拥有16个席位的要求,但同意白俄罗斯和乌克兰在联合国有正式代表权;接受F.罗斯福的建议,凡1945年3月1日前对德宣战的国家,都可加入联合国组织。首届联合国大会于1945年10月24日在英国伦敦举行,拥有大国否决权的美国终于如愿以偿地登上了世界霸主的宝座,这是威尔逊曾经梦寐以求,但又未能达到的。

　　如果说美国的参战是它通向世界霸权的阶梯,那么"普遍安全体制"的设想就是其争夺世界霸权的取胜妙策,但支撑其霸权的还有一个权杖,这就是原子弹。1945年5月8日,德国正式无条件投降。欧洲战场结束3个月后,1945年8月6日第一颗原子弹在广岛爆炸,8日苏联百万红军进入中国东北对日本关东军作战,9日美国又在日本长崎投下第二颗原子弹,10日日本被迫宣布投降。9月2日,在东京湾的美国军舰密苏里号甲板上,日本代表正式向盟军签署投降书,第二次世界大战最终结束。这里需要指出的是,原子弹并不是二战结束的决定因素,但它确实加速了日本的投降,它之所以成为支撑美国霸权的权杖,是因为它的研制成功必须有一个庞大的科学技术体制为条件,是因为它的研究成功必须有雄厚的经济实力为基础,是因为它标志着美国的军事实力已居于世界各大国之首,以至当时美军的陆军参谋长马克斯韦尔·泰勒得以自豪地说:"原子弹的惊人的破坏力产生了这样的看法,即我们的空军现在拥有决定性的武器,这种武器可以使美国从此以后可以建立对世界的警察统治。"

由热战到"冷战":国际关系的改变

"冷战"(cold war),是对1946年以后美苏关系恶化的通俗说法,一般以"杜鲁门主义"的提出为"冷战"开始的标志,对共产主义进行"遏制"是其主要目的,但"冷战"的起源几乎可以追溯到美国参战之前。

早在1942年年初,当苏联向当时在莫斯科访问的英国外交大官安东尼·艾登提出承认苏德战争爆发时苏联的西部边界,即1939年苏德共同瓜分波兰后的边界时,美国就采取了断然拒绝的态度。美国国务卿赫尔在是年2月向罗斯福总统出谋划策说,美国应坚决反对任何"使苏联在东欧(如果不是整个欧洲大陆的话)取得支配地位的协议"。这实际上有了遏制苏联的意图。

在1944年9月的英美魁北克会议上,两国首脑名义上是讨论军事问题,而实际上是协调战后的欧洲政策,主要是如何抑制苏联势力扩张的问题。当时罗斯福对一位奥地利亲王说:"我们正在关心如何使共产主义者不进入匈牙利和奥地利。"他认为,为了遏制苏联在欧洲的扩张,美国需要一个强大的英国,为此他决定在战后继续向英国"租借"物资。他还对丘吉尔表示,美国之所以要抬高中国在国际上的地位,是为了让中国在遏制苏联南下中发挥作用。

这种政策在处理德国的问题上也表现了出来。在1945年2月的雅尔塔会议上,美、英、苏3国首脑在就成立联合国的一系列问题达成协议的同时,也讨论了战后对德国的占领和管制问题。关于这个问题,罗斯福、斯大林和丘吉尔基本上达成协议,为了严惩德国最终将肢解德国:将东普鲁士北部划归苏联,而将东部和南部划归波兰,并由美、英、苏共同占领柏林。但在德国于是年5月8日投降后,随着和平的到来和美苏摩擦的扩大,美国为了把德国纳入遏制苏联的势力范围,开始改变在处理德国问题上的严厉政策。在1945年7月举行的波茨坦会议上,代替不久前去世的罗斯福的杜鲁门总统明确反对肢解德国,也不准备向德国索取巨额赔款。这表明,美苏矛盾正在上升为国际政治中的主要矛盾,以致开始超越于民主国家与德国的矛盾,因此并不仅仅限于美苏问题。

当时,苏联与美国及其盟国的矛盾,除了直接与处理德国有关的问题外,还牵涉到苏土反目、伊朗危机和希腊内战等事件。土耳其在大战中倾向亲德反苏,导致1944年8月苏土断交,并废除《苏土中立和互不侵犯条约》,当土方表示愿意认真考虑签一项新约时,苏不仅要求土归还卡尔斯、阿尔达汉地区,还要求参加对海峡地区的监管,由此引起西方国家的警惕。在二战中,为保障盟国间交通运输的畅通,苏、英派军分别占领伊朗的北部和南部,后美国后勤部队也进驻伊朗,但当时三国首脑均对撤军问题和伊朗独立有过承诺。战后,英美先后撤军,但苏方不仅不撤军,还支持其境内阿塞拜疆人和库尔德人的分裂活动,为此伊朗在英美唆使下在联合国状告苏联。二战中,希腊被德国占领,希腊国王与政府流亡埃及和英国,国内由共产党领导的民族解放阵线所控制;但斯大林在丘吉尔的要求下将希腊划入英国的势力范围,致使英军于1944年10月进入雅典,并下令解散人民军队,举行受英国操纵的所谓全民公决,迎立乔治二世回国执政。在此情况下,以马科斯·瓦利阿泽斯为首的人民武装被迫重新拿起武器,由于英国觉得无力解决希腊内战,于是请求美国出面干预。因此,希腊自然地成为英、美、苏矛盾的触发点。

最能说明这一点的,是1946年3月5日丘吉尔著名的"富尔顿演说"。丘吉尔当时已从首相位置上退了下来,正在美国进行私人访问。富尔顿是密苏里的一个小镇,是杜鲁门总统的老家。丘吉尔在访问富尔顿时发表了演说,当时在场的听众虽然只有3000余人,但由于电台进行了转播而迅速传开,成为国际政治斗争中的一件大事。这位政治家在谈及所谓"伊朗危机"等事件后,发表评论说:"不久前刚被盟国的胜利照亮的大地,已经笼罩上了阴影","从波罗的海的斯德丁(什切青)到亚得里亚海边的里雅斯特,一幅横贯欧亚大陆的铁幕已经落下来。因这条线的后面,坐落着中欧和东欧古国的都城。华沙、柏林、布拉格、维也纳……所有这些名城及其居民无一不处在苏联的势力范围之内"。因此,"英语世界""英语民族"应该联合起来,以"正高居于世界权力的顶峰"的美国为首,建立"以英联邦与帝国为一方和以美利坚合众国为另一方的特殊关系",以共同对抗以苏联为首的"铁幕"后的国家。这个演说的实质,是以意识形态和社会制度之不同,作为在国际政治斗争中划分敌我的标志,企图挑起一场反对苏联和共产主义的没有硝烟的战争。这样,就正式揭开了"冷战"的序幕。

其实,丘吉尔只不过说出了美国人想说而没有说出的话。这年6月22日,曾有一篇以驻苏使馆代办名义向美国国内发回的长达8000字的电文,其意思后来以《苏联行为的根源》为题,化名X刊登在1947年7月出版的《外交季刊》上。该文就说:"美国对苏联政策的要旨在于,它必须是一种长期的、耐心而又坚定的,警惕地遏制俄国对外扩张倾向的政策。"该文作者凯南因此被公认为美国"遏制"理论的发明人。在丘吉尔演说后的9月24日,总统顾问克利福在其给杜鲁门提交的题为《美国与苏联关系》的报告中,也明确提出了"美国维护足够强大的军事力量以遏制苏联"的主张。正是这些主张和建议,促使杜鲁门在1947年3月12日向国会提出咨文,正式阐述美国的对苏政策及整个对外方针,声称:"美国外交政策的首要目标之一,就是创造各种条件,以使我们和其他国家能够促成一种不受强制行径支配的生活方式",并要求国会授权"向希腊和土耳其提供4亿美元的援助"。这里的所谓"强制行径",即他们所说的苏联和东欧国家的"极权政体"。这一咨文所提出的思想和方针,后来被称为"杜鲁门主义"。它表明,以"遏制"苏联为目的的"冷战",已正式被定为美国的国策。

在这种"冷战"政策的指导下,先是1947年6月复兴欧洲的"马歇尔计划"出炉,后杜鲁门又提出对"不发达地区"提供技术和经济援助的"第四点计划"。先是几个大国共同占领的柏林在1948年被分为东西柏林,后又在1949年8月和10月分别成立德意志联邦共和国(即西德)和德意志民主共和国(即东德)。1949年4月4日,美、英、法、荷、比、卢、加7国,以及意大利、挪威、冰岛、葡萄牙和丹麦共12国外长在华盛顿签署《北大西洋公约》,

北大西洋公约组织遂正式宣告成立。与此相对立,苏联经过长期准备,也于1955年5月11—14日,在华沙成立华沙条约组织,其成员包括了所有东欧的社会主义国家。

苏联原子弹爆炸成功,中华人民共和国成立,使美国决策者感到极度恐慌,认为存在一个所谓"共产主义控制世界的阴谋",立即制定了"国家安全委员会第68号文件",开始大规模扩军备战。1950年6月27日,杜鲁门利用朝鲜发生内战之机,下令美国空军袭击北朝鲜,并出动第七舰队进驻台湾海峡。朝鲜战争刚刚停止,美国又纠集英、法、澳、菲等国签订《东南亚集体防务条约》,并把印度支那3国划入其"保护地区"。后又策动吴庭艳集团发动政变,在越南南方成立以吴为总统的所谓"共和国"。为了镇压越南南方民族解放阵线,从1961年开始美国先是在越南南方搞"特种战争",后又在第二年成立美国驻越南军事援助司令部,开始直接介入越战。到1967年,美军在越南南方的总数,已增加到50余万人。

所有这些事实都说明,"冷战"并不排斥"热战",两者都是美国"遏制"政策的产物,并遵循着一个共同的战略目标:维护美国的世界霸主地位。

民权运动、新左派和"反文化"

二战后,黑人问题、青年问题和精神问题交织在一起,构成了当代美国主要的社会问题,而其中黑人问题尤其尖锐,几乎成为引发整个社会问题的焦点。

本来,美国的内战已在法律上解决了黑人问题,第13、14和15条宪法修正案,不仅一举废除了奴隶制,而且给了"自由人"以公民权和选举权。但由于当时未能解决土地问题,大多数被解放的奴隶不得不以租种原奴隶主的土地为生,而一些无地耕种的"自由人"就被抛入社会,流向街头、北部城市乃至全国,形成所谓的美国社会问题。为了尽量减少这些"自由人"即被解放的奴隶对社会造成的影响,于是一些州着手制定限制黑人的法典,企图把他们重新固定在原来的庄园里,在选举权方面增加了财产和文化上的限制,以阻止其公民权和选举权的实施。然后,又推出更加严重的种族隔离制度,从全国来说就是企图把黑人阻止于南部,而南部则企图把黑人限制于某些范围,于是出现了白人区和黑人区的划分,学校和公共场所采取了隔离措施,黑人不得在工作、教育和行动上与白人平等。这个时期,最典型的"种族隔离"法典,除了1890年路易斯安那州《黑白乘车分离法》和1915年南卡罗来纳禁止工厂及其他企业雇佣黑人与白人一起工作的法律外,就是南方各州及其他区域大部分州重新恢复甚至变本加厉的所谓"反种族混杂法"了,因为它们反映了白人骨子里对黑人的轻视、蔑视和仇视。据统计,在1954年之前,有17个州及哥伦比亚特区在教育方面存在种族隔离的制度,黑人平均工资不足白人的1/3或1/2。1954年5月17日,联邦最高法院宣布,在初等和中等学校实行种族隔离属违宪,但到1955年这些州的6001个学区中,仍只有741个允许黑白人同校。

1955年12月初,由马丁·路德·金牧师领导的抵制公共汽车运动,开始了争取黑人"民权"(civil rights)的斗争,此运动后来扩及35个城市,并迫使联邦最高法院在1956年11月13日宣布,在公共汽车上实行种族隔离为违宪。1957年9月小石城发生的以暴力阻止黑人入学事件,把黑人民权运动推向一个新的阶段,使这一斗争扩大到学校、公园、餐厅、旅店和影院,斗争是以和平方式进行的。1963年4月16日,马丁·路德·金在伯明翰被捕后,仅5—7月黑人示威就扩大到30多个州、186个城市。8月28日举行了25万人向首都华盛顿的"自由进军",马丁·路德·金在林肯纪念堂前发表的《我有一个梦想》的演说,重新喊出了"人人生而平等"的口号。(图14—33)他在该演词中说:"我们共和国的缔造者草拟宪法和《独立宣言》的气壮山河的词句时,曾向每一个美国人许下了诺言。他们承诺给予所有的人以生存、自由和追求幸福的不可剥夺的权利";"就有色公民而论,美国显然没有实践她的诺言,美国没有履行这项神圣义务,只给黑人开了一张空头支票";"我梦想有一天,亚拉巴马州能够有所改变,……那里的黑人男孩和女

14—33
马丁·路德·金在民权运动大会上发表演说:"我有一个梦想。"

孩将能与白人男孩和女孩情同骨肉,携手并进"。此后,民权运动分成两派,以马丁·路德·金为首的一派继续坚持和平方式,而以马尔科姆·艾克斯(Marcomx)为首的一派则提出了"以暴力对付暴力"的主张,全国各地都发生了武装的和和平的斗争。但即使如此,在1968年4月4日,马丁·路德·金还是在一次和平进军中,在孟菲斯遇刺身亡。民权运动分裂后,激进派控制黑人民权运动,1966年10月他们在加利福尼亚成立了"黑豹党",开始进行武装巡逻。

这时,越战对美国社会的影响越来越大。自1962年美国直接卷入越战后,到60年代后期美国在越南的兵力已超过50万人,不仅要耗费大量美国财政收入,而且给成千上万个美国家庭造成痛苦,而直接受到威胁的是美国青年,其中包括大量的黑人青年。这样,一个新的运动即反战运动,便和黑人的"民权运动"交织在一起,并引起激进派的强烈反应。萌发于20世纪50年代后期的"新左派",这时成为美国"自由""民主"和权力结构的主要批评者,认为当代美国社会的主要弊病是对人的压抑,其主要表现就是种族主义、性别歧视和分配不公,三者都否定了自由。他们与二战前的"老左派"一样,主张用"暴力"来改变现存的权力结构,通过"民主的社会主义"来消除工业社会的弊病,实现社会平等。但他们并不认为工人阶级是进行社会改造的动力,而是把希望寄托在知识分子身上,因为他们认为国家已把工人阶级与资本主义制度结为一体,使工人阶级失去了作为一支革命力量的资格。他们的理论家马尔库塞在《单向度的人》中断言:只有被压迫被统治的少数人拥有反社会的"天然权利"。"新左派"之所以把希望寄托在知识分子身上,是因为在50年代末只有青年学生显示了活力。1959年他们成立了"争取民主社会大学生协会",1962年他们又在密歇根发表《休伦港宣言》,大胆地揭示了"我们周围的美国复杂而令人不安的自相矛盾现象",指出"在南方及北方大城市中黑人生活的现实面前,'人人生而平等……'的宣言显得何等虚伪",声称社会充满了"采取行动以改变学校、工厂、官僚体制和政府的状况"的渴求,认为"这种渴求既是变革的导火线又是变革的动力"。

但被"新左派"称为革命动力的"知识分子"究竟是些什么人呢?他们实际就是当时那些出生于中产阶级家庭的青年学生,他们乃是二战后生育高峰期出生的那一代人。据统计,1949—1959年间,14—24岁这个年龄段的青少年大约是2700万,到50年代又突增到4000万,他们占了当时美国人口中的相当比重,使美国整个社会突然变得年轻化。但这一代年轻人不同于以往的是:(1)由于大多出生于中产阶级家庭,受过高等教育的人很多,大学入学率在1964年达到44%;(2)为了使这些人都能入学,许多大学都扩大招生而变成巨型大学(如加利福尼亚大学当时有学生3万人),这就造成了青年的群体特征;(3)这个时期家庭和社会的教育观念发生变化,更强调孩子的个性、自由和欢乐,造成了对这一代青年的放纵。这些人对工业化所造成的"技术治国"局面和"技术理性"对人性的压抑极为反感,比较容易接受非理性的思想与文化的影响,而走上反传统即以理性主义为主导的西方传统文化的道路,进而形成一种与当时美国主流文化不同的"反文化"(counterculture)。此处所说的"非理性"的思想和文化,主要包括文化领域中艾伦·金斯堡写的《嚎叫》(1956)、杰克·克鲁亚克写的《在路上》(1957)等作品,这些作品"赞美直觉以对抗理智";社会学领域中这一派的代表作,则是 C. W. 米尔斯写的《白领》一书,该书认为在当今崇尚科技的社会里,人们已从"自身命运的主宰"变成了现代技术的"雇佣劳力"和"小人物";在哲学领域中,则有马尔库塞写的《单向度的人》,该书宣扬一切文明都是对人的本能的"压抑"。结果,这代年轻人也就由激进派迅速转变为"垮掉的一代。"

大约在 20 世纪 60 年代前,这些年轻人组成了"共在会"和"共爱社",远离家庭和学校过起了"群居村"生活。在那里,"要爱不要战争",实行这样一条原则:"所有的女孩都是我的太太,所有的男孩都是我的兄弟,而婴儿都是我的,这就是爱。"这就是财产、性爱和子女的公有制。为了麻醉自己,他们经常食用大麻、"酸剂"或更强烈的致幻剂,由于这些毒品容易使人产生恐惧感,常常导致意志消沉或精神变态,以致自杀。这类群居村,到 70 年代发展到 3000 多个,其成员最多时达到 15 万以上,平均每个村有"村民"10—100 名不等。其中,旧金山的海特—阿什勃里、纽约的东村(East Village),被认为是最著名的"群居村"。

五六十年代的社会改革

在 20 世纪五六十年代,当民权运动及其他社会运动兴起和发展的时候,实际上也是美国社会改革的一个重要发展时期,无论就其改革的深度和广度来看,都大大超过以前的任何阶段。哈里·杜鲁门虽然在对外方面积极推行"冷战",并且把这种"冷战"由对外扩大到对内,在 1947 年 3 月颁布所谓"忠诚法令",纵容非美活动调查委员会的反共活动,致使麦卡锡主义泛滥成灾，但他在内政方面也提出了"公平施政"，允诺要让"每一个美国人都有机会从我国日益增长的富裕中得到他们公平的一份"。为此，他采取了许多措施：1946年2月通过《就业法》以利用政府协调来帮助实现"最大限度就业"；1949年在《住宅法》中规定在6年内为低收入家庭建设81万套廉价公共住房，同年10月又修改公平劳动标准法，把最低工资由每小时40美分提高到75美分；1950年修改社会保险法把退休工人养老金提高77.5%，并提出从强制保险费和国家收入中支付医疗费用，由地方政府兴办医院和医疗机构；他领导的民权委员会甚至还主张结束在军队和高等教育中的种族隔离，等等。这些都与罗斯福"新政"相通，写在文件上的多，而落实的很少。

接替杜鲁门出任总统的是艾森豪威尔。德怀特·戴维·艾森豪威尔出身于西点军校，曾任欧洲盟军最高司令和北约武装部队最高统帅，担任过哥伦比亚大学校长。1953年接替杜鲁门任总统之时，战后的经济复原工作已经完成，正迎来一个新的经济发展与繁荣时期，这时的美国被历史学家戴维·波特称为"丰裕之国"。艾森豪威尔在经济上实行"放任政策"，认为"任何一项国家建设事业，只要私人企业能够有效地去完成的话，我们决不去承担"。结果，到1954年底，在战时移交给联邦经济总署的154个工厂中，有101个工厂被出售，36个被出租。在他任职期间，还专门通过原子能法，取消国家对原子能工业的垄断，允许私营企业利用其情报、材料和设备。这些政策带有抑制国家资本主义的特点，和罗斯福的"新政"并不一致。艾森豪威尔执政期间，在1956年8月1日签署社会保障法修正案，将1939年制定的老年遗族保险制度改为老年遗族残疾保险制度；在1958年9月决定对大专学生提供长期低息贷款，如果他们毕业后在中小学任教五年者还可免还贷款之半，这就调整和扩大了福利保险的范围。此外，1957年2月27日通过的有关黑人选举的法案，特设了一个由共和、民主两党成员组成的委员会来负责有关问题的调查，这是重建以后的第一个有关民权的联邦立法。他执政期间的一个突出问题，是由于"冷战"的需要而形成军事与工业的结合，即国民经济军事化，它对美国的国防和外交均产生了持续和重要的影响。

1961年,在民权运动方兴未艾、"新左派"学生运动处于高潮的时候,约翰·肯尼迪上台执政。面对7个月的衰退、3年半的停滞、7年的经济增长速度降低和9年的农场收入下降,这位美国历史上最年轻的总统,以"新边疆"作为其总统竞选的口号,既令人想起美国扩张的传统,也带给这个国家一些新的气息。(图14—34)肯尼迪在任不到3年的时间内,虽然他使美国

14—34
肯尼迪总统在发表就职演说

在越南战场上愈陷愈深,制造了一次失败的入侵古巴的"吉隆滩事件",并经历了1962年的"导弹危机"和第二次柏林危机,但他毕竟还是将国民生产总值的平均年增长率提高到了5.6%,在1962年2月将第一个美国人送入了空间轨道,并提出了10年内把人送上月球然后使他安全返回的目标,开始实施人类史上空前大胆的阿波罗计划。在社会经济改革方面,在肯尼迪不太长的执政期间,也取得了不少进展。作为一位采纳凯恩斯理论的美国总统,他不顾企业界的强烈反对,在1962年改变了对申请设备折旧补贴和投资信贷的企业所加的限制,第二年又提出了全面减税的建议,并在1964年把它变成法律,带来了和平时期持续最长的繁荣。为了履行他在就职演说中提出的反"贫困"战略,肯尼迪从1961年起开始实施区域发展条例及有关开发阿巴拉契亚山区的一系列计划,这一工程从宾夕法尼亚到亚拉巴马,穿越十一个州;此外,国会还拨款50亿美元来建造综合住宅,把最低工资提高到每小时1.25美元,实行人力培训和发展计划。为了缓和种族矛盾,从1961年4月3日起实行第23条宪法修正案,使哥伦比亚特区的黑人享有选举总统的权利;在1962年8月27日,又提出第24条宪法修正案(于1964年2月4日才被批准),规定"合众国公民的投票权不得以未交人头税或其他税为原因而被合众国或任何人加以否认或剥夺",从而在立法上解决了1870年以来实际上被剥夺的黑人的民权问题;同时,采取一系列具体措施,消除在学校、公交、铁路、住房等方面的种族隔离现象。所有这些,尤其是1962年的第24条宪法修正案,成为肯尼迪执政期间社会改革的重要标志而记载在美国的历史上。

肯尼迪遇刺后,1963年11月22日,林登·约翰逊继任美国总统。这时,美国内外交困,总统的日子很不好过:在国外,美国军队在越南战场进退维谷,看不到有任何胜利的希望;在国内,黑人运动、反战运动、学生运动、女权运动此起彼伏,动摇着美国社会的根基。为了摆脱困境,约翰逊不得不把解决国内问题置于工作的首位,在1964年1月8日向国会提交的第一份国情咨文中,把消除"三害"即贫困、特权和歧视,作为他建立一个"伟大社会"

构想的突破口。为此，他大幅度降低个人所得税率，提高老年医疗保险费待遇，补助小学食堂供应廉价午餐计划，第一次由联邦政府对中小学教育提供普遍援助，增建低租金公共住房 24 万套，凡房租超过个人收入 25% 的费用一律由政府补贴。在 1965 年拨款 9 亿美元实施教育和培训计划，以帮助贫困者就业。除了第 24 条宪法修正案外，约翰逊于任内还在 1964 年 7 月 2 日、1965 年 8 月 6 日和 1968 年 4 月 10 日，先后签署了 3 个有关民权的法案，严禁在公共场所和住房方面实行种族隔离，并指派联邦注册人员监督地方选举，取消文化测试及类似的资格审查，以确保黑人履行其公民权和选举权。1968 年《民权法案》，虽然对某些暴力或胁迫行为规定了处罚办法，但明确地把"暴乱"限定为涉及暴力行为的"公开骚乱"。所有这些都推进了美国社会的进步。

在五六十年代社会改革中，"沃伦法院"（The Warren Court）起了重要的作用。厄尔·沃伦（Earl Warren）是 1953 年履任的联邦最高法院的首席大法官，几乎经历了这场社会改革的全过程，而于 1969 年方离任。它的第一个具有开创性的判决，就是在"布朗诉托皮卡教育委员会案"（1952）中宣布"种族隔离"教育违宪，并进而推翻 1896 年"普莱斯案"所建立的"隔离但平等"的原则，而该原则旨在维护内战后原奴隶主势力的利益。这个判决本身不是"革命"，但该判决由于突破了内战后南部"种族隔离"的藩篱，得以成功启动第十四条宪法修正案所载"平等法律保护"条款，因而有力地推动了美国黑人"民权运动"的兴起和发展，并最终导致了 1964 年、1968 年《民权法案》的通过。不仅如此，在沃伦执掌联邦最高法院期间，以宣布"种族隔离"教育违宪作为突破口，在重新激活约翰·马歇尔关于"活宪法"的主题，在实现《权利法案》的联邦化"（nationalization of the Bill of Rights），在重新解释"民主"之概念并引入"积极民主"概念方面，在扩大第十四条宪法修正案关于"平等法律保护"的范围、层次和深度上，都取得显著而卓越的进展。正是这些进展，帮助推动了五六十年代的社会经济改革，从而令厄尔·沃伦的大名永载史册。

总之,在 20 世纪五六十年代,联邦政府在消除种族隔离、缩小贫富差别、改善福利条件、提高教育水准和发展国民经济方面做了大量工作,尤其在满足黑人对民权的要求上取得了突破性进展,把美国的社会经济改革推进到一个新阶段,其广度和深度超过以往的历次改革。尽管有关这些改革的政策和措施的全面和彻底的落实还会遭遇很大的阻力和困难,因为深埋在白人心灵中的"种族歧视"思想和观念并不能轻易消除。

第十五讲

高科技革命与社会的变迁

高科技革命的起源

当代的高科技革命是伴随着20世纪中叶的两大技术,即原子能的利用和电子计算机的问世而兴起的,而这两大高科技的迅速发展可以说都是由第二次世界大战带来的。

(1)原子能的利用。原子能,又称核能,是由原子核结构在发生变化时释放出的能量。核能又分为两种:由重元素的原子核发生分裂反应(即裂变)所释放出的能量,称为裂变能;而由轻元素的原子核发生聚合反应(即聚变)所释放出的能量,称为聚变能。

古今对微观世界的探索,都承认原子在物质中的存在。不过,从德谟克利特到道尔顿,都认为原子是不可分的。然而,19世纪末X射线电子和放射性的发现,给了这种"不可分论"以巨大的冲击,因为如果原子是不可分的,那么这些射线是从哪里来的呢?不仅如此,1905年9月,伟大的物理学家爱因斯坦根据相对论理论提出了著名的质能关系的公式 $E=mc^2$,它说明即使是极小的一块物质,由于它的质量定然蕴藏着巨大的能量,从而揭开了原子能的奥秘。此后,科学家们为了获得这种能量,开始把寻找原子能存在的形式以及如何获得它的能量,作为自己研究的重点。

1911年,卢瑟福通过α粒子在金箔上散射的试验结果的分析,认为原子是由原子核和电子构成的,原子的几乎全部质量集中在这个核里。1919年,他又用α粒子轰击氮,撞击了名为氢核的质子,进一步揭示了原子核的构成,这实际上已是一次人工核反应,从而找到了人类获得原子能的手段。此后,科学家的进一步研究表明,用不带电的中子轰击原子核,是打开原子核大门的钥匙;而由于铀的稳定性很低,铀核俘获一个中子就可分裂成两个原子核来;且每次铀核裂变均可释放出2—3个中子,从而引起一种链式核反应;铀有3种同位素,最容易吸收中子产生裂变的是铀235;但核裂变的利用有种种方式,或者在控制下让其均匀地释放,或者让其不加控制地释放,等等。

　　由于这些成果公布不久,第二次世界大战就爆发了,无论是德国还是美国都想利用这一空前的威慑力作为战胜敌人之用。在1939年4月和10月,两国政府分别收到了物理学家哈特克和爱因斯坦的信,并且都采取了相应的行动。但由于物资和资金缺乏,德国的核计划最终被迫从军械局转到学术机构,其工作受到致命打击而夭折。而美国却专门成立了"铀顾问委员会",在尼瓦尔·布什博士主持下,制定了代号为"曼哈顿工程"的详细规划,并最终取得了成功。为此,美国调集了15万科技人员和50多万劳动力,动用了全国1/3的电力,前后耗资在22亿美元以上。1942年12月2日,芝加哥大学在费米领导下建立的第一座电子反应堆首次实现了人工控制的链式核裂变,宣告了原子时代的到来。1945年7月16日,第一颗原子弹在美国本土爆炸成功。战后,美国将原子能的利用,从军事转为民用,又开辟了和平利用原子能的新途径。

　　(2)电子计算机的发明。对计算技术的研究,随着工业革命和商品经济的发展,在19世纪取得了很大进展。在C.巴贝奇设想的分析机中,已有程序、存贮、运算和输出的概念和装置,和现代的计算机已十分接近,所不同的只是后者用的是电子元件,而前者用的是齿轮和杠杆。但是,计算机的真正革命还是电子技术与计算技术的结合,而这种结合是二次大战促成的。

在二战之前,对未来的计算机革命有重大影响的是电子管的发明与改进。早在1884年,爱迪生在改进其碳棒照明灯时就发现了热电子放射现象,后来英国工程师弗莱根据这一发现发明了二极管,它的整流和检波作用可将交流电变成直流电。后来,美国的L.德弗雷斯特,又在二极管中加入一个单独连接电池的金属栅极,利用电压的变化来控制两极之间的电流,从而制成三极管。1919年,有人把一对电子三极管连接起来制成了第一个电子触发器,这样人们实际上已找到了后来制造电子计算机的最基本的技术,即电子线路。此后,不少学者和科学家,力图利用电子管来提高计算机械的速度,甚至有人还制订了设计方案,但由于经费和其他原因均遭流产。

二战的爆发,给电子计算机的研制,提供了预料不到的机会,因为各种飞机和飞弹在此之前已是战争中主要的战略武器,解决弹道计算问题已成当务之急。位于马里兰州阿伯丁的"弹道研究实验室",就是美国陆军军械部于1935年为此目的而建立的,在二战中这个实验室与宾州大学莫尔学院电工系,每天都要为陆军炮弹部队提供6张火力表,任务紧迫而繁重。为此,莫尔学院电工系教师莫克利,提出了一份关于《高速电子管计算装置的使用》的报告,被当时负责联系这两个单位的军方代表哥尔斯坦中尉得知,并立即向军械处作了汇报。不久,莫尔学院就在军械部要求下,为阿伯丁弹道实验室草拟一个制造电子计算机的发展计划。1943年4月4日,在阿伯丁实验室召开了有军方代表参加的联席会,在著名数学家O.威伯伦博士的同意下,决定投资10万美元研制新型电子计算机。经过两年努力,一架名为"电子数值积分和计算机ENIAC"的电子计算机终于诞生,并于1945年12月实际投入使用,1946年2月15日正式通过验收。(图15—35)

但这次由二战引发的高科技革命,绝不仅仅限于电子计算技术和原子能领域,还涉及生物材料、海洋和空间技术等领域。在生物学领域,早在1854年孟德尔就断定,在生物体内存在着一种遗传因子,它决定着儿子像父亲这样的现象。到1944年,美国科学家O.T.艾弗里等人又发现,生命遗传信息的真正载体,是一种被称为"脱氧核糖核酸"的分子,即DNA。之后,

15—35
1946年2月15日,世界上第一台通用电子数字积分计算机ENIAC在美国宣告研制成功。ENIAC在通用性、简单性和可编程方面取得的成功,使现代计算机成为现实。

在1953年,人们又发现了DNA的双螺旋结构,进而揭示了基因控制蛋白质合成的过程,从而揭示了生命之谜,为当代基因工程的发展奠定了理论和技术基础。在材料学领域,过去一直占绝对优势的是金属,随着人类生活和工业的发展,对新型材料的种类和需求提高了。20世纪初,人们开始利用化学方法制造高分子合成材料,如各种塑料、化纤产品,并逐渐取代钢材、木材、棉花的使用。这之后各种无机非金属材料,如工业陶瓷、光导纤维和半导体材料不断涌现,并成功地将有机高分子、无机非金属和金属材料复合而开发出多种新型材料。1960年在第一台实际运行的红宝石激光器问世后,一种新兴的高技术产业,即激光电子工业也应运而生。空间技术的发展,是这次高科技革命的重要组成部分。早在19世纪,齐奥尔科夫斯基研究了火箭原理和航天理论,1926年3月16日,根据他的原理研制出的液体火箭也在美国发射成功。二战期间，德国秘密研制和发射了 V-2 导弹，大大促进了火箭技术的发展，战后美国和苏联分别获得了德国有关的专家和设备，瓜分了德国先进的火箭技术。在此基础上，这两个国家分别发展成航天大国，苏联首先在 1957 年 10 月成功发射了第一颗人造地球卫星，而美国却首先登上了月球。电子计算技术在战后也获得了迅速发展，英国和美国都根据冯·诺依曼在 1945 年提出的程序语言，在 50 年代先后研制出了第一代存贮程序型计算机。1956 年晶体管取代电子管，成为第二代电子计算机的关键技术。1961 年又诞生了集成电子计算机，并装载到了飞机和导弹上。而今，电子计算机已发展到 5 代，并进入了人工智能和网络时代。

这次高科技革命有几大特点：(1) 它们所涉及的不是一般的科学领域，而是非常尖端的前沿的科学技术领域；(2) 这次革命不仅限于科学革命而且涉及相关技术，很好地解决了由科学到生产转化的中间环节；(3) 这次革命常常以尖端领域的突破为契机引发相关领域的突破，形成一系列高科技群落。因此，它可能是人类历史上一次最伟大、持续时间最长的科学技术革命。

发展高科技产业成为联邦基本国策

高科技的兴起和发展，受到美国联邦政府的高度重视和有力推动，以至在二战后逐渐成为其国家的基本国策。这是因为，二战以后，美苏争霸形势日趋激烈，由"热战"演变成"冷战"，两国为了争夺和维护各自的霸权，均力求掌握经济、政治和军事上的领先地位，而高科技越来越成为这种争夺的主要手段。

早在 1945 年 9 月 6 日，即日本正式签署投降书后的第 4 天，美国总统杜鲁门在向国会提出的 21 点战后复兴计划中，就注意到了发展科技与维护霸权的关系："没有一个国家可以在当今世界上维持领袖地位，除非它充分开发其科学技术资源；没有一个政府可以充分地承担起各种责任，除非它慷慨大方地和明智地支持鼓励大学、工业界和它自己的实验室中的科学工作。"1947年9月,杜鲁门的总统助理兼总统科学研究委员会主席约翰·R.斯蒂曼,在题为《科学与公共政策》的政策报告中也认为:"如果我们要继续成为世界上的民主堡垒,就必须不懈地增强和扩大我们的国内经济和对外贸易。实现这一目标的一个重要手段就是科学知识的不断进步,和我们的技术得到相应的稳步改善。"这样,开发大学、工业界和联邦的科技资源,形成科技优势以争夺和维护美国在世界上的"领袖地位",便成了美国的基本国策。

为此,美国联邦政府采取了一系列措施,来落实科技开发计划。首先是在1946年8月1日设立原子能委员会,负责管理核材料的生产以及研究开发核武器工作。与此同时,为了维护未来的海上力量和"国家安全",还在海军部成立了"海军研究署",并且很快发展成为一个重要的科技机构。这年10月,根据杜鲁门总统的命令,成立了新的总统科学研究委员会,专门负责研究战后科技政策问题。1947年9月15日,根据新通过的《国家安全法》,成立了国防部以及国家安全委员会、国家安全资源局、研究开发局和弹药局。同年12月,根据约翰·R.斯蒂曼的报告,增设科学研究和开发部际委员会,以协调各部门的科技政策和工作。1950年5月10日,成立国家科学基金会,主要负责基础研究和年轻科学人才的培养,并制定相关的政策和措施。1951年4月20日,根据杜鲁门的总统令,在国防动员署下设立科学顾问委员会,专门就军事科技发展问题向总统提供咨询。艾森豪威尔任总统后,除了设立专门的总统科学特别助理外,还在1953年4月11日设立卫生、教育和福利部,它也是一个民用科技部门。这样,在战后大约10年间,便在美国建立了一个庞大的政府科技体系,其总的趋势和特点是由战时科技体制向常规科技体制转化,为高科技的发展提供科学决策、组织保证和经费保证。

但是,在战后的最初10年,美国的高科技政策和研究的重点显然主要集中或者说过分集中于军事部门。有人估计,这个时期用于国防部的经费占了联邦研究和开发经费的4/5。因此,当1957年10月和11月,苏联两次成功发射人造卫星之后,曾触发了美国现代史上一次罕见的自我评估,人们发现美国不仅在科技上而且在整体上都存在着被苏联超越的问题,不得不对现有科技政策作重新调整。为此,在1957年11月,便首先把原来隶属于国防动员署的科学顾问委员会划归总统行政办公室而变为总统科学顾问委员会。艾森豪威尔上台后,又下令设立联邦科学技术委员会,以及国家航空和宇航局。为了从根本上改变美国科技在世界上的地位,美国联邦政府决定对教育实行重大改革,特地在1958年颁布《国防教育法》,强调数、理、化教学课程在人才培养中的重要性,并规定在1959—1962年间就要拨款8亿美元用于教育。这年2月,一专家小组提出的关于《国家支持行为科学》的报告,还提出必须使美国在社会科学方面保持对苏联的"明显领先优势",以防止苏联社会科学超越美国而带来的"破坏性后果",并进而要求制定一种"普遍的社会科学政策"。约翰·肯尼迪在1960年7月接受总统候选人提名时提出了"新边疆"的口号,其科技政策的视野显然比以往的历届总统更为开阔,目光所及包括了"探索星球,征服沙漠,消除疾病,开发海洋"。所以,在肯尼迪上台后,联邦的研究和开发经费,从1961年的93亿美元,增加到1964年的149亿美元,其中仅用于国家宇航局的费用,在1965年就超过50亿美元。宇航计划和阿波罗计划的实施,由于它涉及广泛而尖端的科学技术领域,带动了美国科技和工业的全面发展。当然,由于与苏联争霸的需要,也由于战后美国军事政策的惯性,肯尼迪并没能改变以往过于集中于国防部门的科技方针。特别是参议员马尔科姆·瓦罗普于1979年提出"天基防御"概念后,不久就诞生了比肯尼迪的"阿波罗计划"更庞大的"星球大战"计划,其科技政策军事化的倾向就更加明显了。因为这些计划正在把美国由一个二元帝国变为一个三元帝国:除了陆上帝国和海上帝国而外,还要打造一个太空帝国!此时提出的理由是:"空间不仅是国家安全的关键,而且是经济增长和能源供应的关键。"

但随着20世纪60年代民权运动、学生运动和知识分子的造反,使美国政府感到了整个科技政策的严重偏颇,于是不得不做一些必要的调整。1965年9月,约翰逊总统在《关于加强全国科学能力的声明》中,表示除了要"继续确保美国科学的实力和领导地位"外,还"要使科学研究、知识信息应用于我们社会所面临的种种问题"。为此,在1965年9月颁布的国家技术服务法令中,要求通过联邦政府的全国性计划,加强地方政府、工业界和大学之间的技术交流和合作,向工商业提供有效的科技服务。在此期间,在立法和行政方面采取了一系列措施,来解决城市建筑、垃圾处理、交通运输、保护水质、控制噪音、减少污染、人体健康等问题,开辟了科学技术发展的新方向,使科技成为社会进步的有力工具。尼克松上任后,立即任命了一个总统特别小组,来检查当前美国的科技政策,在他于1970年4月提出的题为《科学技术:进步的工具》的报告中,特别强调了科学技术与国家目标的关系、基础研究与应用研究的关系以及联邦机构与私营机构的关系,后来,又加上了一个社会科学与自然科学的关系。

20世纪六七十年代,美国在高科技领域取得了重大进展。继曼哈顿工程之后,成功地实施了阿波罗计划,以及其他一系列宇宙探索计划,美国人不仅登上了月球,还发射了水星、火星和金星探测器。(图15—36)在1971年发出了"向癌症开战"的口号,并为此投入了大批研究经费。甚至早在1969年,就初步实现了计算机联网化,在1975年就在该网上发送了第一份电子邮件,它成为后来的信息高速公路的先导。在新能源、新材料以及信息技术、生物技术和海洋技术等方面,也获得了一个又一个突破,但这些重要突破常常被一些更大的成就,如阿波罗计划、后来的"星球大战"计划等等所掩盖和减低。归纳起来,美国的高科技革命,在联邦政府的大力倡导和支持下,已成为相当可观的6大群落:(1)电子信息技术;(2)新材料技术;(3)新能源技术;(4)生物技术;(5)海洋技术;(6)空间技术。其庞大的科技存量,不仅为这个国家展开国际竞争提供了空前的竞争力,也为这个国家的经济发展乃至社会转型,提供了新的动力。

15—36 1969年7月20日,美国人登上了月球

"第三产业"的形成及其特点

可以说,人类自有文明以来就有了"第三产业"。农业和手工业,可以说是第一、二产业,而交通、运输、商业和服务则可以说是古代的"第三产业"。只不过当时手工业还太弱小,只能充当家庭农业的副业,服务业几乎还处于萌芽状态。工业革命兴起后,原来作为农业副业的手工业,已被大机器生产所取代,工业得以与传统农业并驾齐驱,而成为名副其实的"第二产业"。更重要的是,工业的独立一下子拉大了与传统农业的距离,两者之间

的交流对服务业提出了新的要求,交通运输以及商业服务这时都逐渐专业化、普及化。只是由于这时的"第三产业",从总的来看还是服务性质的,因而这是从属于工业和农业的。本书所说的"第三产业"是高科技革命下的产物,与以往的"服务业"不是一回事,或者说有很大的区别。

当代的"第三产业",是一种真正的产业,而不仅仅是服务业。这种新兴的产业与传统的农业不同,也与以大机器为动力的现代工业相异,它是以知识即高科技为中心组织起来的,因而有"知识经济"之称。这类产业的典型是所谓"信息产业"。"信息"之所以会成为一种"产业",首先是因为"信息"在现在有了价值,它是有关科学、技术、经济和商业的有用知识,社会对这类知识的需要巨大而迫切。其次是由于有了现代的知识存贮和提取工具——电子计算机,为人们获得这些知识和信息提供了便捷的条件,因此向人们提供这类信息就成了一种专门的业务。再次是为了提高搜集、存贮和输出"信息"的数量和质量,就必须不断改进和完善"信息交流的工具"——电子计算机,从而使计算机的研制成为一种新兴的产业。这一知识产业的兴起,在美国可以追溯到1943年6月,即世界上第一台大型电子计算机 ENIAC 研制工程启动的时间。此后,电子计算机从第一代发展到第五代,而美国几乎都是原创国。1970年美国开通了世界上第一个因特网,到1989年美国已有10万台计算机与因特网相连,到1994年这一网络已覆盖150多个国家和地区。无论是以个人名义还是以单位名义,上网并获得因特网所提供的信息,所支付的费用就构成了网主的收入来源,从而赋予它以商业性质。除了"信息产业"外,高科技已渗透到生物、化学、能源、材料、海洋和航天等领域,并在美国形成一系列新兴的"知识产业",如基因工程、"克隆"技术的发展正方兴未艾。

这类产业即知识经济,与传统的工业技术不同。传统的工业技术旨在尽可能多地利用自然的资源以获得最大的利润,不太考虑或很少考虑环境效益、生态效益和社会效益。现在的高科技,兴起于多种自然资源几近枯竭、环境危机日益加剧的时候,它力求把技术与科学融为一体,反映了人类对自然界与人类社会的认识的全面化。因此,知识经济要求科学、合理,综合地利用现有资源,同时开发尚未利用的富有的自然资源,以取代已近枯竭的稀缺的自然资源。但高科技不仅有利于合理地利用现有资源,还可以在新的条件下再生和创造新的材料、生物种群,在某种程度上塑造新的世界。如基因工程不仅可以保存现有的生物种群,还可以改进甚至创造新的生物种群。例如,美国科学家斯蒂伍德,在1958年运用无性繁殖技术,用打孔器从胡萝卜的根上取下一块组织,并把取下的组织放在营养基内进行转动,结果胡萝卜组织的细胞一个个离开组织而进入培养液中,然后不断地分裂并生出新的细胞胚,进一步又长成一棵棵胡萝卜小苗,后来这些小苗在土壤中终于长成开花结实的胡萝卜。

又如,基因工程向细胞工程渗透。1989年美国科学家将获得抗体的重链基因和轻链基因构建成重组DNA,然后将其转入烟草细胞,利用植物细胞组织培养技术培养出转基因烟草,结果在烟叶片上产生了占叶蛋白总量的13%的抗体。这样,美国只需用目前烟草种植面积的1%来种这种转基因烟草,每年就能生产270kg的抗体,可满足27万病人1年的需要,从而形成巨大的社会和经济效益。

这类经济的另一特点是资本投入无形化。所谓"无形资本",是指由知识和智力构成的资本,传统工业经济需要大量资金、设备,在这类经济中有形资本起着决定性作用,而在知识经济中则是知识和智力这种无形资本起决定作用。虽然知识经济也需要有资金投入,对于高技术产业甚至还要有风险资金投入,但如果没有更多的信息、知识和智力的投入,它就不能称为高技术产业。据估计,目前美国许多高科技企业中的无形资产,已超过这些企业总资产的60%,这是传统工业资本构成中从来没有的现象。无形资本在企业整个资本构成中的比例增长,或经济发展中的资本投入无形化的趋势,将在经济上产生怎样的影响呢?(1)由于高科技的介入,经济形态的性质发生了变化,因为高科技代替传统生产力,成了主要的生产力。(2)在高科技介入之前,劳动时间是衡量价值和财富的尺度,由于科学技术成了第一生产力,劳动时间将不再是构成价值和财富的尺度。(3)由于劳动时间不再是价值的尺度,在高科技条件下人们便可以花较少的劳动时间创造较大的价值,这必将引起人们的价值观的变化。(4)按一般逻辑,人们便可以抽出更多的时间,来从事以往的生活条件下不能从事的文化、科学、艺术等等的活动,从而使人类自身获得全面的发展。(5)在高科技条件下,特别在计算机网络化之后,由于生产和交换的形式、规模和节奏均发生变化,因此以往的市场经济的周期规律也可能发生改变。

更重要的是,与以往任何形态的经济不同,知识经济是一种真正的具有创新色彩的经济形态,因为高科技为经济的创新提供了不竭的动力。"创新"是美国经济学家J.熊彼特提出的概念,其含义是指"企业家实行对生产要素的新的结合",它包括这样5种情况和内容:(1)引入一种新的产品或提供一种产品的新质量;(2)采用一种新的生产方法;(3)开辟一个新的市场;(4)获得一种原料或半成品的新的供应来源;(5)实行一种新的企业组织形式。不难看出,熊彼特的"创新"概念,主要谈的还是"生产要素"的新组合问题,显然还是以现代工业经济为对象的。而在高科技条件下的经济创新,除了生产要素的重新组合之外,还包括了新的能源、新的材料和新的技术的创新,以及通过基因工程和细胞工程来修饰、改造生物的遗传性状,甚至创造新的生物种群。这是人类历史上从未有过的创新活动。

作为当今世界最具价值的公司即苹果公司的创始人,史蒂夫·乔布斯[①]

[①] 史蒂夫·乔布斯(Steve Jobs,1955—2011),是一个未婚母亲的孩子,由他人收养长大,只在里德学院上学6个月就决定退学。1976年21岁的他与朋友史蒂夫·沃兹尼亚克在自家车库创办苹果电脑公司,首推苹果Ⅱ型电脑和第一台台式电脑图形处理机麦金托什(Macintosh)大获成功。1985年他在权力斗争中被他亲手创办的苹果公司解雇,但他以创办下一代计算机公司(NeXT)(1985)和Pixar动画制作公司(1986)进行反击,迫使苹果公司与之和解并重返公司董事长位置。在乔布斯领导下,将麦金托什系列改头换面,生产出iPod、iPhone、iPad及最大电子商务平台iTunes,这才有了电脑与商务、电脑与动画、电脑与音乐之类的结合,并开启个人电脑让位于智能移动的"后个人电脑时代"。2012年,其总部位于美国加州丘珀蒂诺的苹果公司,市值已达6250亿美元。

以如此惊人之语,表达过高科技时代人们对"创新"的认知和理解:"最永久的发明创造都是艺术与科学的嫁接","如果有努力、决心和远见,凡事皆有可能","要创造未来,你不能靠销售讨论组",也"绝不要害怕失败",你应"求知若饥,虚心若愚",并"在身边聚拢一批最有才华的人",但要"信任自己胜过信任任何人",并记住:"别关注正确,只关注成功。"乔布斯是成功的冒险资本家,也是当代高科技领域的一位怪才,但他的话只不过是典型的"创新"思维的本能反应。

美国经济结构的变化

由于"高科技"所包含的巨大潜能和价值,战后知识产业的迅速崛起和扩大,已经或正在使现代经济(即以现代工业为主体的经济)发生结构性改组。其突出的表现就是,在整个国民经济结构中,传统农业的比重进一步下降,以建筑、汽车、钢铁为支柱的现代工业的统治地位也开始发生动摇,而以计算机、新能源、新材料及生物工程、信息产业为支柱的知识产业一跃而为国民经济中的"首要产业",从而形成一个崭新的经济时代。由于它是以"知识产业"为主导的,因而被称为"知识经济时代",虽然这个时代才刚刚拉开了序幕。

这种转变发生于1957年。据丹尼尔·贝尔研究,该年美国从事"第三产业"的人数,首次超过了第一产业(农业)和第二产业(工业)的劳动力人数,使美国成为世界上"第一个大多数人既不从事农业生产,也不从事工业生产的国家"。这一结论是否可靠尚属疑问,因为研究者当时一般把"知识产业"放在所谓"服务行业"之内来考察,而"服务业"是一个含义不很确定的概念,这就容易夸大知识产业在整个经济结构中的比重,其研究和结论并不十分科学。一般认为,知识产业由5部分组成,它们是教育、研究与开发、交流工具、信息设备,以及专家咨询、档案储存、贸易谈判、专门建议等等。而在丹尼尔·贝尔所说的"服务业"概念中却包含这样4大类:(1)个人性质的,如零售商店、洗衣店、汽车修理、美容店等等;(2)企业性质的,如银行业、金融业、房地产和保险业等等;(3)运输、通信和公用事业;(4)保健、教育和管理。十分清楚,这两个概念的内涵显然有交叉却不能重叠,因此并不是完全一致的,上述结论只能说明某种发展趋势。但从下面的两个统计提供的数据来看,这种结构性变化的趋势无疑是明显的:第一个数据,是国际劳工组织在1970年所作的调查,该调查报告估计1960年时这个比例为53%;第二个数据,是经济合作和发展组织1969年在巴黎公布的,它显示当年的这个比例为61.1%。它们都表明,在美国从事"服务业"的劳动力在总劳力中的比重,不仅在20世纪中叶超过了50%,而且还随着时间的推移在逐年增加。

要考察知识经济在整个国民经济中的比重,恐怕产值的变化比劳动力的变化更能说明问题。有关这方面的情况,"知识产业"概念的发明人弗里茨·马克鲁普,在1962年首次对此作了实际测算,认为知识产业在美国国民生产总值中的比重,1958年时大约是30%。但10年之后的1969年,据经济合作与发展组织在巴黎公布的数字,包括"知识产业"在内的整个所谓"服务业",已占美国国民生产总值的60.4%,而农业和工业所占比重则分别降至3.0%和36.6%。值得注意的是,这种结构性改组虽然最早发生于美国,但也相继发生于西欧大多数国家和地区,很快成为西方资本主义世界的主潮。据统计,1969年时,已有3个欧洲国家,即英国(51.0%)、荷兰(51.6%)、意大利(51.7%)的"服务业"在国民生产总值中的比重超过一半,而在德国(46.2%)、法国(45.3%)、瑞典(48.9%),此比重也已接近一半。尽管这些数据由于统计方法问题还很不精确,但足以说明现代工业社会经济的结构性改变,其方向已不可逆转,而美国只是这一潮流的领头羊。为了更准确地估算"知识产业"的产值,1977年经济学家马克·波拉特又对美国201种行业中的400种职业做了研究,并把"信息产业"从"服务业"中单独分出来,然后再把电脑制造、长途通信、印刷、大众传媒、广告、会计和教育等从"信息产业"中划出来,称之为"第一信息部门"。据他的计算,1976年来自"第一信息部门"的产值,约占美国当年国民生产总值的25.1%。从表面上看,"知识产业"的比重是下降了,实际上是大大提高了,因这个"第一信息部门"只是知识产值的小部分,并不能代表整个"知识产业"。

不难看出,自"高科技"革命爆发以后,美国的社会经济结构,与革命前的工业社会的社会经济结构,正在或已经发生了很大变化。"知识产业"已逐渐上升为国民经济的第一产业,而传统的第一产业农业和第二产业工业则相应地降为第二产业和第三产业。但实际上,传统的"服务业"还继续存在,它包括商业、金融业、保险业、地产业、运输业,以及公用、卫生、教育、娱乐等,它们便构成了"第四产业"。在美国和整个国际学术界,经济学家一般把这种由以第一产业(农业)和第二产业(工业)为主的经济向以服务业特别是知识产业为主的经济转变的过程,称之为"非工业化"(Deindustrialization),但从一个国家的整个经济形势看并不完全是好事,因为"非工业化"意味着实体经济的削弱,而实体经济的过于削弱,会影响到民生的方方面面。工业社会的经济由现代工业、现代农业和服务业构成,而传统农业社会主要由传统农业和小手工业构成,几乎没有什么服务业。这样,我们就可以把自文明产生以来的人类社会划分为以下3个经济时代:

3种不同经济时代经济结构之比较

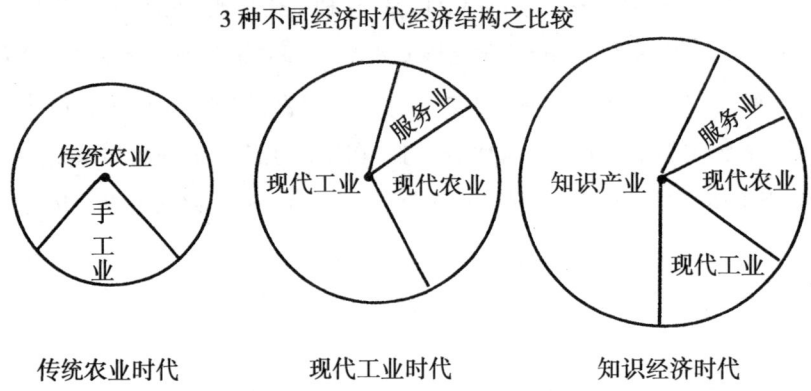

传统农业时代　　　现代工业时代　　　知识经济时代

这种社会经济结构的变化,从根本上来说是由"高科技"革命引发的。因此,这种结构变化的本质在于,科学技术已取代人工、半人工和自然形成的生产力,特别是人的活劳动即体力劳动,成为第一生产力。换言之,随着"高科技"革命和知识经济的兴起,人类获取财富的主要形式发生了根本性变化,从而人们判断价值的标准也发生了变化。

社会结构的变化

任何社会,其社会结构都是建立在生产关系的基础之上的,并要随生产关系的变化而变化,但两者都要以生产力的发展为转移。由于二战前后发生新的科学革命,人类从此拥有了新的更加强大的生产力,即以"高科技"为标志的知识生产力。因此,二战后美国社会变迁的一个突出事实,就是一个拥有高科技知识、资源和资本的"专业人员"群体的崛起,并对现存的工业社会的结构产生多方面的影响。

应该看到,知识资本正在改变资产阶级的结构。在工业社会中,资产阶级是以工业资产阶级为主体形成的,其经济基础是以生产资料为主的有形资本,包括土地、矿产、工厂、机器以及各种工业原料等。"高科技"革命发生后,知识(主要是各种尖端科技知识)已由一般社会生产力上升为居首位的最强大的生产力。因此,那些拥有高科技知识的专业人员与传统的知识分子不同,他们开始把这类高科技看做资本并直接转化为生产力,从而创造了从未有过的财富,成为社会的新富。这些人,以电子、信息、能源材料、生物等产业为基地,创建起一系列新兴的高科技产业,其资本和财富积累的速度超过以往任何类型的资本家。微软公司的创始人比尔·盖茨,是这类"新富"中的典型代表,他在一个不太长的时间内和经营中,就积累下高达800多亿美元的个人财富,即使在20世纪末和21世纪初因新经济出现泡沫化而缩水,他缩水后的财富仍在500多亿美元以上。(图15—37)据研究,20世纪70年代末,美国迅速发展的104个工业部门中,有9个属于高科技部门;到80年代,高科技产品已占美国工业产品出口的75%;1971—1981年间,美国电子工业部门的年平均增长率达7.8%,比同期美国工业平均增长率高出一倍多。到80年代中期,电子产业的产值已超过汽车业,从而成为美国的第二大产业。

15—37
比尔·盖茨

与此同时,高科技也正在改变着中产阶级的成分。在历史上,传统的中产阶级是由商人和城市工场手工业者或市民构成的。资本主义的产生使中世纪的等级社会"简单化",尤其是在工业革命后社会日益分裂为工业资产阶级和产业无产阶级这两大阶级。但随着股份公司和大企业的兴起,在资本主义经济中发生了所有权与经营权的分裂,资产阶级对工人阶级的统治逐渐采取了间接的形式,由此形成了一个以"经理"和高级职员为核心的新的"中产阶级"。"高科技"革命发生后,随着电子计算机的普及,以及一系列"知识产业"和"服务业"的兴起,对高科技人才的需求急剧增长,从而大大改变了传统的所谓"白领工人"的数量和成分。那些从事高科技产品研究、设计和改进,各种信息搜集、整理与研究,电子计算机和各类高科技服务的人,可能既不是这类企业的主人也不从事直接生产的工作。这些在工资和福利方面享有优厚待遇的各类专业人员,便构成了"中产阶级"的新的核心。据统计,在美国,"白领工人"在整个职工人数中的比重,由1900年的17.6%增加到1980年的50.8%,其中职员和专业技术人员的比重,则由7.3%增加到34.5%,占了1980年"白领工人"总数的2/3以上。这些都充分说明了高科技革命对中产阶级结构的影响。

事实上,由于高科技革命,传统的工人阶级的成分和结构也在发生着变化。据统计,体力劳动者,包括白领工人、服务工人和农业工人在内,他们在整个职工人数中的比例,1900年时占了82.4%,但到1980年已降到49.2%。但如果仔细观察一下又会发现,在这些体力劳动者队伍中农业人口变化最大,农业人口1900年时约占全部劳动力的37.5%,1980年时已降到2.7%。在服务行业中,1900年时其就业人员一半以上是家庭仆役,但到60年代末这类人员的比例已降至1/4,说明社会服务和专业服务的范围扩大了。由于复杂的高新技术的引进,以前的半熟练工人的队伍也发生了巨大变化,这个队伍在20世纪曾是最大的职业队伍,此后它的绝对数字虽然有增无减,但其增长率只及全部就业人数增长率的一半。所有这些都说明,随着"高科技"革命的兴起,科技向生产的广度和深度的渗透,劳动者的素质和就业的领域已经或正在发生重大的改变,一个新的工人阶级正在形成。

上述变化的总的趋势是,美国社会正逐渐地由典型的工业社会向后工业社会迈进,在这个新的社会里,生产力高度发展,物质财富极大丰富,文化素质极大提高,其结构和性质都与古典资本主义有越来越多的不同。

附 录

一　五月花号公约(1620年)

　　以上帝的名义,阿门。吾等签约人,信仰之捍卫者,蒙上帝恩佑的大不列颠、法兰西及爱尔兰国王詹姆斯陛下的忠顺臣民——

　　为了上帝的荣耀,为了吾王与基督信仰和荣誉的增进,吾等越海扬帆,已在弗吉尼亚北部开拓最初之殖民之地,因此在上帝面前共同庄严立誓签约,自愿结为一公民政治团体。为使上述目的得以顺利进行、维持并发展,亦为将来能随时制定和实施有益于本殖民地总体利益的一应公正和平等法律、法规、条令、宪章与公职,吾等全体保证遵守与服从。

　　据此于耶稣公元1620年10月11日,吾王英格兰、法兰西、爱尔兰第十八世暨苏格兰第五十四世君主陛下在位之年,在科德角签署姓名如下,以资证明。

　　(浦隆译,见J.艾捷尔编:《美国赖以立国的文本》,海南出版社2000年版,个别译文有改动)

二 独立宣言(1776年)

在有关人类事务的发展过程中,当一个民族必须解除其和另一个民族之间的政治关系,并在世界各国之间依照自然法和自然神法,接受独立和平等的地位时,出于对人类舆论的尊重,必须把他们不得不独立的原因予以宣布。

我们认为下述真理是不言而喻的:人人生而平等,造物主赋予他们若干不可剥夺的权利,其中包括生命权、自由权和追求幸福的权利,为了保障这些权利,人类才在他们之间建立政府,而政府之正当权利,是经过被治理者的同意而产生的。当任何形式的政府对这些目标具破坏性时,人民便有权利改变或废除它,以建立一个新的政府;其赖以奠基的原则,其组织权力的方式,务使人民认为唯有这样才最可能获得他们的安全和幸福。为了慎重起见,成立多年的政府,是不应当由于轻微或短暂的原因而予以变更的。过去的一切经验也都说明,任何苦难,只要是尚能忍受,人类都宁愿容忍,而无意为了本身的权益便废除他们久以习惯了的政府。但是,当追逐同一目标的一连串滥用职权和强权豪夺发生,证明政府企图把人民置于专制之下时,那么,人民就有权利,也有义务推翻这个政府,并为他们未来的安全建立新的保障——这就是这些殖民地过去逆来顺受的情况,也是它们现在不得不改变以前政府制度的原因。当今大不列颠国王的历史,是接连不断的伤天害理和强取豪夺的历史。这一暴行的唯一目标,就是想在这些州建立专制的暴政。为了证明所言属实,现把下列事实向公正的世界宣布。

他拒绝批准对公众利益最有益、最必要的法律。

他禁止他的总督们批准迫切而极为必要的法律,要不就把这些法律搁置起来暂不生效,等待他的统一;而一旦这些法律被搁置起来,他对他们就完全置之不理。

他拒绝批准便利广大地区人民的其他法律,除非那些人们情愿放弃自己在立法机关中的代表权;但这种权力对他们有无法估量的价值,而且只有暴君才畏惧这种权力。

他把各州立法团体召集到异乎寻常的、极为不便的、远离它们档案库的地方去开会，唯一目的是使他们疲于奔命，不得不顺从他的意旨。

他一再解散各州的议会，因为他们以无畏的坚毅态度反对他侵犯人民的权利。

他在解散各州议会之后，又长期拒绝另选新议会；但立法权是无法取消的，因此这些权力仍由一般人民来行使。其时各州仍然处于危险的境地，既有外来侵略之患，又有发生内乱之忧。

他竭力抑制我们各州增加人口；为此目的，他阻挠外国人入籍法的通过，拒绝批准其他鼓励外国人移居各州的法律，并提高分配新土地的条件。

他拒绝批准建立司法权力的法律，皆以阻挠司法工作的推行。

他把法官的任期、薪水数额和支付，完全置于他个人意志的支配之下。

他滥设新官署，派遣大批官员，骚扰我们人民，并耗尽人民必要的生活资料。

他在和平时期，未经我们的立法机关同意，就在我们中间维持常备军。

他力图使军队独立于民政之外，并凌驾于民政之上。

他同某些人勾结起来，把我们置于一种不适合我们的体制、且不为我们的法律所承认的管辖之下；他还批准那些人炮制的各种伪法案来达到以下目的：

在我们中间驻扎大批武装部队；

用假审讯来包庇他们，使他们杀害我们各州居民而仍然逍遥法外；

切断我们同世界各地的贸易；

未经我们同意便向我们强行征税；

在许多案件中剥夺我们享有陪审制的权益；

罗织罪名押送我们到海外去受审；

在一个邻省废除英国的自由法律，在那里建立专制政府，并扩大该省的疆界，企图把该省变成一个既是一个样板、又是一个得心应手的工具，以便进而向这里的各殖民地推行同样的集权统治；

取消我们的宪章，废除我们最宝贵的法律，并从根本上改变我们各州政府的形式；

中止我们自己的立法机关行使权力，宣称他们自己有权就一切事宜为我们制定法律。

他宣布我们已不属于他保护之列，并对我们作战，从而放弃了在这里的政府。

他在我们海域大肆掠夺，蹂躏我们沿海地区，焚烧我们的城镇，残害我们人民的生命。

他此时正在运送大批外国雇佣兵来完成屠杀、破坏和肆虐的勾当，这种勾当早就开始，其残酷卑劣甚至在最野蛮的时代都难以找到先例。他完全不配做一个文明国家的元首。

他在公海上俘虏我们的同胞，强迫他们拿起武器来反对自己的国家，成为残杀自己亲人和朋友的刽子手，或是死于自己的亲人和朋友手下。

他在我们中间煽动内乱，并且竭力挑唆那些残酷无情、没有开化的印第安人来杀掠我们边疆的居民；而众所周知，印第安人的作战规律是不分男女老幼，一律格杀勿论的。

在这些压迫的每一阶段中，我们都是用最卑谦的言辞请求纠正；但屡次请求所得到的答复是屡次遭受损害。一个君主，当他的品格已打上了暴君的烙印时，是不配做自由民族的统治者的。

我们不是没有顾念我们英国的弟兄。我们时常提醒他们，他们的立法机关企图把无理的管辖权横加到我们的头上，我们也曾把我们移民来这里和在这里定居的情形告诉他们。我们曾经向他们天生的正义感和雅量呼吁，我们恳求他们念在同宗同种的份上，弃绝那些掠夺行为，以免影响彼此的关系和往来。但是他们对于这种正义和血缘的呼声，也同样充耳不闻。因此，我们实在不得不宣布和他们脱离，并且以对待世界上其他民族一样的态度对待他们：和我们作战，就是敌人；和我们和好，就是朋友。

因此,我们在大陆会议上集会的美利坚合众国代表,以各殖民地善良人民的名义,并经他们授权,向全世界最崇高的正义呼吁,说明我们的严正意向,同时郑重宣布:这些联合一致的殖民地从此是自由和独立的国家,并且按其权力也必须是自由和独立的国家;他们取消一切对英国王室效忠的义务,他们和大不列颠国家之间的一切政治关系从此全部断绝,而且必须断绝;作为自由独立的国家,它们完全有权宣战、缔和、结盟、通商和采取独立国家有权采取的一切行动。

为了支持这篇宣言,我们坚决信赖上帝的庇佑,以我们的生命、我们的财产和我们神圣的名誉,彼此宣誓。

(浦隆译,见J.艾捷尔编:《美国赖以立国的文本》,海南出版社2000年版)

三 美利坚合众国宪法

我们合众国人民,为建立更完善的联邦,树立正义,保障国内安宁,提供共同防务,促进公共福利,并使我们自己和后代得享自由的幸福,特为美利坚合众国制定本宪法。

第一条

第一款 本宪法授予的全部立法权,属于由参议院和众议院组成的合众国国会。

第二款 众议院由各州人民每两年选举产生的众议员组成。每个州的选举人须具备该州州议会人数最多一院选举人所必需的资格。

凡年龄不满25岁,成为合众国公民不满7年,在一州当选时不是该州居民者,不得担任州众议员。

众议员名额和直接税税额,在本联邦可包括的各州中,按照各自人口比例进行分配。各州人口数,按自由人总数加上所有其他人口的3/5予以确定。自由人总数包括必须服一定年限劳役的人,但不包括未被征税的印第安人。人口的实际统计在合众国国会第一次会议后 3 年内和此后每 10 年内,依法律规定的方式进行。每 3 万人选出的众议员人数不得超过 1 名,但每州至少须有 1 名众议员;在进行上述人口统计以前,新罕布什尔州有权选出 3 名,马萨诸塞州 8 名,罗得岛州和普罗维登斯种植地 1 名,康涅狄格州 5 名,纽约州 6 名,新泽西州 4 名,宾夕法尼亚州 8 名,特拉华州 1 名,马里兰州 6 名,弗吉尼亚州 10 名,北卡罗来纳州 5 名,南卡罗来纳州 5 名,佐治亚州 3 名。

任何一州代表出现缺额时,该州行政当局应发布选举令,以填补此项缺额。

众议院选举本院议长和其他官员,并独自拥有弹劾权。

第三款 合众国参议院由每州州议会选举的两名参议员组成,任期六年;每名参议员有一票表决权。

参议员在第一次选举后集会时,立即分为人数尽可能相等的 3 个组。第 1 组参议员席位在第 2 年年终空出,第 2 组参议员席位在第 4 年年终空出,第 3 组参议员席位在第 6 年年终空出,以便 1/3 的参议员得每 2 年改选一次。在任何一州州议会休会期间,如因辞职或其他原因而出现缺额时,该州行政长官在州议会下次集会填补此项缺额前,得任命临时参议员。

凡年龄不满 30 岁,成为合众国公民不满 9 年,在一州当选时不是该州居民者,不得担任参议员。

合众国副总统任参议院议长,但除非参议员投票时赞成票和反对票相等,无表决权。

参议院选举本院其他官员,并在副总统缺席或行使合众国总统职权时,选举 1 名临时议长。

参议院独自拥有审判一切弹劾案的权力。为此目的而开庭时,全体参议员须宣誓或作代誓宣言。合众国总统受审时,最高法院首席大法官主持审判。无论何人,非经出席参议员 2/3 的同意,不得被定罪。

弹劾案的判决,不得超出免职和剥夺担任和享有合众国属下有荣誉、有责任或有薪金的任何职务的资格。但被定罪的人，仍得依法受起诉、审判、判决和惩罚。

第四款 举行参议员和众议员选举的时间、地点和方式，在每个州由该州议会规定。但除选举参议员的地点外，国会得随时以法律制定或改变这类规定。

国会每年至少开会一次，除非国会以法律另订日期外，此会议在12月第一个星期一举行。

第五款 每院是本院议员的选举、选举结果报告和资格的裁判者。每院议员过半数，即构成议事的法定人数；但不足法定人数时，得逐日休会，并有权按每院规定的方式和罚则，强迫缺席议员出席会议。

每院得规定本院议事规则，惩罚本院议员扰乱秩序的行为，并经2/3议员的同意开除议员。

每院应有本院会议记录，并不时予以公布，但它认为需要保密的部分除外。每院议员对于任何问题的赞成票和反对票，在出席议员1/5的请求下，应载入会议记录。

在国会开会期间，任何一院，未经另一院同意，不得休会3日以上，也不得到非两院开会的任何地方休会。

第六款 参议员和众议员应得到服务的报酬，此项报酬由法律确定并由合众国国库支付。他们除犯叛国罪、重罪和妨害治安罪外，在一切情况下都享有在出席各自议院会议期间和往返于各自议院途中不受逮捕的特权。他们不得因在各自议院发表的演说或辩论而在任何其他地方受到质问。

参议员或众议员在当选任期内，不得被任命担任在此期间设置或增薪的合众国管辖下的任何文官职务。凡在合众国属下任职者，在继续任职期间不得担任任何一院议员。

第七款 所有征税议案首先在众议院提出，但参议院得像对其他议案一样，提出或同意修正案。

众议院和参议院通过的每一个议案，在成为法律前须送交合众国总统。

总统如批准该议案,即应签署;如不批准,则应将该议案连同其反对意见退回最初提出该议案的议院。该院应特此项反对意见详细载入本院会议记录并进行复议。如经复议后,该院 2/3 议员同意通过该议案,该议案连同反对意见应一起送交另一议院,并同样由该院进行复议,如经该院 2/3 议员赞同,该议案即成为法律。但在所有这类情况下,两院表决都由赞成票和反对票决定;对该议案投赞成票和反对票的议员姓名应分别载入每一议院会议记录。如任何议案在送交总统后 10 天内(星期日除外)未经总统退回,该议案如同总统已签署一样,即成为法律,除非因国会休会而使该议案不能退回,在此种情况下,该议案不能成为法律。

凡须由参议院和众议院一致同意的每项命令、决议或表决(关于休会问题除外),须送交合众国总统,该项命令、决议或表决在生效前,须由总统批准,如总统不批准,则按照关于议案所规定的规则和限制,由参议院和众议院 2/3 议员重新通过。

第八款 国会有权:

规定和征收税金、关税、输入税和货物税,以偿付国债、提供合众国共同防务和公共福利,但一切关税、输入税和货物税应全国统一;

以合众国的信用借款;

管制同外国的、各州之间的和同印第安部落的商业;

制定合众国全国统一的归化条例和破产法;

铸造货币,厘定本国货币和外国货币的价值,并确定度量衡的标准;

规定有关伪造合众国证券和通用货币的罚则;

设立邮政局和修建邮政道路;

保障著作家和发明家对各自著作和发明在限定期限内的专有权利,以促进科学和工艺的进步;

设立低于最高法院的法院;

界定和惩罚在公海上所犯的海盗罪和重罪以及违反国际法的犯罪行为;

宣战，颁发捕获敌船许可状，制定关于陆上和水上捕获的条例；

招募陆军和供给军需，但此项用途的拨款期限不得超过两年；

建立和维持一支海军；

制定治理和管理陆海军的条例；

规定征召民兵，以执行联邦法律、镇压叛乱和击退入侵；

规定民兵的组织、装备和纪律，规定用来为合众国服役的那些民兵的管理，但民兵军官的任命和按国会规定纪律训练民兵的权力，由各州保留；

对于由某些州让与合众国、经国会接受而成为合众国政府所在地的地区（不得超过10平方英里），在任何情况下都行使独有的立法权；对于经州议会同意、由合众国在该州购买的用于建造要塞、弹药库、兵工厂、船厂和其他必要建筑物的一切地方，行使同样的权力；以及制定为行使上述各项权力和由本宪法授予合众国政府或其任何部门或官员的一切其他权力所必要和适当的所有法律。

第九款 现有任何一州认为得准予入境之人的迁移或入境，在1808年以前，国会不得加以禁止，但对此种人的入境，每人可征不超过10元的税。

不得中止人身保护权的特权，除非发生叛乱或入侵时公共安全要求中止这项特权。

不得通过公民权利剥夺法案或追溯既往的法律。

除依本宪法上文规定的人口普查或统计的比例，不得征收人头税或其他直接税。对于从任何一州输出的货物，不得征收税金或关税。

任何商业或税收条例，都不得给予一州港口以优惠于他州港口的待遇；开往或开出一州的船舶，不得被强迫在他州入港、出港或交纳关税。

除根据法律规定的拨款外，不得从国库提取款项。一切公款收支的定期报告书和账目，应不时予以公布。

合众国不得授予贵族爵位。凡在合众国属下担任任何有薪金或有责任的职务的人，未经国会同意，不得从任何国王、君主或外国接受任何礼物、俸禄、官职或任何一种爵位。

第十款 任何一州都不得:缔结任何条约,参加任何同盟或邦联;颁发捕获敌船许可状;铸造货币;发行纸币;使用金银币以外的任何物品作为偿还债务的货币;通过任何公民权利剥夺法案、追溯既往的法律或损害契约义务的法律;或授予任何贵族爵位。

任何一州,未经国会同意,不得对进口货或出口货征收任何输入税或关税,但为执行本州检查法所绝对必需者除外。任何一州对进口货或出口货所征全部关税和输入税的纯收益供合众国国库使用;所有这类法律得由国会加以修正和控制。

任何一州,未经国会同意,不得征收任何船舶吨位税,不得在和平时期保持军队或战舰,不得与他州或外国缔结协定或盟约,除非实际遭到入侵或遇刻不容缓的紧迫危险时不得进行战争。

第二条

第一款 行政权属于美利坚合众国总统。总统任期4年,副总统的任期相同。总统和副总统按以下方法选举:

每个州依照该州议会所定方式选派选举人若干人,其数目同该州在国会应有的参议员和众议员总人数相等。但参议员或众议员,或在合众国属下担任有责任或有薪金职务的人,不得被选派为选举人。

选举人在各自州内集会,投票选举两人,其中至少有一人不是选举人本州的居民。选举人须开列名单,写明所有被选人和每人所得票数;在该名单上签名作证,将封印后的名单送合众国政府所在地,交参议院议长收。参议院议长在参议院和众议院全体议员面前开拆所有证明书,然后计算票数。得票最多的人,如所得票数超过所选派选举人总数的半数,即为总统。如获得此种过半数票的人不止一人,且得票相等,众议院应立即投票选举其中一人为总统。如无人获得过半数票;该院应以同样方式从名单上得票最多的5人中选举一人为总统。但选举总统时,以州为单位计票,每州代表有一票表决权;2/3的州各有一名或多名众议员出席,即构成选举总统的法定人数,选出总统需要所有州的过半数票。在每种情况下,总统选出后,得选举人票最多的人,即为副总统。但如果有两人或两人以上得票相等,参议院应投票选举其中一人为副总统。

国会得确定选出选举人的时间和选举人投票日期,该日期须全国统一。

无论何人,除生为合众国公民或在本宪法采用时已是合众国公民者外,不得当选为总统;凡年龄不满35岁、在合众国境内居住不满14年者,也不得当选为总统。

如遇总统免职、死亡、辞职或丧失履行总统权力和责任的能力时,总统职务应移交副总统。国会将以法律规定在总统和副总统两人免职、死亡、辞职或丧失任职能力时,宣布应代理总统的官员。该官员应代理总统直到总统恢复任职能力或新总统选出为止。

总统在规定的时间,应得到服务报酬,此项报酬在其当选担任总统任期内不得增加或减少。总统在任期内不得接受合众国或任何一州的任何其他俸禄。

总统在开始执行职务前,须作如下宣誓或代誓宣言:"我庄严宣誓(或宣言)我一定忠实执行合众国总统职务,竭尽全力维护、保护和捍卫合众国宪法"。

第二款 总统是合众国陆军、海军和征调为合众国服役的各州民兵的总司令。他得要求每个行政部门长官就他们各自职责有关的任何事项提出书面意见。他有权对危害合众国的犯罪行为发布缓刑令和赦免令,但弹劾案除外。

总统经咨询参议院和取得其同意有权缔结条约,但须经出席参议员2/3的批准。他提名,并经咨询参议院和取得其同意,任命大使、其他使节和领事、最高法院法官和任命手续未由本宪法另行规定而应由法律规定的合众国所有其他官员。但国会认为适当时,得以法律将这类低级官员的任命权授予总统一人、法院或各部部长。

总统有权委任人员填补在参议院休会期间可能出现的官员缺额,此项委任在参议院下期会议结束时满期。

第三款 总统应不时向国会报告联邦情况,并向国会提出他认为必要和妥善的措施供国会审议。在非常情况下,他得召集两院或任何一院开会。如遇两院对休会时间有意见分歧时,他可使两院休会到他认为适当的时间。他应接见大使和其他使节。他负责使法律切实执行,并委任合众国的所有官员。

第四款 总统、副总统和合众国的所有文职官员,因叛国、贿赂或其他重罪和轻罪而受弹劾并被定罪时,应予免职。

第三条

第一款 合众国的司法权,属于最高法院和国会不时规定和设立的下级法院。最高法院和下级法院的法官如行为端正,得继续任职,并应在规定的时间得到服务报酬,此项报酬在他们继续任职期间不得减少。

第二款 司法权的适用范围包括:由于本宪法、合众国法律和根据合众国权力已缔结或将缔结的条约而产生的一切法律的和衡平法的案件;涉及大使、其他使节和领事的一切案件;关于海事法和海事管辖权的一切案件;合众国为一方当事人的诉讼;两个或两个以上州之间的诉讼;一州和他州公民之间的诉讼;不同州公民之间的诉讼;同州公民之间对不同州让与土地的所有权的诉讼;一州或其公民同外国或外国公民或国民之间的诉讼。

涉及大使、其他使节和领事以及一州为一方当事人的一切案件,最高法院具有第一审管辖权。对上述所有其他案件,不论法律方面还是事实方面,最高法院具有上诉审管辖权,但须依照国会所规定的例外和规章。

除弹劾案外,一切犯罪由陪审团审判;此种审判应在犯罪发生的州内举行;但如犯罪不发生在任何一州之内,审判应在国会以法律规定的一个或几个地点举行。

第三款 对合众国的叛国罪只限于同合众国作战,或依附其敌人,给予其敌人以帮助和鼓励。无论何人,除根据两个证人对同一明显行为的作证或本人在公开法庭上的供认,不得被定为叛国罪。

国会有权宣告对叛国罪的惩罚,但因叛国罪而剥夺公民权,不得造成血统玷污,除非在被剥夺者在世期间,也不得没收其财产。

第四条

第一款 每个州对于他州的公共法律、文件和司法程序,应给予充分信任和尊重。国会得以一般法律规定这类法律、文件和司法程序如何证明和具有的效力。

第二款 每个州的公民享有各州公民的一切特权和豁免权。

在任何一州被控告犯有叛国罪、重罪或其他罪行的人,逃脱法网而在他州被寻获时,应根据他所逃出之州行政当局的要求将他交出,以便解送到对犯罪行为有管辖权的州。

根据一州法律须在该州服劳役或劳动的人,如逃往他州,不得因他州的法律或规章而免除此种劳役或劳动,而应根据有权得到此劳役或劳动之当事人的要求将他交出。

第三款 新州得由国会接纳加入本联邦;但不得在任何其他州的管辖范围内组成或建立新州;未经有关州议会和国会的同意,也不得合并两个或两个以上的州或几个州的一部分组成新州。

国会对于属于合众国的领土或其他财产,有权处置和制定一切必要的条例和规章。对本宪法条文不得作有损于合众国或任何一州的任何权利的解释。

第四款 合众国保证本联邦各州实行共和政体,保护每州免遭入侵,并应州议会或州行政长官(在州议会不能召开时)的请求平定内乱。

第五条

国会在两院2/3议员认为必要时,应提出本宪法的修正案,或根据各州2/3州议会的请求,召开制宪会议提出修正案。不论哪种方式提出的修正案,经各州3/4州议会或3/4州制宪会议的批准,即实际成为本宪法的一部分而发生效力;采用哪种批准方式,得由国会提出建议。但在1808年以前制定的修正案,不得以任何形式影响本宪法第1条第9款第1项和第4项;

任何一州,不经其同意,不得被剥夺它在参议院的平等投票权。

第六条

　　本宪法采用前订立的一切债务和承担的一切义务,对于实行本宪法的合众国同邦联时期一样有效。

　　本宪法和依本宪法所制定的合众国的法律,以及根据合众国的权力已缔结或将缔结的一切条约,都是全国的最高法律;每个州的法官都应受其约束,即使州的宪法和法律中有与之相抵触的内容。

　　上述参议员和众议员,各州州议会议员,以及合众国和各州所有行政和司法官员,应宣誓或作代誓宣言拥护本宪法;但决不得以宗教信仰作为担任合众国属下任何官职或公职的必要资格。

第七条

　　经9个州制宪会议的批准,即足以使本宪法在各批准州成立。

　　本宪法于耶稣纪元1787年,即美利坚合众国独立后第12年的9月17日,经出席各州在制宪会议上一致同意后制定。我们谨在此签名作证。

(签名略)

按照原宪法第五条、由国会提出并经各州批准、增添和修改美利坚合众国宪法的条款
(宪法修正案)

第一条修正案

　　(前十条修正案于1789年9月25日提出,1791年12月15日批准,被称为"权利法案"。)

　　国会不得制定关于下列事项的法律:确立国教或禁止信教自由;剥夺言

论自由或出版自由;或剥夺人民和平集会和向政府请愿申冤的权利。

第二条修正案

管理良好的民兵是保障自由州的安全所必需的,因此人民持有和携带武器的权利不得侵犯。

第三条修正案

未经房主同意,士兵平时不得驻扎在任何住宅;除依法律规定的方式,战时也不得驻扎。

第四条修正案

人民的人身、住宅、文件和财产不受无理搜查和扣押的权利,不得侵犯。除依据可能成立的理由,以宣誓或代誓宣言保证,并详细说明搜查地点和扣押的人或物,不得发出搜查和扣押状。

第五条修正案

无论何人,除非根据大陪审团的报告或起诉书,不受死罪或其他重罪的审判,但发生在陆、海军中或发生在战时或出现公共危险时服役的民兵中的案件除外。任何人不得因同一犯罪行为而两次遭受生命或身体的危害;不得在任何刑事案件中被迫自证其罪;不经正当法律程序,不得被剥夺生命、自由或财产。不给予公平赔偿,私有财产不得充作公用。

第六条修正案

在一切刑事诉讼中,被告有权由犯罪行为发生地的州和地区的公正陪审团予以迅速和公开的审判,该地区应事先已由法律确定;得知控告的性质和理由;同原告证人对质;以强制程序取得对其有利的证人;并取得律师帮助为其辩护。

第七条修正案

在习惯法的诉讼中,其争执价额超过20元,由陪审团审判的权利应受到保护。由陪审团裁决的事实,合众国的任何法院除非按照习惯法规则,不得重新审查。

第八条修正案

不得要求过多的保释金,不得处以过重的罚金,不得施加残酷和非常的惩罚。

第九条修正案

本宪法对某些权利的列举,不得被解释为否定或轻视由人民保留的其他权利。

第十条修正案

宪法未授予合众国、也未禁止各州行使的权力,由各州各自保留,或由人民保留。

第十一条修正案

(1794年3月4日提出,1795年2月7日批准)

合众国的司法权,不得被解释为适用于由他州公民或任何外国公民或国民对合众国一州提出的或起诉的任何法律或衡平法的诉讼。

第十二条修正案

(1803年12月9日提出,1804年7月27日批准)

选举人在各自州内集会,投票选举总统和副总统,其中至少有一人不是选举人本州的居民。选举人须在选票上写明被选为总统之人的姓名,并在另一选票上写明被选为副总统之人的姓名。选举人须将所有被选为总统之人和所有被选为副总统之人分别开列名单,写明每人所得票数;在该名单上签名作证,将封印后的名单送合众国政府所在地,交参议院议长收。参议院议长在参议院和众议院全体议员面前开拆所有证明书,然后计算票数。获得总统选票最多的人,如所得票数超过所选派选举人总数的半数,即为总统。如无人获得这种过半数票,众议院应立即从被选为总统之人名单中得票最多的但不超过3人中间,投票选举总统。但选举总统时,以州为单位计票,每州代表有一票表决权。2/3 的州各有一名或多名众议员出席,即构成选举总统的法定人数,选出总统需要所有州的过半数票。当选举总统的权力转移到众议院时,如该院在次年 3 月 4 日前尚未选出总统,则由副总统代理总统,如同总统死亡或宪法规定的其他丧失任职能力的情况一样。得副总统选票最多的人,如所得票数超过选派选举人总数的半数,即为副总统。如无人得过半数票,参议院应从名单上得票最多的两人中选举副总统。选举副总统的法定人数由参议员总数的 2/3 构成,选出副总统需要参议员总数的过半数票。但依宪法无资格担任总统的人,也无资格担任合众国副总统。

第十三条修正案

(1865 年 1 月 31 日提出,1865 年 12 月 6 日批准)

第一款 在合众国境内受合众国管辖的任何地方,奴隶制和强制劳役都不得存在,但作为对于依法判罪的人的犯罪的惩罚除外。

第二款 国会有权以适当立法实施本条。

第十四条修正案

(1866 年 6 月 13 日提出,1868 年 7 月 9 日批准)

第一款 所有在合众国出生或归化合众国并受其管辖的人,都是合众国的和他们居住州的公民。任何一州,都不得制定或实施限制合众国公民的特权或豁免权的任何法律;不经"正当法律程序",不得剥夺任何人的生命、自由或财产;在州管辖范围内,也不得拒绝给予任何人以"平等法律保护"。

第二款 众议员名额,应按各州人口比例进行分配,此人口数包括一州的全部人口数,但不包括未被征税的印第安人。但在选举合众国总统和副总统选举人、国会众议员、州行政和司法官员或州议会议员的任何选举中,一州的年满 21 岁并且是合众国公民的任何男性居民,除因参加叛乱或其他犯罪外,如其选举权遭到拒绝或受到任何方式的限制,则该州代表权的基础,应按以上男性公民的人数同该州年满 21 岁男性公民总人数的比例予以削减。

第三款 无论何人，凡先前曾以国会议员、或合众国官员、或任何州议会议员、或任何州行政或司法官员的身份宣誓维护合众国宪法，以后又对合众国作乱或反叛，或给予合众国敌人帮助或鼓励，都不得担任国会参议员或众议员、或总统和副总统选举人，或担任合众国或任何州属下的任何文职或军职官员。但国会得以两院各2/3的票数取消此种限制。

第四款 对于法律批准的合众国公共债务，包括因支付平定作乱或反叛有功人员的年金和奖金而产生的债务，其效力不得有所怀疑。但无论合众国或任何一州，都不得承担或偿付因援助对合众国的作乱或反叛而产生的任何债务或义务，或因丧失或解放任何奴隶而提出的任何赔偿要求；所有这类债务、义务和要求，都应该被认为是非法和无效的。

第五款 国会有权以适当立法实施本条规定。

第十五条修正案

(1869年2月26日提出，1870年2月3日批准)

第一款 合众国公民的选举权，不得因种族、肤色或以前是奴隶而被合众国或任何一州加以拒绝或限制。

第二款 国会有权以适当立法实施本条。

第十六条修正案

(1909年7月12日提出，1913年2月3日批准)

国会有权对任何来源的收入规定和征收所得税，无须在各州按比例进行分配，也无须考虑任何人口普查或人口统计。

第十七条修正案

(1912年5月13日提出，1913年4月8日批准)

合众国参议院由每州人民选举的两名参议员组成，任期6年；每名参议员有一票表决权。每个州的选举人应具备该州州议会人数最多一院选举人所必需的资格。

任何一州在参议院的代表出现缺额时，该州行政当局应发布选举令，以填补此项缺额。但任何一州的议会,在人民依该议会指示举行选举填补缺额以前,得授权本州行政长官任命临时参议员。

本条修正案不得作如此解释,以致影响在本条修正案作为宪法的一部分生效以前当选的任何参议员的选举或任期。

第十八条修正案

(1917年12月18日提出,1919年1月16日批准)

第一款 本条批准一年后,禁止在合众国及其管辖下的一切领土内酿造、出售和运送作为饮料的致醉酒类;禁止此类酒类输入或输出合众国及其管辖下的一切领土。

第二款 国会和各州都有权以适当立法实施本条。

第三款 本条除非在国会将其提交各州之日起7年以内,由各州议会按本宪法规定批准为宪法修正案,不得发生效力。

第十九条修正案

(1919年6月4日提出,1920年8月18日批准)

合众国公民的选举权,不得因性别而被合众国或任何一州加以拒绝或限制。

国会有权以适当立法实施本条。

第二十条修正案

(1932年3月2日提出,1933年1月23日批准)

第一款 总统和副总统的任期在本条未获批准前原定任期届满之年的1月20日正午结束,参议员和众议员的任期在本条未获批准前原定任期届满之年的1月3日正午结束,他们继任人的任期在同时开始。

第二款 国会每年至少开会一次,除国会以法律另订日期外,此会议在1月3日正午开始。

第三款 如当选总统在规定总统任期开始的时间已经死亡,当选副总统应成为总统。如在规定总统任期开始的时间以前,总统尚未选出,或当选总统不合乎资格,则当选副总统应代理总统直到一名总统已合乎资格时为止。在当选总统和当选副总统都不合乎资格时,国会得以法律规定代理总统之人,或宣布选出代理总统的办法。此人应代理总统直到一名总统或副总统合乎资格时为止。

第四款　国会得以法律对以下情况作出规定:在选举总统的权利转移到众议院时,而可被该院选为总统的人中有人死亡;在选举副总统的权利转移到参议院时,而可被该院选为副总统的人中有人死亡。

第五款　第一款和第二款应在本条批准以后的10月15日生效。

第六款　本条除非在其提交各州之日起7年以内,由3/4州议会批准为宪法修正案,不得发生效力。

第二十一条修正案

(1933年2月20日提出,1933年12月5日批准)

第一款　美利坚合众国宪法修正案第18条现予作废。

第二款　在合众国任何州、领地或属地内,凡违反当地法律为在当地发货或使用而运送或输入致醉酒类,均予以禁止。

第三款　本条除非在国会将其提交各州之日起7年以内,由各州制宪会议依本宪法规定批准为宪法修正案,不得发生效力。

第二十二条修正案

(1947年3月24日提出,1951年2月27日批准)

第一款　无论何人,当选担任总统职务不得超过两次;无论何人,在他人当选总统任期内担任总统职务或代理总统两年以上,不得当选担任总统职务一次以上。但本条不适用于在国会提出本条时正在担任总统职务的任何人;也不妨碍本条在一届总统任期内生效时正在担任总统职务或代理总统的任何人,在此届任期结束前继续担任总统职务或代理总统。

第二款　本条除非在国会将其提交各州之日起7年以内,由3/4州议会批准为宪法修正案,不得发生效力。

第二十三条修正案

(1960年6月16日提出,1961年3月29日批准)

第一款 合众国政府所在的特区,应依国会规定方式选派:一定数目的总统和副总统选举人,其人数如同特区是一个州一样,等于它在国会有权拥有的参议员和众议员人数的总和,但决不得超过人口最少之州的选举人人数。他们是在各州所选派的选举人以外增添的人,但为了选举总统和副总统的目的,应被视为一个州选派的选举人;他们在特区集会,履行第12条修正案所规定的职责。

第二款 国会有权以适当立法实施本条。

第二十四条修正案

(1962年8月27日提出,1964年1月23日批准)

第一款 合众国公民在总统或副总统、总统或副总统选举人,或国会参议员或众议员的任何预选或其他选举中的选举权,不得因未交纳任何人头税或其他税而被合众国或任何一州加以拒绝或限制。

第二款 国会有权以适当立法实施本条。

第二十五条修正案

(1965年7月6日提出,1967年2月10日批准)

第一款 如遇总统免职、死亡或辞职,副总统应成为总统。

第二款 凡当副总统职位出缺时,总统应提名一名副总统,经国会两院都以过半数票批准后就职。

第三款 凡当总统向参议院临时议长和众议院议长提交书面声明,声称他不能够履行其职务的权力和责任,直至他向他们提交一份相反的声明为止,其权力和责任应由副总统作为代理总统履行。

第四款 凡当副总统和行政各部长官的多数或国会以法律设立的其他机构成员的多数,向参议院临时议长和众议院议长提交书面声明,声称总统不能够履行总统职务的权力和责任时,副总统应立即作为代理总统承担总统职务的权力和责任。

此后，当总统向参议院临时议长和众议院议长提交书面声明，声称丧失能力的情况不存在时，他应恢复总统职务的权力和责任，除非副总统和行政各部长官的多数或国会以法律设立的其他机构成员的多数在4天之内向参议院临时议长和众议院议长提交书面声明，声称总统不能够履行总统职务的权力和责任。在此种情况下，国会应决定这一问题，如在休会期间，应为此目的在48小时以内集会。如国会在收到后一书面声明后的21天以内，以两院的2/3的票数决定总统不能够履行总统职务的权力和责任，副总统应继续作为代理总统履行总统职务的权力和责任；否则总统应恢复总统职务的权力和责任。

第二十六条修正案

（1971年3月23日提出，1971年7月1日批准）

第一款 年满18岁和18岁以上的合众国公民的选举权，不得因为年龄而被合众国或任何一州加以拒绝或限制。

第二款 国会有权以适当立法实施本条。

第二十七条修正案

（1789年9月25日提出，1992年5月8日批准）

改变参议员和众议员服务报酬的法律，在众议员选举举行之前都不得生效。

（译文采自李道揆著《美国政府和美国政治》，商务印书馆1999年版）

四 美国总统、副总统一览表

(一) 总统

届数	总统	任期(年)	所属党派
1	乔治·华盛顿	1789—1797	
2	约翰·亚当斯	1797—1801	联邦党
3	托马斯·杰斐逊	1801—1809	民主共和党
4	詹姆斯·麦迪逊	1809—1817	民主共和党
5	詹姆斯·门罗	1817—1825	民主共和党
6	约翰·昆西·亚当斯	1825—1829	民主共和党
7	安德鲁·杰克逊	1829—1837	民主党
8	马丁·范·布伦	1837—1841	民主党
9	威廉·哈里森	1841—1841	辉格党
10	约翰·泰勒	1841—1845	辉格党
11	詹姆斯·波尔克	1845—1849	民主党
12	扎卡里·泰勒	1849—1850	辉格党
13	米勒德·菲尔莫尔	1850—1853	辉格党
14	富兰克林·皮尔斯	1853—1857	民主党
15	詹姆斯·布坎南	1857—1861	民主党
16	亚伯拉罕·林肯	1861—1865	共和党
17	安德鲁·约翰逊	1865—1869	共和党
18	尤利塞斯·格兰特	1869—1877	共和党
19	拉瑟福德·海斯	1877—1881	共和党
20	詹姆斯·加菲尔德	1881—1881	共和党
21	切斯特·阿瑟	1881—1885	共和党

续表

届数	总统	任期(年)	所属党派
22	格罗弗·克利夫兰	1885—1889	民主党
23	本杰明·哈里森	1889—1893	共和党
24	格罗弗·克利夫兰	1893—1897	民主党
25	威廉·麦金利	1897—1901	共和党
26	西奥多·罗斯福	1901—1909	共和党
27	威廉·塔夫特	1909—1913	共和党
28	伍德罗·威尔逊	1913—1921	民主党
29	华伦·哈定	1921—1923	共和党
30	卡尔文·柯立芝	1923—1929	共和党
31	赫伯特·胡佛	1929—1933	共和党
32	富兰克林·罗斯福	1933—1945	民主党
33	哈里·杜鲁门	1945—1953	民主党
34	德怀特·艾森豪威尔	1953—1961	共和党
35	约翰·肯尼迪	1961—1963	民主党
36	林顿·约翰逊	1963—1969	民主党
37	理查德·尼克松	1969—1974	共和党
38	杰拉尔德·福特	1974—1977	共和党
39	詹姆斯·卡特	1977—1981	民主党
40	罗纳德·里根	1981—1989	共和党
41	乔治·布什	1989—1993	共和党
42	比尔·克林顿	1993—2001	民主党
43	乔治·W.布什(小布什)	2001—2009	共和党
44	巴拉克·奥巴马	2009—至今	民主党

(二) 副总统

届数	副总统	任期(年)	所属党派
1	约翰·亚当斯	1789—1797	联邦党
2	托马斯·杰斐逊	1797—1801	民主共和党
3	亚伦·伯尔	1801—1805	民主共和党
4	乔治·克林顿	1805—1812	民主共和党
5	厄尔布里杰·格里	1813—1814	民主共和党
6	丹尼尔·D.汤普金斯	1817—1825	民主共和党
7	约翰·考德威尔·卡尔霍恩	1825—1832	民主共和党
8	马丁·范·布伦	1833—1837	民主党
9	理查德·门托·约翰逊	1837—1841	民主党
10	约翰·泰勒	1841	辉格党
11	乔治·密弗林·达拉斯	1845—1849	民主党
12	密拉德·菲尔莫尔	1849—1850	辉格党
13	威廉·鲁福斯·德·范内·金	1853	民主党
14	约翰·卡尔贝·布雷肯里奇	1857—1861	民主党
15	汉尼拔·哈姆林	1861—1865	共和党
16	安德鲁·约翰逊	1865	民主党
17	斯凯勒·柯尔法克斯	1869—1873	共和党
18	亨利·C.威尔逊	1873—1875	共和党
19	威廉·阿尔蒙·惠勒	1877—1881	共和党
20	切斯特·艾伦·亚瑟	1881	共和党
21	托马斯·安德鲁斯·亨德里克斯	1885	民主党
22	莱维·帕松斯·莫顿	1889—1893	共和党
23	阿德莱·尤因·史蒂文森	1893—1897	民主党
24	加勒特·奥古斯都·霍巴特	1897—1899	共和党
25	西奥多·罗斯福	1901	共和党
26	查尔斯·沃伦·费尔班克斯	1905—1909	共和党

续表

届数	副总统	任期(年)	所属党派
27	詹姆斯·斯库克拉夫特·谢尔满	1909—1912	共和党
28	托马斯·赖利·马歇尔	1913—1921	民主党
29	小约翰·加尔文·柯立芝	1921—1923	共和党
30	查尔斯·盖茨·道斯	1925—1929	共和党
31	查尔斯·科蒂斯	1929—1933	共和党
32	约翰·南希·加纳	1933—1941	民主党
33	亨利·阿加德·华莱士	1941—1945	民主党
34	亨利·S.杜鲁门	1945	民主党
35	阿尔本·威廉·巴克利	1949—1953	民主党
36	理查德·米尔豪斯·尼克松	1953—1961	共和党
37	林顿·贝恩斯·约翰逊	1961—1963	民主党
38	休伯特·霍雷肖·汉弗莱	1965—1969	民主党
39	斯普罗·西奥多·阿格纽	1969—1973	共和党
40	小杰拉尔德·鲁道夫·福特	1973—1974	共和党
41	尼尔森·奥尔德里奇·洛克菲勒	1974—1977	共和党
42	沃尔特·弗雷德里克·蒙代尔	1977—1981	民主党
43	乔治·赫伯特·沃克·布什	1981—1989	共和党
44	詹姆斯·丹弗斯·奎尔	1989—1993	共和党
45	小艾伯特·阿诺德·戈尔	1993—2001	民主党
46	理查德·布鲁斯·切尼	2001—2009	共和党
47	约瑟夫·拜登	2009—至今	民主党

英文参考书目

Appleby, Joyce Oldham, *Capitalism and a New Social Order: the Republican Vision of the 1790s*, New York: New York University Press, 1984.

Appleby, Joyce Oldham, *Liberalism and Republicanism in the Historical Imagination*, Cambridge, Mass. : Harvard University Press, 1992.

Atack, Jeremy, *A New Economic View of American History: from Colonial Times to 1940*, New York: Norton, c1994.

Baldwin, Leland Dewitt, *Survey of American History*, New York: American Book, c1967.

Bartley, Robert L. , *The Seven Fat Years: and How to do it again*, New York: Free Press, c1995.

Bensel, Richard Franklin, *The Political Economy of American Industrialization, 1877-1900*, Cambridge UPr. , 2001.

Bernstein, Michael A. , *The Great Depression: Delayed Recovery and Economic Change in America, 1929-1939*, Cambridge [Cambridgeshire] ; New York: Cambridge University Press, 1987.

Binder, Frederick M. , *The Way We Lived: Essays and Documents in American Social History*, Lexington, Mass. : D. C. Heath, c1992.

Blum, John Morton, *Years of Discord: American Politics and Society, 1961-1974*, New York: W. W. Norton, c1991.

Brogan, Walter, *American Continental Philosophy: a Reader*, Bloomington: Indiana University Press, c2000.

Brown, Richard D. , *Modernization: The Transformation of American Life, 1600-*

1865, Prospect Heights, Ill. ; Waveland Press, 1988, c1976.

Brownlee, W. Elliot, *Dynamics of Ascent: a History of the American Economy*, Belmont, Calif. ; Wadsworth Pub. Co. , c1988.

Bryans, William, *Themes through Time: an American History Reader*, Dubuque, Iowa: Kendall/Hunt, c1993.

Bureau of the Census, Statistical Abstract of the United States, Washington, 1879-. The Library at PKU has: 1913, 1915-1917, 1919, 1931, 1948-1949, 1951, 1954-1956, 1958, 1960-1963, 1976-1983, 1986-1987, 1989-1997.

Bureau of the Census, *The Statistical History of the United States, from Colonial Times to the Present*, New York: Basic Books, c1976.

Burnham, John C. , Bad Habits: *Drinking, Smoking, Taking Drugs, Gambling, Sexual Misbehavior, and Swearing in American History*, New York: New York University Press, c1993.

Cashman, Sean Dennis, *America Ascendant: from Theodore Roosevelt to FDR in the Century of American Power, 1901-1945*, New York: New York University Press, c1998.

Catton, Bruce, *This Hallowed Ground: the Story of the Union Side of the Civil War*, Garden City, N. Y. ; Doubleday, c1956.

Chafe, William Henry, *The Unfinished Journey: America since World War II*, New York; Oxford: Oxford University Press, 1995.

Chandler, Alfred D. , Scale and Scope: *The Dynamics of Industrial Capitalism*, The Belknap Press, 1990.

Chandler, Alfred D. , The Visible Hand: *The Managerial Revolution in American Business*, The Belknap Press, 1977.

Cochran, Thomas Childs, *The Age of Enterprise: a Social history of Industrial America*, New York: Harper, c1961.

Commager, Henry Steele, *Documents of American History*, New York: F. S.

Crofts, 1943.

Dahl, Robert Alan, *Democracy in the United States: Promise and Performance*, Chicago: Rand McNally, c1972.

Davis, Kenneth C., *Don't Know Much about History: Everything You Need to Know about American History, but Never Learned*, New York: Crown, c1990.

Davis, Lance Edwin, *American Economic Growth: An Economist's History of the United States*, New York: Harper & Row, c1972.

DeBenedetti, Charles, *The Peace Reform in American History*, Bloomington: Indiana University Press, c1980.

Degler, Carl N. *In Search of Human Nature: the Decline and Revival of Darwinism in American Social Thought*, New York: Oxford University Press, 1991.

Degler, Carl N., *Affluence and Anxiety, 1945-Present*, Glenview, Ill.: Scott, Foresman, c1968.

Degler, Carl N., *Out of Our Past: the Forces that Shaped Modern America*, New York: Harper & Row, c1984.

Dertouzos, Michael L., Richard K. Lester, Robert M. Solow, *Made in America*, MIT Press, 1989.

Diggins, John P., *The Proud Decades: America in War and in Peace, 1941-1960*, New York: Norton, c1988.

Diggins, John P., *The Rise and Fall of the American Left*, New York: W. W. Norton, c1992.

Drake, Frederick D., *States' Rights and American Federalism: a Documentary History*, Westport, Conn.: Greenwood Press, 1999.

Dutton, John A, *New American Urbanism: Re-forming the Suburban Metropolis*, New York, NY, 2000.

Elazar, Daniel Judah, *American Federalism: a View from the States*, New York: Harper & Row, c1984.

Flacks, Richard, *Making History: the American Left and the American Mind*, New York: Columbia University Press, 1988.

Fogel, Robert William, *The Reinterpretation of American Economic History*, New York: Harper & Row, c1971.

Fox, Richard Wightman, *The Culture of Consumption: Critical Essays in American History, 1880-1980*, New York: Pantheon Books, c1983.

Fox, Richard Wightman, *The Power of Culture: Critical Essays in American History*, Chicago: University of Chicago Press, 1993.

Frank, Dana, *Buy American: the Untold Story of Economic Nationalism*, Boston, Mass.: Beacon Press, c1999.

Freidel, Frank Burt, *Franklin D. Roosevelt: a Rendezvous with Destiny*, Boston: Little, Brown, c1990.

Galbraith, John Kenneth, *American Capitalism: the Concept of Countervailing Power*, Boston: Houghton Mifflin, 1956.

Galbraith, John Kenneth, *The Affluent Society*, Boston: Houghton Mifflin, 1984.

Gilbert, Dennis L., *The American Class Structure: a New Synthesis*, Belmont, Calif.: Wadsworth Pub. Co., c1993.

Glad, Paul W., *The Process of American History: from Colonial Beginnings to the Present*, Englewood Cliffs, N. J.: Prentice-Hall, c1969.

Goldstein, Robert Justin, *Saving Old Glory: the History of the American Flag Desecration Controversy*, Boulder, CO: Westview Press, 1995.

Goldwin, Robert A. and William A. Schambra, *How Federal is the Constitution?* AEI Press, 1987.

Grob, Gerald N., *Interpretations of American History: Patterns and Perspectives*, New York: Free Press, c1992.

Gutman, Herbert George, *Work, Culture, and Society in Indastrializing America: Essays in American Working Class and Social History*, New York: Knopf, c1976.

Hacker, Louis Morton, *American Capitalism: its Promise and Accomplishment*, Princeton, N. J. : Van Nostrand, 1957.

Hacker, Louis Morton, *The Triumph of American Capitalism: the Development of Forces in American History to the End of the Nineteenth Century*, New York : Simon and Schuster, 1940.

Hartz, Louis, *The Liberal Tradition in America: an Interpretation of American Political Thought since the Revolution*, San Diego : Harcourt Brace Jovanovich, 1991.

Heckelman, Jac C. , *Public Choice Interpretations of American Economic History*, Boston : Kluwer Academic, c2000.

Heilbroner, Robert, *The Economic Transformation of America*, San Diego, c1984.

Higham, John, *The Reconstruction of American History*, New York : Harper, 1962.

Hofstadter, Richard, *Great Issues in American History: from Reconstruction to the Present Day, 1864-1981*, New York : Vintage Books, 1982.

Hofstadter, Richard, *The age of reform: from Bryan to F. D. R.*, New York : Knopf, 1955.

Hofstadter, Richard, *The American Political Tradition and the Men Who Made it*, New York : Vintage Books, 1989.

Hofstadter, Richard, *The Idea of a Party System: the Rise of Legitimate Opposition in the United States, 1780-1840*, Berkeley : University of California Press, c1969.

Huntington, Samuel P. , *American Politics: the Promise of Disharmony*, Cambridge, Mass. : Belknap Press, 1981.

Jansson, Bruce S. , *The Reluctant Welfare State: a History of American Social Welfare Policies*, PacificGrove, Calif. : Brooks/Cole, c1993.

Jeffreys-Jones, Rhodri, *The Growth of Federal Power in American History*, DeKalb : Northern Illinois University Press, c1983.

Jenkins, Philip, *Mystics and Messiahs: Cults and New Religions in American History*, Oxford ; New York : Oxford University Press, 2000.

Kaminski, John and Richard Leffler, *Federalists and Anti-federalists*, Madison House Publishers, 1989.

Kammen, Michael G., *Mystic Chords of Memory: the Transformation of Tradition in American Culture*, New York: Vintage Books, 1993.

Kammen, Michael G., *People of Paradox: an Inquiry Concerning the Origins of American Civilization*, Ithaca, N. Y.: Cornell University Press, 1990.

Kirkland, Edward Chase, *A History of American Economic Life*, New York: Appleton-Century-Crofts, 1969.

Kolko, Gabriel, *The Triumph of Conservatism: a Re-interpretation of American History, 1900-1916*, [New York] Free Press of Glencoe [c1963].

Kraditor, Aileen S., *The Radical Persuasion, 1890-1917: Aspects of the Intellectual History and the Historiography of Three American Radical Organizations*, Baton Rouge: Louisiana State University Press, c1981.

LaFeber, Walter, *The New Empire: an Interpretation of American Expansion, 1860-1898*, Ithaca, N. Y., Cornell University Press, 1963.

Lamar, Jake, *Bourgeois Blues: an American Memoir*, New York: Plume, c1991.

Laslett, John H. M., *Failure of a Dream? Essays in the History of American Socialism*, Berkeley: University of California Press, c1984.

Letwin, William, *A Documentary History of American Economic Policy since 1789*, Norton Library, 1972.

Luedtke, Luther S., *Making America: the Society & Culture of the United States*, Chapel Hill: University of North Carolina Press, c1992.

McDermott, John J., *Streams of Experience: Reflections on the History and Philosophy of American Culture*, Amherst: University of Massachusetts Press, 1986.

McKelvey, Blake, *American Urbanization: a Comparative History*, Glenview, Ill.: Scott, Foresman, c1973.

McPherson, James M., *The Abolitionist Legacy: from Reconstruction to the*

NAACP, Princeton, N. J. : Princeton University Press, c1975.

Merk, Frederick, *Manifest Destiny and Mission in American History: a Reinterpretation*, New York : Vintage Books, c1966.

Mumford, Richard L. , *An American History Primer*, San Diego : Harcourt Brace Jovanovich, Publishers, c1990.

Myrdal, Guner, *The American Dilemma*, Harper & Row, 1962.

Nester, William R. , *A Short History of American Industrial Policies*, Houndmills, Basingstoke, Hampshire : Macmillan Press ; New York : St. Martin's Press, 1998.

Nettels, Curtis P. , *The Emergence of a National Economy, 1775-1815*, Armonk, N. Y. : M. E. Sharpe, [1989], c1962.

North, Douglass Cecil, *Growth & Welfare in the American Past: a New Economic History*, Englewood Cliffs, N. J. : Prentice-Hall, c1983.

North, Douglass, *The Economic Growth of the U. S.* , Norton & company, 1966.

Porter, Glenn, *The Rise of Big Business*, Harlan Davidson, Inc. , 1973.

Powell, Timothy B. , *Ruthless Democracy: a Multicultural Interpretation of the American Renaissance*, Princeton, N. J. : Princeton University Press, c2000.

Ramsay, David, *The History of the American Revolution*, Indianapolis : Liberty Classics, c1990.

Reichley, James, *The Life of the Parties: a History of American Political Parties*, New York : Free Press, c1992.

Reps, John William, *The Making of Urban America: a History of City Planning in the United States*, Princeton, N. J. : Princeton University Press, 1965.

Riesman, David, *The Lonely Crowd: a Study of the Changing American Character*, New Haven, Yale University Press, 1961.

Rosenberg, Nathan, *Schumpeter and the Endogeneity of Technology: Some American Perspectives*, London ; New York : Routledge, 2000.

Scranton, Philip, *Endless Novelty: Specialty Production and American Industrialization, *1865-1925*, Princeton UPr., 2000.

Sellers, Charles Grier, *A Synopsis of American History*, Boston: Houghton Mifflin, c1985.

Sheehan, Donald Henry, *The Making of American History*, New York: Holt, Rinehart and Winston, c1954.

Sobel, Robert, *The Age of Giant Corporations: a Microeconomic History of American Business, 1914-1992*, Westport, Conn.: Praeger, 1993.

Susman, Warren, *Culture as History: the Transformation of American Society in the Twentieth Century*, New York: Pantheon Books, c1984.

Temin, Peter, *Causal Factors in American Economic Growth in the Nineteenth* Century London: Macmillan, 1975.

Temin, Peter, *Lessons from the Great Depression*, Cambridge, Mass.: MIT Press, c1989.

The Annals of America, Encyclopedia BritanniaInc., 1976.

Thurow, LesterC., *The Zero-sum Solution: Building a World-class American Economy*, New York: Simon and Schuster, c1985.

U. S. Department of Commerce, *Historical Statistics of the U. S.: Colonial Times to 1970*, Washington, 1975.

Weinberg, Albert Katz, *Manifest Destiny: a Study of Nationalist Expansionism in American History*, Chicago: Quadrangle Books, 1963.

Wood, Gordon, *The Confederation and the Constitution*, Lanhami University Press, 1979.

Wood, Gordon, *The Creation of the American Republic, 1776-1787*, New York, Norton, [1972].

Youngs, J. William T., *American Realities: Historical Episodes*, New York: Harper CollinsCollege Publishers, c1993.

Zunz, Olivier, *Why the American Century?* Chicago: University of Chicago Press, 1998.

原版后记

多年来,我在北大所从事的教学和研究,可归结为三个领域或层次:一是历史理论,属于宏观史学领域;二是资本主义史,属于中观史学领域;三是美国史,属于微观史学领域。我出版的《人类文明的历程》,大概属于宏观史学领域;而已经出版的《美国边疆史》和《美国"棉花王国"史》,则属于微观史学领域。目前正在研究和写作的,是一部有关资本主义史的东西,可以看成是我的中观史学。这项工作十分浩繁。因有好几处向我提及出版美国通史问题,兹将我多年在北大讲授美国通史课的讲稿,略作增删以《美国史通论》之名先交付出版,以应社会之需。经朱孝远先生联系,学林出版社领导慨允,不胜喜悦。乐惟清先生不仅仔细审阅了我的手稿,还提出了一些有益的建议,使本书增色不少。在此特表谢忱。

作　者

2001 年 12 月

改版后记

根据刘方女士的建议,决定把本书纳入北大出版社"名家通识讲座"书系。本书的基础,本是我在北大讲授美国通史的讲稿,前几年也作为全校"通选课"在北大开过,因此纳入该系列也是可以的。

这里需要说明的是,最初推动我把这个讲稿整理出来的动因,是台湾一个文化出版社的出书计划,后因1997年东南亚金融危机而搁浅,才经朱孝远先生搭桥,转由上海学林出版社出版。没有想到,销路竟然不错,几年之内多次获得重印。学林在收到书稿后10天,即通知我已决定出版,3个月后新书便已面市,我第一次感受到了现代出版业的便捷。

我想,它之所以受到读者的厚爱,是因为我把按专业教学的需要提供给学生的内容,以一种非专业的读者也可阅读和接受的方式进行了陈述。这是因为,我在前些年的社会活动中发现,美国虽然是一个家喻户晓的国家,但社会上真正了解这个国家的人其实还是不多,专业工作者有责任为他们提供必要而又可读的材料,尽一点微薄之力。这决定了本书写作的特点,以及它的适应性。

但当我刚刚提笔写作本书时,忽接王义遒副校长打给我的电话,约我去参加一个会议并接受一个主编任务。由于本书已经启动,只得索性加快速度,争取尽快结束这一工作,以免误了领导交办的任务。记得当时写完稿子,一个字也没有改就交学生打印去了。学生把打印稿送给我时,我问:"你觉得怎样?"他说:"很好呀,文字很简洁,逻辑也严密。"我大笑,忙把实情告他,以便让他提高警觉,帮我找找书稿的差错,但后来改动并不多。

有鉴于此,趁这次纳入北大教材系列之机,特认真做了一次修订和补充。除了对一些误置、误排的文字错误进行改正外,还对第二讲第四节、第三讲第二节、第四讲第四节、第九讲第四节、第十一讲第二节、第十二讲第三节和第五节、第十四讲第四节和第五节、第十五讲第二节作了重要补充。此外,在第四讲的后面加写了一节,其标题是《它是新大陆上的"山巅之城"吗》,这主要是吸收了我的学生李翠云的博士论文《新英格兰的开拓者——约翰·温斯罗普研究》的成果。我以为,温氏关于把殖民地建设成"山巅之城"的理想与实践,虽然当时仅限于新英格兰的马萨诸塞,但其历史意义远远超出了马萨诸塞及新英格兰的范围,在很大程度上预示了美利坚文明的形式和内容,应永载美利坚文明的史册。这种安排,在有关美国的通史中,亦属首次尝试,请读者批评。

本书原名《美国史通论》,分四篇共16章。为了适应"通识讲座"书系的需要,这次修订时将原来的16章压缩为15讲,将原第13章压缩为一节并置于有关"新政"的那一讲中;同时,也取消了原书篇的划分和标题,这样处理不免有削弱原书内容和结构之感,但为了书系的整齐划一也只好如此了。

此外,近些年来,美国加快了太空军事化的步伐,且其侦察与作战对它的依赖大大增强,其源头可追溯到1979年提出的"天基防御"概念。从现代战争发展趋势角度看,应是一个值得关注的史实和现象。故在此次修订中,特使用了"三元帝国"一词来进行描述,是否恰当尚须进一步斟酌。我所说的"三元"是指:陆上、海上和太空。

按美国历史教科书的惯例,这次改版时增加了几个附录。所不同者,我多加了一个文献,这就是著名的《五月花号公约》。

本书的撰写和修订,参考了国内外众多专家的研究成果,由于本书的写法和篇幅的限制,难于一一列举,在此深表歉意。

作　者
2007年初春

第二版后记

本书的发行已过四万册。据我所知,使用者除大中学校教师学生外,还有广大干部和社会青年。读者的厚爱常常令作者感动,为使本书的内容和结构更加完善,作者为出版方面准备了第二版。这是就北大版而言的,如果从上海学林版算起,则应称之为第三版。此次再版,除了一些修订和重要补充外,特地为第八章增写了一节:《林肯:随时准备倾听人民的呼声》,因为他是其生平和活动最富人民性的美国总统。

当然,目前美国内政和外交、发展和改革所面临的许多重大挑战和难题,尚须在更加深入研究的基础上,才能作适当的处理。实际上,美国人自己也还在反省自己的历史,特别是"冷战"结束以来的所作所为。为了保存一个伟大国家,这种反省可能是必要的。毕竟,当今之世任何一个国家的掌权者,都不应当忽视林肯曾经的忠告:只有那种"民有、民治、民享"的政府,才永远不会从地球上消失。这也是本次修订考虑的重点所在。

由于出版方面对篇幅的限制,作者的许多观点和想法不能不隐藏在字里行间而无法展开,尽管作者已尽可能地使本书的叙述充实而有效。感兴趣的读者,还可查阅作者所著《美国文明三部曲》《美国边疆史》《美国"棉花王国"史》以及论文集《美利坚文明论》。只可惜近十年来所写的,在笔者看来有关美国文明与历史的重要文章,尚未收入该文集。适当的时候,可考虑出版一个增订版,并对原书做一次修订,以飨读者。

作　者

2014 年盛夏